중앙아시아 고려말의 문법

서울대학교 규장각한국학연구원 한국학 연구총서 29

중앙아시아 고려말의 문법

펴낸곳 서울대학교출판문화원
펴낸이 이장무
지은이 권재일

초판 1쇄 인쇄 2010년 8월 20일
초판 1쇄 발행 2010년 8월 25일
출판등록 제15-3호

주소 서울 관악구 관악로 599 우편번호 151-742
대표전화 02-880-5252 **팩스** 02-888-4148
마케팅팀(주문상담) 02-889-4424, 02-880-7995
이메일 snubook@snu.ac.kr
홈페이지 www.snupress.com
영문홈페이지 eng.snupress.com

ISBN 978-89-521-1115-9 94710
세트 978-89-521-1069-5

서울대학교 규장각한국학연구원 한국학 연구총서 29

중앙아시아 고려말의 문법

권재일

서울대학교출판문화원

Grammar of Central Asian Korean

Kwon Jae-il

Seoul National University Press

머리말

이 책은 중앙아시아의 고려말을 직접 현지 조사한 것을 바탕으로 이 언어의 문법을 체계적으로 기술하여 그 특성을 밝히는 동시에, 이를 현대 한국어의 문법과 대조하여 서로 같은 점과 다른 점을 밝혀 제시한 것이다.

현재 중앙아시아 지역에 살고 있는 대략 40만 명의 고려사람 가운데 고려말을 제대로 구사하는 사람은 1%가 채 안 된다. 다시 말하면 러시아어 사용의 확산으로 고려말 화자가 점차 줄어들어, 고려말은 멀지 않아 절멸될 위기에 놓여 있다고 하겠다. 이주 당시 10세 나이, 그래도 당시 고려말을 자기의 언어로 익혔다고 할 수 있는 나이의 사람들이 70여 년이 지난 지금 모두 80세를 넘어섰다. 이 분들이 얼마나 오래 생존해 있을지는 알 수 없다. 그러니 19세기말의 함경도 방언을 비교적 고스란히 간직하고 있는 언어 유산, 고려말이 우리 눈앞에서 사라질 위기에 놓여 있다는 것은 언어학적으로나 민족문화적으로 매우 안타까운 일이 아닐 수 없다.

이렇듯 사라질 위기에 놓인 한국 문화의 유산인 고려말을 보전하는 것은 매우 중요하고 시급한 과제라고 생각한다. 따라서 더 이상 사라지기 전에 훌륭한 언어보유자를 찾아 정확하게 그리고 빠짐없이 고려말 자료를 수집하여 기술해 둘 필요성이 절박하다고 하겠다.

이 책은 바로 이러한 생각을 바탕으로 하여 고려말의 문법을 조사하여 기술하였다. 구체적으로 이 책의 내용은 다음과 같다. 제1장에서는 연구 대상과 연구 방법을 개관하고 그간의 고려말에 대한 연구사를 기술하였다. 제2장에서 제5장에 걸쳐서는 조사 체계와 어미 체계를 중심으로 고려말의 문법 현상을 기술하였다. 먼저 조사에 대해서는 격조사를 중심으로 목록을 확인하고 그 기능을 밝히고 이어서 보조사, 접속조사, 문장종결조사에 대해서도 역시 목록을 확인하고 그 기능을 밝혔다. 아울러 조사의 생략 현상에 대해서도 관심을 가졌다. 특히 구어의 경우 조사의 실현이 상정되지만 실현되어 있지 않아 생략된 것으로 해석할 수 있는 경우가 많은데, 이러한 조사의 생략 현상의 비율을 계량적으로 분석하였다. 다음으로는 고려말의 어미를 기술하였다. 종결어미와 접속어미, 그리고 명사형어미, 관형사형어미, 부사형어미에 대해 목록을 확인하고 그것으로 실현되는 문법범주의 기능을 밝혔다. 문장종결어미의 경우 어미별로 분포 비율을 계량적으로 분석하고 그 경향을 해석하였다. 그리고 이와 같은 분석 내용을 바탕으로 현대 한국어 문법 형태와 대조를 시도하여 각 항목마다 제시하였다. 제6장은 주체높임법, 시제법, 인용문, 부정문 그리고 어순 등에 대한 문법 특성을 제시하였으며, 제7장에서는 이들을 종합하여 맺음말로 삼았다.

이 연구는 현장 언어 조사 방법을 기반으로 하였다. 현장에서 고려말 자료제공인을 대상으로 조사한 녹음 자료를 모두 형태 표기 방식으로 전사하였다. 웨이브 파일로 처리한 녹음 자료를 여러 차례 듣고 전사하였다. 전사는 한 소리도 빠짐없이 하여 문맥 의미, 상황 의미까지 분석이 가능하도록 하였다. 그 자료를 이 책 부록에 모두 제시하였다. 따라서 부록에 제시한 이 자료가 앞으로 고려말 분석과 연구에 적극적으로 활용되기를 기대한다.

이 책을 펴내면서, 그간 몇 해째 중앙아시아 고려말을 함께 조사하고 녹음 자료를 하나하나 정밀하게 그리고 정성껏 듣고 진지하게 토론해 주신 이기갑 교수, 김주원 교수, 고동호 교수께 고마움을 전한다. 현지에서 적극적으로 도와 주신 박 넬리 교수, 리 브로니슬라브 교수, 그리고 조사 때마다 동행하여 도움을 준 최운호 박사께 감사드린다. 그리고 이 책의 초고를 읽고 여러 유익한 도움말을 해 주신 익명의 심사위원 세 분, 한국학 학술대회에서 귀한 말씀으로 토론해 주신 선생님들께도 감사드린다. 무엇보다도 자료제공으로 조사에 정성을 다 해 주신, 지금도 그 다정하고 진지하신 모습이 눈에 선한, 노가이 안나 여사께 감사하며 만수무강을 기원한다.

이 책은 서울대학교의 한국학 장기기초 연구비 지원에 의해 연구되었다. 연구의 계기를 마련해 준 서울대학교 규장각한국학연구원과 책을 펴내 준 서울대학교출판문화원에 감사드린다.

2010년 1월 30일
권재일

차례

머리말 / v

I. 연구 개관 ······ 1

1. 연구 목적 / 1
2. 연구 대상, 연구 방법, 연구사 / 2
   - 2.1. 연구 대상 / 2
   - 2.2. 연구 방법 / 3
   - 2.3. 연구사 / 4
3. 분석 자료 / 9
4. 고려말의 성격 / 13

II. 조사 ······ 23

1. 조사 목록 / 23
   - 1.1. 격조사 / 23
   - 1.2. 보조사 / 27
   - 1.3. 접속조사 / 28

1.4. 문장종결조사 '-예' / 29
2. 조사 생략 / 30
2.1. 조사 생략 일반 / 31
2.2. 격조사 생략 / 33
2.3. 보조사 생략 / 39
2.4. 접속조사 생략 / 40
3. 조사 축약 / 41
4. 정리 및 대조 / 43

III. 종결어미 ⋯⋯⋯⋯⋯⋯⋯⋯⋯⋯⋯⋯⋯⋯⋯⋯⋯⋯⋯ 47
1. 종결어미와 의향법 / 47
2. 서술문 / 50
2.1. 고유한 서술어미에 의한 서술문 / 50
2.2. 범용어미에 의한 서술문 / 61
2.3. 접속어미에 의한 서술문 / 65
2.4. 문장조각에 의한 서술문 / 67
2.5. 정리 및 대조 / 68
3. 의문문 / 71
3.1. 고유한 의문어미에 의한 실현 / 71
3.2. 범용어미에 의한 의문문 / 77
3.3. 접속어미에 의한 의문문 / 79
3.4. 문장조각에 의한 의문문 / 80
3.5. 정리 및 대조 / 81
4. 명령문과 청유문 / 83
4.1. 명령문 / 83
4.2. 청유문 / 85
4.3. 정리 및 대조 / 86

Ⅳ. 접속어미 ………………………………………………… 87

1. 나열 관계 / 88
2. 대조 관계 / 92
3. 선택 관계 / 93
4. 인과 관계 / 94
5. 조건 관계 / 98
6. 목적 관계 / 99
7. 첨의 관계 / 100
8. 결과 관계 / 101
9. 보조용언 구문 / 102
    9.1. '-어' 보조용언 구문 / 102
    9.2. '-고' 보조용언 구문 / 104
    9.3. '-게' 보조용언 구문 / 104
    9.4. '-지' 보조용언 구문 / 105
    9.5. '-다가' 보조용언 구문 / 105
    9.6. '-어야' 보조용언 구문 / 106
10. 정리 및 대조 / 106

Ⅴ. 명사형, 관형사형, 부사형 어미 ……………………… 109

1. 명사형어미 / 109
2. 관형사형어미 / 110
3. 부사형어미 / 116
4. 정리 및 대조 / 117

Ⅵ. 그 밖의 문법 현상 ……………………………………… 119

1. 주체높임과 시제의 선어말어미 / 119

2. 인용문 / 121
3. 부정문 / 122
4. 어순 / 126
5. 정리 및 대조 / 127

Ⅶ. 맺음말 129

참고문헌 / 137
부록: 고려말 자료 전사 / 141
Abstract / 337
찾아보기 / 341
발간사 / 345

Ⅰ. 연구 개관

1. 연구 목적

이 책은 중앙아시아의 고려말을 직접 현지 조사한 것을 바탕으로 이 언어의 문법을 체계적으로 기술하여 그 특성을 밝히는 동시에, 이를 현대 한국어의 문법 체계와 대조하여 서로 같은 점과 다른 점을 밝혀 제시한 것이다.

2007년 9월에 중앙아시아 거주 고려사람들이 원동에서 강제 이주당한 지 70년이 되었다. 이들 고려사람들이 쓰는 말이 고려말이다. 고려사람들은 원래 1860년 이후 한반도에서 원동 지역으로 대량 이주하였던 사람들이다. 이들은 대체로 함경도 방언을 쓰는 사람들이다. 원동에 살고 있던 이들이 이른바 스탈린·몰로트프 서명으로 1937년 9월과 10월 걸쳐 중앙아시아 지역의 카자흐스탄, 우즈베키스탄, 키르기스스탄 등지로 강제 이주당한 것이다.

그러나 현재 이 지역에 살고 있는 대략 40만 명의 고려사람 가운데 고려말을 제대로 구사하는 사람은 1%가 채 안 된다. 다시 말하면 러시아어 사용의 확산으로 고려말 화자가 점차 줄어들어, 고려말은 멀지 않아 절멸될 위기에 놓여 있다고 하겠다. 이주 당시 10세 나이, 그래도 당시 고려말을 자기의 언어로 익혔다고 할 수 있는 나이의 사람들이 70년이 지난 지금 모두 80세에 이르렀다. 이 분들이 얼마나 오래 생존해 있을지는 알 수 없다. 그러니 19세기말의 함경도 방언을 비교적 고스란히 간직하고 있는 언어 유산, 고려말이 우리의 눈앞에서 사라질 위기에 놓여 있다는 것은 언어학적으로나 민족문화적으로 매우 안타까운 일이 아닐 수 없다.

이렇듯 사라질 위기에 놓인 한국 문화의 유산인 고려말을 보전하는 것은 매우 중요하고 시급한 과제라고 생각한다. 따라서 더 이상 사라지기 전에 훌륭한 언어보유자를 찾아 정확하게, 그리고 빠짐없이 고려말 자료를 수집하여 기술해 둘 필요성이 절박하다고 하겠다.

이 책은 바로 이러한 생각을 바탕으로 하여 고려말의 문법을 조사·수집하여 기술한 것이다.

2. 연구 대상, 연구 방법, 연구사

2.1. 연구 대상

위에서 제시한 연구 목적을 달성하기 위하여, 고려말 문법 체계에 대한 조사와 기술은 다음 내용을 포함한다.

첫째, 문법 기술에 앞서 먼저 고려말을 현지 조사하여 자료를 구축하였다. 현재 중앙아시아에는 40만 명 정도의 고려사람들이 살고 있지만, 고려말을 구사할 수 있는 사람 수는 극히 적다. 그리고 이들은 출신에 따라 조금씩 다른 방언을 사용한다. 따라서 이를 고려하여 현지에서 직접 조사하여 고려말 말뭉치를 구축한 것이다.

둘째, 조사한 자료를 바탕으로 고려말의 문법 체계를 기술한다. 문법을 조사 체계와 어미 체계를 중심으로 기술한다. 먼저 조사에 대해서는 격조사를 중심으로 목록을 확인하고 그 기능을 밝힌다. 격조사 외에 보조사, 접속조사, 문장종결조사에 대해서도 역시 목록을 확인하고 그 기능을 밝힌다. 아울러 조사의 생략 현상에 대해서도 관심을 가진다. 특히 구어의 경우, 조사의 실현이 상정되지만 실현되어 있지 않아 생략된 것으로 해석할 수 있는 경우가 많은데, 이러한 조사의 생략 현상의 비율을 계량적으로 분석하고, 이의 경향을 해석한다.

셋째, 조사 체계에 이어 고려말의 어미 체계를 기술한다. 어미에 대하여 종결어미와 접속어미, 그리고 명사형어미, 관형사형어미, 부사형어미, 선어말어미에 대해 목록을 확인하고 그것으로 실현되는 문법범주의 기능을 밝힌다. 먼저 종결어미로 실현되는 의향법(= 문장종결법)과 청자높임법의 체계에 관심을 둔다. 이 역시 종결어미별로 분포 비율을 계량적으로 분석하고, 그 경향을 해석한다. 그리고 접속어미, 명사형어미, 관형사형어미, 부사형어미 등을 통해서 복합문을 구성하는 특성, 선어말어미에 의해 실현되는 높임법, 시제법의 특성, 그 밖에 인용문 구성, 부정문 구성, 어순의 특성 등도 기술한다.

넷째, 위와 같은 분석 내용을 바탕으로 하여, 가능한 범위에서, 현대 한국어 문법 체계와 대조를 시도한다. 이 경우, 고려말을 중심으로 기술하되, 이것과 대응하는 현대 한국어의 문법을 대조하고자 한다. 대조한 내용은 각 항목마다 '정리 및 대조' 부분에 제시한다.

2.2. 연구 방법

이 연구는 현장 언어 조사 방법에 기반을 둔다. 현장 조사 방법은 두 가지를 함께 하였다. 준비된 조사질문지를 통해 질문하여 언어 자료를 수집하는 방법과 정해진 주제에 따라 자연스러운 발화를 통해 언어 자료를 수집하는 방법이다. 다양한 문법 현상을 확인하기 위하여 주로 자연스러운 발화를 통한 조사 방법을 택하였다. 고려말 자료제공인(consultant)은 중앙아시아 지역에 살고 있는 80세 이상인 고려사람을 대상으로 하였다. 현재 80세 정도 되어야 이주 당시 10세에 해당한다.

조사된 자료를 모두 형태 표기 방식으로 전사하였다. 웨이브 파일로 처리한 녹음 자료를 사운드 포지 프로그램[1]을 통해 여러 차례 듣고 전사하였다. 전사는 "한 소리도 빠짐없이" 하여 문맥 의미, 상황 의미까지 분석이 가능하도록 하였다.

다음으로 위와 같이 구축한 말뭉치를 대상으로, 필요한 문법 현상의 분포 경향을 파악하기 위해 계량적으로 분석하였다. 특히 조사의 분포 양상과 생략 현상, 종결어미의 사용 빈도, 접속어미의 사용 빈도 등을 이해하기 위하여 말뭉치를 통한 계량적 방법을 활용하였다.

2.3. 연구사

고려말에 대한 본격적인 언어학 연구는 외국인 학자 킹(J. R. P. King) 교수에 의해 시작되었다. 중앙아시아 지역은 1990년대 초까지는 공산국가 소련 지역이었기 때문에 국내 학자의 현지 조사는 불가능하였다. 그래서 현지 학자와 소련 방문이 가능한 외국인이 연구를 시작할 수밖에 없는 일이었다. 그 결과 고려말에 대한 킹 교수의 여러 연구가 국내외에 널리 알려졌으며, 초기에 킹 교수는 아래에 소개할 박넬리 교수와 함께 이 분야 연구를 대표하였다. 보빈(A. Vovin) 교수도 고려말을 연구한 바 있다.

---

1. Sound Forge 9.0 프로그램, 2007년 SONY사.

King, J.R.P. 1987, "An Introduction to Soviet Korean," 『어학연구』 23-2, 서울대학교 어학연구소.

King, J.R.P. 1991, "Russian Sources on Korean Dialects, Ph.D. dissertations," Harvard University.

King, J.R.P. 2006, "Korean dialects in the former USSR," 『방언학』 3, 한국방언학회.

러쓰 킹·연재훈 1992, 「중앙 아시아 한인들의 언어 – 고려말」, 『한글』 217호, 한글학회.

Vovin, A. 1989, "Some data on the Soviet Korean Languages," 『어학연구』 25-2, 서울대학교 어학연구소.

중앙아시아 현지에서는 일찍이 박넬리 교수가 고려말 연구에 관심을 가지고 새로운 방향의 연구를 수행해 오고 있다.

박넬리 1991, "On Korean dialects in the USSR," 『이중언어학』 8, 한국이중언어학회.

박넬리 1997, "Besonderheiten der Kasusformen des Yukchin dialektes des Koreanischen in Kazachstan," 『국어학논집』 3, 태학사.

박넬리 2005, *КОРЕЙСКИЙ ЯЗЫК В КАЗАХСТНЕ: ПРОБЛЕМЫ И ПЕРСПЕКТИВЫБ*, АЛМАТЫ.

한국 학자로는 1980년대에 고송무 교수가 핀란드와 중앙아시아 현지에서 고려말에 관심을 가지고 교육과 연구를 시작하였으며, 그 이후 김필영 교수가 고려문학과 고려말에 관심을 가졌다. 국내에서는 함경도 방언과 관련하여 곽충구 교수가 언어학적 연구를 본격적으로 시작하였다. 2000년대 들어 와서 이기갑, 김주원 교수 등의 현지 조사 보고서가 나오면서 연구가 활기를 띠었다. 그리고 최근에는 고려말 현지 조사의 필요성을 인식하고 국립국어원이 현지 조사를 실시하였다.

고송무 1987, "Koreans in Soviet Central Asia," *Studia Orientalia* 61, Helsinki.

곽충구 1994, 「카자흐스탄의 고려인과 고려말을 찾아서」, 『전망』 1994-9, 대륙연구소.

곽충구 1999, 「세기 전환기의 재외 동포 언어 연구 동향과 기대」, 제33회 전국 어문학 연구 발표 대회 발표 요지문.

이기갑·김주원·최동주·연규동·이헌종 2000, 「중앙 아시아 한인들의 한국어 연구」, 『한글』 247, 한글학회. [이하 '이기갑 외(2000)'으로 줄임)]

김필영 2004, 『소비에트 중앙아시아 고려인 문학사』, 강남대학교 출판부.

곽충구·김수현 2008, 『중앙아시아 이주 한민족의 언어와 생활－카자흐스탄 알마티』, 국립국어원 해외 지역어 구술자료 총서 2-1, 태학사.

곽충구 2009, 『중앙아시아 이주 한민족의 언어와 생활－우즈베키스탄 타슈켄트』, 국립국어원 해외 지역어 구술자료 총서 3-1, 태학사.

곽충구 2009, 『2009년도 국외 집단 이주 한민족의 지역어 조사－키르기스스탄 비슈케크』, 국립국어원.

소련이 해체된 이후 중앙아시아 지역의 고려 학생들이 서울의 각 대학에 유학 오면서 고려말을 대상으로 석사학위논문을 발표하여 연구의 폭을 넓혔다.

김올가 2001, 「카자흐스탄 한인들의 민족정체성과 언어문제 연구: 1990년대 중심으로」, 서울대학교 대학원 석사학위논문.

차바실리 2001, 「카자흐스탄에서의 고려말 교육에 관한 연구」, 서울대학교 대학원 석사학위논문.

니라리사 2002, 「카자흐스탄 고려말의 문법과 어휘에 대한 연구」, 서울대학교 대학원 석사학위논문.

백지원 2004, 「중앙아시아 고려말의 부정문 연구」, 서울대학교 대학원 석사학위논문.

김마리나 2007, 「카자흐스탄 고려말에 대한 연구」, 연세대학교 대학원 석사학위논문.

한편 최근에 개최된 중앙아시아 고려말에 대한 학술대회에서 발표된 연구 내용을 소개하면 다음과 같다. 먼저 2007년 7월 4일~5일에 우즈베키스탄 타슈켄트시 우즈베키스탄호텔 회의실에서 열린 "중앙아시아한국학회 제7회 국제학술대회"이다. 여기서 발표된 고려말 관련 논문은 다음과 같다.

Nelly Pak, E. D. "Polivanov and Korean Studies."

Lidiya Shim, Lvova Irina, "Ways of Expression of the Categories of Numbers in Korean and Russian."

Tatyana Kim, "Borrowing Words, as One of the Ways of Filling Terminology System: on the Basis of Korean and Uzbek."

Angelina Kan, "Classification of Non-Equivalent Lexis of Korean."

Natalia Kim, "About the Actuality of Studying Korean in Contrastive Aspect."

Kim Juwon, "Phonetic Characteristics of Initial /n/ in Central Asian Korean"

Lee Kigap, Oh Cheong-Jin, "A Discourse Analysis of the Korean Dialect in Central Asia."

Kwon Jae-il, "On the Case Markers and Their Deletion and Contraction in Central Asian Korean."

다음은 2007년 9월 28일, 서울대학교 인문학연구원 주최로 열린, "중앙아시아 고려인의 언어, 문학, 예술 – 강제 이주 70주년을 맞이하여 –"라는 학술대회에서 발표한 고려말 관련 논문이다.

박넬리, "Language Policy in Kazakhstan."

곽충구, 「고려말의 자료와 연구」.

김주원, 「고려말 자음의 음성적 특징」.

고동호, 「고려말의 구개음화 양상」.

이기갑, 「고려말의 담화 분석」.

다음은 2008년 7월 2일~3일에 걸쳐 우즈베키스탄 타슈켄트시 그랜드 미르호텔 회의장에서 열린 "겨레말큰사전 국제학술회의"(주제: 겨레말큰사전 편찬과 고려말)이다. 그 가운데 고려말과 관련된 논문은 다음과 같다.

Bronislav Lee, "About meaning of Korean language at Centural Asia."

Nelly Pak, 「고려말의 규범(Mood를 중심으로)」.

Nadejda Hwang, 「우즈베키스탄 한국어 방언(고려말)의 분류와 특징」.

Nataliya Kim, 「CIS 지역에서의 한국어의 특징에 대하여」.

Valentina Park, 「고려인 노래를 바탕으로 한 고려말 분석」.

Ulliyana Kim, 「고려사람들이 쓰는 물질 문화 어휘」.
이기갑, 「중앙아시아 고려말의 어휘」.
김필영, 「중앙아시아 고려인 소설에 나타난 구어체 표현」.

그러나 고려말 조사와 연구의 필요성에 비해 인적, 재정적 지원이 현재 미비한 상태인 것이 무척 아쉬운 편이다. 고려말이 절멸되기 전에 충분한 보전 방안이 마련되어야 할 것이다.

한편 고려말과 현대 한국어의 본격적인 대조 연구는 아직 이루어진 바 없다. 이것은 고려말에 대한 충분한 연구가 이루어지지 않았기 때문에 어쩔 수 없는 현상이다. 그러나 이제부터 고려말의 이해, 한국어 특성의 이해를 위해서 고려말과 현대 한국어의 본격적인 대조에 관심을 가지는 것은 뜻 깊은 일이라고 생각한다. 또한 이러한 연구의 관심을 불러일으킬 필요가 있다고 생각한다.

3. 분석 자료

이 연구를 위한 분석 자료[2]는 고려말의 성격을 가장 잘 반영하는 실제 구술 자료 말뭉치이다. 구술 말뭉치 구축을 위해 고려말을 다음과 같이 조사하였다.[3]

---

2. 언어 조사를 위해 임시로 임대한 아파트에 자료제공인을 모셔서 조사하였다. 오전, 오후로 나누어 조사하였다. 조사에 사용한 녹음기는 마란츠(Marantz) 녹음기인데, 모델은 PMD670/U1B이며, 16bit, Stereo, 48KHz이다. 사용한 마이크는 헤드셋 마이크 Audiotechnica ATM75와 일반 마이크 Shure SM58 두 가지이다.
3. 저자가 지금까지 참여한 현지 고려말 조사의 현황은 다음과 같다.
   ① 2006년 12월 22일~2007년 1월 10일: 키르기스스탄 비슈케크시
   (공동참여자: 김주원, 고동호, 권재일)
   ② 2007년 6월 25일~7월 3일: 우즈베키스탄 타슈켄트시

[자료제공인 노가이 안나 여사]

■ 조사 기간: 2006년 12월 22일~2007년 1월 10일
■ 조사 장소: 키르기스스탄공화국 비슈케크시
■ 조사자: 김주원(서울대학교), 고동호(전북대학교), 권재일(서울대학교)
■ 자료제공인
  • 이름: 노가이 안나(Nogaj Anna Afanacievna)
  • 성별: 여성
  • 출생: 1925년(조사 당시 82세)
  • 주소: Kyrgyzskaja Respubliky, g. Bishkek, per. Timirjazeva, dom 11
  • 교육: 초등학교 7년 (원동에서 3년, 카자흐스탄에서 4년)
  • 생활: 12세 때까지 원동의 하산에서 친족 3호가 한 마을에 살다가 1937년에 강제 이주 당하였다. 이주 생경로는 하산 → 뽀시에트 → 해삼위 → 주미냐르크이다. 그 이후

(공동참여자: 이기갑, 김주원, 최운호, 권재일)
③ 2008년 1월 11일~1월 16일: 카자흐스탄 알마타시
(공동참여자: 박넬리, 권재일)

포드호즈, 로스톱스키 오블라스치를 거쳐 1974년부터 비슈케크에 와서 살고 있다.

•특징: 원동으로 건너온 할아버지가 경사도(경상도??) 출신이라고 하였지만, 전체적으로는 원동 지방의 방언 특색을 그대로 지니고 있다.

조사 내용은 원동에서의 생활, 이주 과정, 카자흐스탄 → 러시아 → 키르기스스탄에서의 여러 생활을 중심으로 한 구술 자료, 친족 명칭, 신체 명칭, 의식주 명칭을 비롯한 어휘 자료, 그리고 음운 자료, 문법 자료 등인데, 이 연구를 위해 사용한 자료는 구술 자료 가운데 여섯 기간 분량의 전사 자료이다.

조사한 구술 자료는 모두 형태 표기로 전사하였다. 웨이브 파일로 처리한 녹음 자료를 사운드 포지 프로그램을 통해 듣고 전사하였다. 전사는 한 소리도 빠짐없이 하여 문맥 의미, 상황 의미까지 분석이 가능하도록 시도하였다. 전사 자료는 [부록]으로 실어 둔다.

전사 자료의 한 예를 보이면 다음과 같다. − 표시는 조사자 표시이며, = 표시는 자료제공인 표시이다.[4]

− 그러믄 그, 아매는 인제 그, 가족은 그렇고, 여기 와서는 남편하고 결혼은 언제 했어요?

= 음, 일천구백사십구연.

− 일천구백사십구년. 고려사람임두?

= 고레사람.

− 음. 그, 식구는 몇임두?

= 아, 아들 둘이 딸 한내. 아, 쥐인~으 돌아간 지 오랍구마.

− 음. 쥐에?

4. 전사의 표기 방법, 예를 들어 ~ 표시 등에 대한 설명은 [부록] 참조.

= 예?

– 주인?

= 예.

– 음, 아매는 여기와서는 그, 일은 무슨 일 했슴두?

= 내? <–음> 내 지금 이야기 하지여. 우리 일천구백사십이연도 독일 전쟁~ 났습지. <–음> 그래 독일 전쟁~난 뒤 우리 아버지 좀 그런 일 하다 나이 노력전선~으로 다 남자들이 다 가고 촌에 뭐시 지텂 누기들이 지텂는가 아이들가 늙으이들이, <–음> 여자들. <–음> 그래 (한숨) 우리 어마이도 일 많이 했습구마. <–음> 그래 우리 어머니 마흔둘에 돌아갔지. <–음> 우리르 지치고. <–아> 그래다 나이 내 집에 제일 큰 게지. 게 나느 글도 모 이르고 동생들가 같이 살았습구마. <–으흠> 에, 그래 우리 어마이 우리르 허 기치고 일찍 돌아가셌구마. <–으흠>

= 글도 내 모 마이 모 읽었스. <–음> 다만 칠학년밖에.

– 아하, 예. 칠학년 필했슴두?

= 예.

-2 음, 원동에서?

= 아니지요. 여기 들어와서. 원동~서 조선글으 어 세 반 읽었습그. 세 반 이르고 우리 이주했지. <–으흠> 그래 여기 들어와서 또 고체 로시아글 읽었지.

– 그리고 그러면 여기 와서 고려말은 언제까지 썼슴두?

= 고레말으 우리 오래 아이 썼습구마. <–음> 와서 샤스 야스까주(сейчас я скажу) 우리 이주르 와서 그 해는 아무 데도 못 가고 집도 없지. <–음> 집도 없이 그저 이레 땅~이 땅~이다 막이다 이거 치고서레 제 가정가정 살아서 <–음> 그 담에 사람들으 모다서 모여서 무서그 했는가 하이 이 흙

으 가주고 피르 쳐서 재빌러 집으 지었습구마. <-음> 재빌러 모도 이렇게 집으 짓고. 그래다 나이 그제또(Где-то) 우리 여기 들어와서 아무래 한 삼년 글으 모 읽었습구마. 그 담에 그 담에 이, 스라수(Сразу) 로시아 글 넘어 갔습구마. 고레까지 없었습구마. <-음> 그래다 나이 로시아 글 읽었습지. <-음>

- 말은?

= 말으 잘 모르지만 해도 어찌겠습두? <-음> 고레말 아이 하지. <-으흠> 핵고서이. <-음> 그래다 나이 로시아글 읽었지. <-음>

한편, 고려말과 대조를 위해 분석 대상으로 삼은 현대 한국어 구어 자료는 '20~30대 나이의 대학생, 회사원'의 일상 생활을 중심으로 한 실제 대화 자료이다. 2002년 9월부터 11월 사이에 6회에 걸쳐 모두 여섯 시간 분량으로 녹음하여 역시 형태 표기로 전사한 자료인데, 권재일(2004), 『구어 한국어의 의향법 실현방법』(서울대학교출판부)에 [부록]으로 실려 있다.

4. 고려말의 성격

중앙아시아 지역, 구체적으로는 옛 소련이었던 나라, 카즈흐스탄, 우즈베키스탄, 키르기즈스탄 등에 살고 있는 한인들을 고려사람이라 한다. 이들 고려사람들이 써 오던 말을 고려말이라 한다. 언어학적으로는 한국어의 한 방언, 또는 한국어의 다른 지역 방언과는 성격을 달리하는 방언이라 하겠다. 앞에서도 언급한 바 있지만, 고려말은 대체로 함경도 방언(특히 함북 방언)을 이어받은 것이다. 함북 방언은 내부적으로는 육진 방언과 길주·명천 방언으로 나뉘는데, 고려사람들은 각자의 성장 배경에 따라 이 두 하위 방언 중 어느 하나를 사용하고 있다.

중앙아시아 현지에서는 고려말을 조선말이라 하기도 하는데 그러나 고려말이 더 일반적인 듯하다. 고려말이라는 용어에 대해서 러쓰 킹・연재훈(1992:84~)에서 그 역사적 근거를 소상히 밝힌 바 있다. 1920년대 이후 옛 소련 거주 한인들의 출판물에서 한국을 '고려'라 지칭하고 있고 소련의 한인들을 '소베트 고려민족'이라고 부르고 있었으며(예: 압박 받는 고려(1926), 시월 혁명 십주년과 소베트 고려민족(1927), 고려 이민 지남(1929)), 더욱이 1930년대 이후 교과서에서는 한국어를 일관되게 '고려어' 또는 '고려말'이라고 지칭하였다고 하였다. 『고려어 교과서』(게봉우 1932), 『고려말 과본』(오창환 외 1932), 『고려 문전』(오창환 1930) 등이 그 예라고 하였다.

아울러 러쓰 킹・연재훈(1992:90~)에서는 고려말의 성격을 언급하면서, 이미 오래 전부터 한반도와는 언어 문화적으로 단절된 채 그들 특유의 언어적 특징을 보존하고 있으며, 문어체의 영향을 상대적으로 덜 받았음을 지적하였다. 문어는 1937년 이전 옛 소련 원동 지방에서 한국어 교육을 받았던 사람들의 격식언어인데 이미 그 당시 한반도서 사용하던 것과는 다른 점이 꽤 있었다고 한다. 1930년 이전의 소련에 있는 한인 문헌은 많은 함경도 방언 요소를 포함하고 있었고, 오창환의 『고려 문전』(1930)은 새로운 철자법으로 이러한 특징을 반영하고 있다고 하였다.

또한 박넬리(1991 및 2005)에서, 고려말은 1800년대 후반에 러시아 원동 지방에서 새롭게 독립적으로 형성되기 시작한 것으로 1860년대부터 1900년대까지 육진 방언 사용자들은 절대적 다수를 차지하고 있었는데, 1900년대부터 1920년대까지 명천·길주 지방에서 연해

주로 계속된 이주로 인해 방언들이 섞이기 시작했고, 그 결과 일종의 코이네가 형성되었다고 보고 있다.

한편 현지에서 고려말을 조사하면서 고려말 보유자가 고려말의 두 모습, 즉 일상언어인 구어와 격식언어인 문어를 간직하고 있음을 확인한 바 있다. 일상생활에서 자연스럽게 쓰는 고려말을 구어 고려말이라 한다면, 글을 쓰거나 격식적인 대화를 할 때 쓰는 고려말을 문어 고려말이라 할 수 있겠다. 다음 자료가 구어 고려말에 해당한다.

- 닭으느 몇 마리 쳤습두?
= 닭두 마이 아이 치었구마. 한 열암 마리씩 <-음> 그래 치 <-여람 마리씩, 음> 예. <-음>
- 그, 원동에서 떠나올 때 그 다
= 닭으 제 뿌리구 왔습구마. 어찌 제 뿌리고 왔는가이끄드나으이 <-음> 우리르 불시르 이주시켔습구마. <-으음> 그래다나이 미처 어찌 새 없지. <-음> 어 내 생각 아이 나지만 돼지느 어찌 했는지 모르겠. 잡았는지 <-음> 어찌 했는지. 아 쇠 있는 거느 국가르 받치고 왔스. <-으흠> 국가르 주고 왔습구마. <-음> 그래서 음 닭으느 그, 우리 나올 직에 에따(это) 그, 뽀시예트(Посьет) 어느 메르 그게 에또 까끄예고(это как его). 죄인들이 이레 죄를 짓고 가 가 갇히잲~임두? <-으흠> 그런 사람들으 내 보냈습드마. <-음> 우리르 이거 이주르 시기는 거. 쇠수레들으 몰고 거기르 <-음> 음 뽀시예트(Посьет)꺼지 가게. 그래 그 사람들마 부뜰어 먹었지 모르지 어찌했는지. <-아> 그레고 쇠느 바쳤습구마, 국가. <-으흠> 그래 바친 거 삼십칠연도에 여기 와서 까삭스탄(Казахстан) 와서 어 그거 마 에매씨나 탔는지 돈 탔습갰구마. <-으흠> 돈 타구 우리르 무스그 좄는가이끄드나

이거 그게 바친 그글르 해서 아무래 곡식도나 그거 해 죴는지 <-으흠> 가루르 갈그 <-음> 갈그 나베르나(наверно) 한 이십 마대씩 <-음> 이레 타서. 그거 먹구 살았습구마. <-음> 고마 고마와서. <-음>

이에 대해서 다음에 소개하는 자료는 문어 고려말이라 할 수 있다. 2007년 7월, 우즈베키스탄 타슈켄트에서 조사한 자료제공인 장영진 씨와의 대화이다. 장영진 씨는 조사 당시 90세인 1917년생으로, 원동 사범학교를 졸업하고, 교사 부임을 앞두고 1937년 강제 이주되어 우즈베키스탄에 와서, 그동안 국어(조선어) 교사, 중학교 교장 등을 역임하고 은퇴한 분이다. 이 분과의 대화에서 처음에는 이 분이 서울에서 온 우리를 만나 서울말을 쓰는 것으로 오해하였지만, 이 분의 설명에 따르면 학교에서 배우고 사용하는 교양있는 말은 일상생활에서 사용하는 말과는 다르다는 것이었다. 또한 이 분은 공식적인 자리에서 구어 고려말을 써서는 안 된다는 신념이 강했다. 조사자가 구어 고려말을 해 주기를 여러 차례 요구하였지만 강력히 묵살하였다. 그리고 이 분이 사범학교에서 배우고 그리고 조선어 교사로서 가르친 이른바 문어 고려말(이 분 표현으로는 '교양어')은 적어도 소련 해체 후인 1990년 이후 한국의 기업인, 종교인이 이곳에 들어와 전파한 현재 서울말이 아님이 확실하였다.

- 사시는 데가 어딥니까?

= 자식들이 따시켄뜨 거반 살고 셋째 아들이 어러시아 땅에 가서 삽니다.

- 아, 그러세요? 그런데 그, 고레말로는 어, 러시아 땅에 가서 살고 있소, 살고 있습구마 이렇게 말하지 않습두?

= 예

- 예 그런 말로 해 주셔야 제가 여기 잘 배울 수 있거든요. 예. 그러며는 이제 우선 그, 원동 사실 때 어디서 사셨어요? 원동에서는

= 원동, 아, 아, 하바롭스키 벤강, 쁘리모리 쁘리모레 연해주 수천 구역 어, 도두구란 촌에서 난 탄생했습니다. 그래 실길 때는 어 스꼬또브 구역 연해두 스꼬또브 구역 어 그, 베농장 뻬또라까란 거기서 차에 실게서 여기를 떠나왔지요.

2008년 1월 카즈흐스탄 알마타에서 조사한 다른 자료제공인과의 다음 대화도 살펴보자. 자료제공인은 신외라 씨인데, 그 분은 1929년생으로 8세 때 이주해 와서 살고 있는 분으로 조사 당시 79세였다.[5] 신외라 씨가 쓰는 말, 역시 서울에서 온 기업인이나 종교인들로부터 배운 말이 아닌 원래 알고 있던 고려말이다. 조사에 동참했던 박넬리 교수가 다음의 밑줄 친 부분과 같이 말해 보았지만, 자료제공인은 전혀 상관하지 않았다.

= 원동~에서 들올 때 내가 야듭 살 때였습니다. 야듭 살이, 이십구연 생입니다, 내가.

- 이십구년생 음, 그러며는 원동에서 부술기 타고 첨에 어디로 왔어요?

= 그래 와서 첨에는 꼭수라는 데로 왔댔습니다. 그래 거기 와서

- 어허허. '읍니다'라고 하지 말고 딱 고레말로.

- 고려말로

---

5. 신외라 씨는, 원동에서 출생하여 8세 때인 1937년도에 카자흐스탄 우스또베로 이주하였다. 그곳에서 67년간 살다가 최근 알마타로 와서 산다. 1~2년 정도 교육을 받았으며, 오랫동안 파농사 분조장의 일을 맡아 왔으며, 농업영웅으로 많은 훈장을 받았다고 한다. 가정과 사회생활에서 주로 고려말을 사용한다.

= 글쎄 꼭수라는 그런, 이런, 스딴스 꼭수, 정거장~이 그런 데 있었습니다. 긔래 거 와 내레서 우리르 바라끄르 줍드마. 긔래 바라끄르 주이꺼데 거게 심을루 그, 짐으 동제 가제 오던 짐으 가주고서리 어간으 베으 막구서리 그러고서리 집집마 마당 그, 바라끄 이렇 이렇게 살었어. 그래 그해 동삼 나구 그래구 그 이듬해 봄에 가서 어 따꿀막으 치고서리 그래고서리 살다가서리 그 담에는 집으 피장~ 재빌르 맨들어서 그래 피장~ 쳐서 집으 날 날맞이르 다섯 여섯 개씩 이레 져서 사람들이 이레 져서 거기르 다 이레 이새르 해 나갔지. 그 막개이 그런 바라끄 저 따꿀막에 있다거서리 긔래 거기 나가서 그래 살멘서리 조합이 일하지므. 긔래고 어머니는 어머니는 아들 가주고 집에서 그저 그렇게 고생하구 아부지는 긔냥 그저 앓구 그저 그거뱉에 내 골 속에 없습니다.

2007년 7월 우즈베키스탄 타슈켄트에서 조사한 또 다른 자료제공인 정안나 씨[6]는 더욱더 적극적으로 구어와 문어의 존재를 구별하고자 하였다. 다음 대화에서 그 정황을 살펴볼 수 있다. 이 분은 조사기간 내내 '명심하고' 교양어를 사용하였으며, '사투리'와 '명심하고 써야 할 말'을 구분하고 있었다. 소학교 시절 국어 시간에 철저히 교육 받았다고 하였다.

- 그, 아매 아까도 이얘기했지마는, 원래 고려말에는 머머 했습구마 했습구마 또는 했소 이런 말을 하는데 아매는 왜 그런 말을 안 씁니까?

= 그거느 방언~이라 해서 <- 네.> 어, 집안에서 그저 하는 말

6. 정안나 씨는 1921년생으로 역시 원동에서 1937년도에 우즈베키스탄으로 이주해 왔으며, 10년제를 졸업했으며, 그동안 우체국 및 학무국의 경리 담당자로 일했었다.

이 돼서 내 그 말으 아이, 맹심하구 아이합니다. <-명심하고.> 집에서느 다 아:들이 긔랬습구마 어 이레라 저레라 이렜습니다.

- 예. 그러며는 언제부터 밖에서 이랬습니다 이렇게 말했습니까?

= 어, 그 전에는 <-그전에> 글 이를 직에느 <-네.> 어 다 내 그러 이상 사람들가 다 존경스럽게 말두 하고 그랬습니다. 그렜습니까? 어, 저렜습니다, 오십시오, 가십시오, 이래. <-원동에서도요?> 다. 긍게서두 다 그렇게 했습니다. <-아, 그, 학교서는 머했습니다, 어떻게 했습니까 하고?> 다. 그렇게 했습니다.

- 원동~에서도 집에서는, 그렇게 말했고 어시들한테 머했스구마, 머했습두?

= 그래 보톤 다, 그렜습구마, 그 전에느 아바임두? 아멤두? 어. 동상들 오머 니 왔냐 아들. 서햄두? 인사 이릏게 했습니, 인사르.

= 핵교 가서느 아이 그레, 다 선생니 앞에서느 어 모 제대루 말해읍니다. 어, 선생님 그렇게 싹 그랬습니까? 저랬습니까? 저레 말했습니다. 다, 다, 그렇게 말했습니다.

= 핵교서 배운 말대루 우리 말했습니다. 그렇게 말 아이 했습니다.

= 그렇게 니 말하므 느 말 모른다 이렇게 했습니다, 선생이. 니 말, 고레글 모 글으 못 배왔다우. 그레다 나이 그거느 우리 조심하구. 그렇게 맹심하메. 맹심하구 이 말 하머 어떻갰는가, 이렇게 궁리르 하멘서르 에 말하메.

이상에서 볼 때, 높임의 서술어미와 의문어미가 구어와 문어 고려말에서 확연히 구분되었다.

	서술어미	의문어미
구어	-습구마	-슴두
문어	-습니다	-습니까

또 한 가지 관련된 사실이 있다. 고려인 소설 작품을 보면 대화체의 문장이 구어가 아니라는 사실이다. 대체로 문어 고려말을 사용하고 있다. 1950~60년대 창작된 고려인 소설 작품에 나타난 종결어미를 분석한 김필영(2008:94~95)에 따르면 소설 작품에 나타난 고려말 대화의 평서문과 의문문의 특징은 다음과 같다.

1. 평서형 종결어미로 해라체는 '-(ㄴ/는)다', '-라', '-지'; 하게체는 '-네'; 하오체는 '-오/소'; 합쇼체는 '-(ㅂ니)다', 해체는 '-아/어'; 해요체는 '-아/어요'와 '-지요'가 있다. ...... 실제 고려말 담화에서 자주 사용되는 합쇼체 종결어미인 '-(스)꾸마'는 소설 구어체 표현에서는 쓰이지 않는다.
2. 의문형 종결어미로 해라체는 '-느냐', '-늬', '-니', '-지'; 하게체는 '-는가'; 하오체는 '-오/소'; 합쇼체는 '-ㅂ니까'; 해체는 '-어/아'; 해요체는 '-어/아요'와 '-지요'가 있다. ...... 실제 고려말 담화에서 자주 쓰이는 합쇼체 종결어미인 '-ㅁ두'나 '-슴두'는 소설 구어체 표현에서는 사용되지 않는다.

일반적으로 소설 작품의 대화는 그 언어의 생생한 실제 구어를 반영하는 것으로 볼 수 있지만, 사회주의 국가의 문학 작품에서는 아무리 생생한 대화를 반영한다 하더라도 문어를 사용한다는 사실에 근거한다면[7], 고려인 소설 작품에서 고려말 구어를 쓰지 않고 문어를

7. 북한 문학 작품에 정통한 원광대학교 김재용 교수의 진술에 따르면, 북한 소설의 대화 부분도 지역 사투리를 쓰지 않는다고 한다.

쓴 것이 당연한 것일 수 있다.

따라서 고려말에는 구어와 문어가 구분되어 있음을 알 수 있다. 그러나 이 책에서는 당연히 구어 고려말을 연구 대상으로 한 것이다.

Ⅱ. 조사

1. 조사 목록

한국어 문법 기술에서 조사의 체계를 세우는 방법은 여럿 있을 수 있으나, 여기서는 편의상 (1) 격조사, (2) 보조사, (3) 접속조사, (4) 문장종결조사로 나누어서, 위에서 구축한 말뭉치를 바탕으로 고려말의 조사 목록을 제시한다. 다만 필요한 경우 고려말 문법의 앞선 연구인 러쓰 킹・연재훈(1992), 박넬리(1997, 2008), 이기갑 외(2000), 니라리사(2002), 김마리나(2007) 등에서 제시하고 있는 조사 목록과 대조하겠다. 이 책에서 제시하는 목록과 앞선 연구에서 제시한 조사 목록은 대부분 일치하지만 약간의 차이가 있는 것은 자료제공인의 개인 언어 차이에 의한 것으로 판단한다.

1.1. 격조사

먼저 주격조사부터 살펴보기로 한다.[1] 주격조사는 이미 잘 알려진 바와 같이 '-이'가 대표적이다. 선행하는 체언이 자음으로 끝나든 모음으로 끝나든 모두 '-이'이다. 다만 모음으로 끝나는 체언 뒤에서 매우 드물게 '-가'가 현대 한국어처럼 쓰인 예가 있었다.[2] 다음 문장 (1a)는 자음으로 끝난 체언 뒤에 '-이'가 쓰인 예이고, (1b)는 모음으로 끝난 체언 뒤에 '-이'가 쓰인 예이고, (1c)는 '-가'가 쓰인 예이다. 한편 높임 조사 '-께서'는 없다.

(1) a. 그 아들-이 글이르구 다 공부 필하고스레 여기서 일하게 됐지.[3] (¶글이르다 = 공부하다)
b. 오백호-이 들어와서 그 담에 그, 주미냐르크서 아무 두 낄로 메트르 내리가 내리가 밭이 있지므, 벌판에.
c. 내 아무 것두 모르는데 내-가 무시라 하갰는가?

문장 (2)는 목적격조사가 쓰인 예이다. '-으'와 '-르'가 대표적이지만, '-을'과 '-를'도 함께 나타난다. 한편 문장 (3)의 경우 '쑥이' 다음에 목적격 조사가 생략된 예이다. '쑥이'의 '-이'는 고려말에서 자음으로 끝난 명사 뒤에 자연스럽게 결합하는 요소로서, 조사가 아니다.

---

1. 고려말 격조사에 대해서는 권재일(2007)에서 발표한 바 있다. 이 책의 기술은 권재일(2007)을 바탕으로 수정・보완한 것이다.
2. 주격조사 '-가'의 쓰임에 대해, 러쓰 킹・연재훈(1992)에서는 '-가'의 존재를 부정한다. 현대 서울 표준어의 영향을 받은 몇몇 사람들 말에서 볼 수 있다고 하였다. 그러나 이기갑 외(2000), 니라리사(2002)에서는 고려말의 '-가'의 존재를 확인하고 있다.
3. 이 책에서, 예문으로 고려말 문장을 제시할 때, 특별히 단어의 뜻을 설명해야 하는 경우나, 이해를 돕기 위해 문장을 현대 한국어로 풀어 써야 할 경우에는, 괄호 속에 ¶ 표시 다음에 풀이해 두기로 한다. 문장 전체를 현대 한국어로 옮기는 것은, 번거로워서, 가급적 피하겠다.

(2) a. 산에 흰 옷-으 입고 올라가는 사람들-으 우리 보았구마.

b. 긔래 올라온 녜느 구 에례 조고막시 떼서 깔레-르 요롷게 맨드지. (¶그래 올라온 후에 그 이렇게 조금씩 떼서 깔레라는 음식을 요렇게 만들지.)

c. 헌겊으로 신-을 맨들어 신고 댕겼어. (¶헝겊으로)

d. 저짝에서 차-를 타고 밤이머 걸레 오고 (¶저쪽에서 차를 타고 밤이면 건너 오고)

(3) 콩~ 곰물 내서 쑥이_ 한데 쳐서 떡 해 먹었습구마. (¶콩 고물을 내서 쑥을 한 데다 넣고 쳐서 떡을 해 먹었습니다.)

고려말에서 관형격조사는 거의 나타나지 않는다. 관형격조사가 쓰일 만한 자리는 대부분 체언 연결체로 나타난다. 그러나 다음과 같은 문장에서 '-이, -에' 등과 같은 관형격조사가 보인다.

(4) a. 그 수날리스까는 내 작은아들-이 딸이오. (¶그 여성신문기자는 나의 작은아들의 딸이오.)

b. 긔 닭-에 알이란 말이갰습지 아무래.

다음에는 부사격조사인데, 의미에 따라 '위치, 방편, 견줌'으로 나누어 제시하면 다음과 같다.[4] 위치의 의미를 나타내는 부사격조사에는 '-에, -에서'가 대표적이다. 문장 (5)에서 보면 '-에, -에서'가 쓰이며, 이들 조사의 자유변이형태라 할 '-이, -이서'도 쓰인다.

4. 부사격을 의미에 따라 '위치, 방편, 견줌'으로 나누는 것과 담화에서 구체적으로 실현되는 의미와는 반드시 일치하지는 않는다. 현대 한국어 조사 '-에'류를 위치, '-으로'류를 방편, '-과'류를 견줌으로 나누는 것은 포괄적인 의미를 기준으로 삼은 것이다. 그러나 구체적으로는 예를 들어 '-에'만 보더라도 위치, 방편, 그리고 견줌의 의미까지 실현한다. '-으로'도 마찬가지이다. '집으로 갔다'에서 '-으로'는 위치의 의미를 실현한다.

(5) a. 아무 두 낄로 메트르 내리가 내리가 밭이 있지므, 벌판 – 에.
b. 오래 아이 놉구마, 새애기 집 – 에서. (¶오래 안 놉니다, 신부 집에서)
c. 그릇에 담아 놓구 상~ – 이 – 다 놓구
d. 우리 큰집 – 이서 올 직에 쇠:지 하나 잡아가주고 왔습그. (¶쇠지 = 송아지)

문장 (6)은 '– 다(가)'가 쓰인 예인데, 주로 '– 에'와 함께 쓰인다. 문장 (7)은 현대 한국어의 '– 에게'에 대응되는 부사격조사이다. 특히 '– 인데'의 분포가 넓다.

(6) a. 꺼풀으 이래 뒈베 놓구서르 거 – 다 소금 칩데. (¶껍질을 이렇게 뒤집어 놓고서 거기에다가 소금을 칩디다.)
b. 깔레 무신가 하이끄드이 이레 맨들어서 가매 – 에 – 다 굽지, 기름이 없이. (¶깔레가 무엇인가 하니까)

(7) a. 긔래 말하지, 내 니 – 게 장가든다. (¶내가 너에게)
b. 내일 므스그 내 – 게서 들을 게 있어, 말을? (¶내일 무엇을 나에게서)
c. 큰 딸 – 에게 – 느 아: 둘이오. (¶아 = 아이)
d. 해마다 우리 – 인데 – 르 왔다갔다 하지.

견줌의 의미를 나타내는 부사격조사에는 문장 (8a)처럼 '– 가'가 쓰인다. 이는 현대 한국어 '– 과/와'에 대응하는 것이다. 그리고 '– 보다'의 뜻을 지닌 '– 마'가 (8b)처럼 나타난다.[5]

---

5. 러쓰 킹 · 연재훈(1992:116)에서는 '– 마'가 '– 만큼'과 '– 보다'의 뜻을 가지고 있다고 하였다.

(8) a. 어찌 우리 지우 이 손네 우리-가 같이 있는 줄 아오? (¶우리와 같이)
b. 산달피두야 이렇게 개처르 생긴 게, 개-마 키 작소. (¶산달피(= 검은단비, 또는 잘)도 이렇게 개처럼 생긴 것이, 개보다 키 작소.)

방편의 의미를 나타내는 부사격조사에는 다양한 형태가 나타난다. 현대 한국어의 '-으로'에 대응하는 것인데, '-으르'를 비롯하여 '-을르, -을로, -을루, -을라'처럼 형태가 다양하다. 다음 문장 (9)가 그러한 예이다.

(9) a. 한아버지 늘상 어렵아서 절-으르 못갔스. (¶절으로 = 곁으로)
b. 싹다 로시아식-을르 입었소. (¶싹다 = 모두 다)
c. 지금으느 비단-을로 이불두 몇 채씩 해 줬구마.
d. 흙-을루 재빌루 집으 져두. (¶재빌루 = 자기 스스로)
e. 침대 그래 널-러 했지. (¶널러 = 나무로)
f. 찰-라 하는 떡 있고 (¶찰라 = 찹쌀로)

1.2. 보조사

보조사에는 '-으/느, -도, -만'을 비롯하여 '-밖에, -부터, -까지/꺼지/까시, -처르/처리, -야/아/사' 등이 나타난다.

(10) a. 빛깔-으 그, 조끔 푸르므리 한 것두 있구.
b. 한어머니-느 성씨 낌으고 에따 한아바지-느 노학수.
c. 나물-은 내 스 잘 기억지 못합구마.
d. 우리 이주르 와서 그 해-는 아무 데도 못 가고 집도 없지.

(11) a. 건강이 어저느 옌세－도 높으지 이제 무스 건강이 있어, 허허허.

b. 여기－느 무스 바사르 나가며 돈－만 있으며 무스그 못 사갰습드? (¶바사르 = 시장)

c. 칠학연－밖에 더 못 읽었스.

d. 봄－에－부터－느 발써 이거 농새질했지. (¶발써 = 벌써)

e. 학생들 많앴습구마, 십년제비－꺼지 있다 나이 (¶십년제(학교)까지 있다 보니)

f. 산달피－두－야 이렇게 개－처르 생긴 게

g. 아부지－느 거기르 댕기며 일하지마, 어머이－사 노력했지. (¶일하지마 = 일하지만)

1.3. 접속조사

접속조사에는 '－이나/나, －고/이고/이구/하구, －든지, －랑' 등이 나타난다.

(12) a. 벳짚－이나 채미짚－이나 그래 고거 꼴뚝 채와서 이래 페놓습데. (¶볏짚이나 밀짚으로 그거 가뜩 채워서 이래 펴 놓습디다.)

b. 거기서 살 적에느 아버지 어머니 내－하구 그 담에 내 아랠로 오래비.

c. 사냥~해서느 이거 음 날짜짐승~ 오리－든지 기러기-든지에 잡아서느 거기다 바치구. (¶날짜짐승~ = 날아다니는 짐승)

d. 그전에 우리 할무니－랑 설에 음식하므 어 에또 보름꺼지 먹어야 된다.

1.4. 문장종결조사 '–예'

현대 한국어에서 대표적인 문장종결조사는 '–요'이다. 주로 종결된 문장 뒤에 결합하여 청자높임의 기능을 수행한다. 이에 대응하는 것으로 고려말에서 '–예'가 쓰인다. 다음 문장 (13)에서 그 예를 확인할 수 있다. '–어, –지, –구마, –드마, –슴두' 등으로 끝맺은 문장에 결합하였으며, 수의적으로 (13d, e)처럼 '–여, –유'로도 나타난다.

(13) a. 맷돌에다 가압구마–예.
b. 우리르 책으 노나 줍드마–예.
c. 원동~서느 거반 그 질그릇이 있드마–예.
d. 내 지금 이야기 하지–여.
e. 우리르 어디다 실었는지 암두–유? (¶압니까?)

'–예'는 다음 (14)와 같이 접속어미 뒤에도 결합하며, (15)처럼 명사구, 부사구 뒤에도 두루 결합한다.

(14) a. 그런데 저녁엠 나가머–예 어 낮 낮 같이 비쳤습구마.
b. 그랠 직에 이거 쌀로 오그래르 해서–예 그 안에 이래 옇습드마.
c. 기렘이므 돌아오므 기렘이 돌아오므–예 남자구 여자구 다 모입구마. (¶기렘 = 기념일, 즉 명절, 생일)
d. 첨에 퐃으 씿어서–예 가매 옇지.

(15) a. 지금 우리 목사님이–예 마이 우리 말 합구마. (¶우리말 잘 합니다.)
b. 한 바곤에다서 이렇게 널루–예 이레 가르고서리 (¶한 객

차칸에다 이렇게 나무로 이렇게 가르고서)

c. 예, 서울서-예 ...... 여기 와서 시장~ 무흂르 치료하구. (¶무흂로 = 무료로)

d. 열기라고-예 가시 낭기 이런데 이런 게 달게 있구마. (¶열기라고요, 가시나무 이런 데에 이런 것이 달려 있습니다.)

e. 그래 핵고서도-예 글은 노 로시아 글이지만 해도-예 한 시간씨 갈체. (¶한 시간씩 가르쳐)

2. 조사 생략

한국어의 조사는 문어이든 구어이든 생략이 가능하다.[6] 그리고 그 생략의 정도는 조사에 따라, 조건에 따라, 서로 다르다. 모든 조사는 '격의 실현'이라는 문법적 관념과 '대조', '역시', '단독' 등과 같은 어휘적 관념을 함께 가지는데 문법적 관념의 비중은 조사마다 다르며, 조사의 생략 현상은 이러한 문법적 관념의 비중이 높을수록 그 가능성이 높다. 즉, 문법적 관념의 비중이 높은 격조사가 어휘적 관념의 비중이 높은 보조사보다 생략이 더 잘 된다(권재일 1989 참조).

실제로 현대 한국어의 조사 생략 현상의 예를 살펴보면, 조사에 대하여 다음 문장 (16)은 (17)과 같이 상정되는 문장에서 조사가 생략된 것으로 해석할 수 있다(김건희·권재일 2004:6).

6. 조사의 생략이란 엄격하게 말하자면, 조사가 실현되어야 할 자리에 실현되지 않는 현상을 말한다. 다시 말하여 조사가 나타날 수 있는 자리인데 나타나지 않은 현상으로 통사적인 현상이 아닌, 담화적인 현상이라 하겠다. 조사의 생략과 조사의 실현 현상에 대해서는 권재일(1989) 참조..

(16) a. 일부로 종교_ 믿는 사람들_ 많잖아요.
b. 형_ 나_ 스카우트하라니까.
c. 오빠는 가을에 무슨 색_ 옷을 입으세요?
d. 이거 아마 봉천시장_ 올라가다 샀을 거야.

(17) a. 일부로 종교-를 믿는 사람들-이 많잖아요.
b. 형-이 나-를 스카우트하라니까.
c. 오빠는 가을에 무슨 색-의 옷을 입으세요?
d. 이거 아마 봉천시장-에 올라가다 샀을 거야.

2.1. 조사 생략 일반

이제 고려말을 대상으로 조사의 생략 현상을 살펴보기로 한다. 대상으로 삼은 고려말 자료에서 조사 실현이 상정되는 경우는 모두 4,650예다. 그 가운데 격조사는 3,686예(전체의 79.27%), 보조사는 843예(전체의 18.13%), 접속조사는 121예(전체의 2.60%)다. 조사 실현이 상정되는 경우, 실현된 예와 생략되어 실현되지 않은 예의 비율을 제시하면 다음과 같다.

(18) 고려말에서 조사의 실현과 비실현 비율

조사 유형	실현	비실현	전체
격조사	2,474 (67.12%)	1,212 (32.88%)	3,686
보조사	824 (97.75%)	19 (2.25%)	843
접속조사	121(100.00%)	0 (0.00%)	121
합계	3,419 (73.53%)	1,231 (26.47%)	4,650

이를 통해 보면, 고려말에서 조사가 생략되는 비율은 전체적으로 26.47%이다. 격조사는 평균 비율보다 훨씬 높은 32.88%이다. 그러나 보조사는 거의 생략이 없는 편으로 2.25%에 그친다. 거기에 비해 접속조사는 생략 현상을 보이지 않는다.

보조사는 특정한 어휘 의미를 수행한다. '대조, 단독, 역시, 한계' 등과 같은 특정 의미를 나타내기 때문에 원칙적으로 생략은 불가능하다. 접속조사 역시 그러하다. 다음에서 (19a, b, c)는 격조사가, (19d)는 보조사가 생략된 예다.

(19) a. 우리 그, 꼬호즈느 싹 다 고레 사람들_ 살았습구마. (¶우리 집단농장에는 모두 다)

b. 우리 한아버지 한어머니_ 계시지마느 말씀_ 우리가 못했지. (¶우리와 (말씀) 못했지)

c. 아이들이 다 나오이 우리두 이주해서 이 끼르기즈스탄_ 왔지.

d. <문> 도야지는? <답> 돼지_ 하나씩 치구.[7]

고려말에서 나타난 조사 생략 현상을 현대 한국어의 구어 자료와 대조해 보기로 하겠다. 다음은 현대 한국어 구어의 통계 결과이다.[8]

7. 집에서 무엇무엇을 쳤는가를 계속 묻는 대화이다. 따라서 이 경우 '돼지-를 쳤다'라는 대답보다는 '돼지-는, 돼지-도 쳤다'로 실현되는 것이 자연스럽다. 그래서 보조사 '-는' 또는 '-도'가 생략된 것으로 해석하는 것이다.

8. 이 책에서 제시하는 현대 한국어에 대한 통계 자료는 권재일(2004)의 구어 자료를 기반으로 연구한 김건희·권재일(2004)에서 분석한 것이다.

(20) 현대 한국어 구어에서 조사의 실현과 비실현 비율

조사 유형	실현	비실현	전체
격조사	3,584 (72.01%)	1,393 (27.99%)	4,977
보조사	1,854 (93.87%)	121 (6.13%)	1,975
접속조사	149(100.00%)	0 (0.00%)	149
합계	5,587 (78.68%)	1,514 (21.32%)	7,101

고려말 자료를 분석한 결과를 현대 한국어 구어와 대조하면 다음과 같은 특징을 드러낸다.

첫째, 전체적으로 볼 때, 고려말 자료에서는 조사의 생략이 26.47%에 이르고, 현대 한국어 구어 자료에서는 21.32%에 이르러, 두 자료가 비슷한 비율을 보인다. 그러나 고려말에서 조사 생략의 비율이 조금 더 높은 편이다. 이러한 차이가 의미 있는 차이로는 보이지 않는다.

둘째, 고려말 자료에서도 현대 한국어 구어 자료와 마찬가지로 격조사의 경우 생략 비율이 높아 각각 32.88%, 27.99%이다. 역시 이러한 차이가 의미 있는 차이로는 보이지 않는다.

셋째, 두 자료 모두 보조사의 생략이 어려워, 각각 2.25%와 6.13%이다. 그리고 접속조사는 두 자료 모두 생략 현상이 일어나지 않는다.

2.2. 격조사 생략

고려말의 격조사가 생략되는 현상에 대하여 구체적으로 살펴보기로 한다. 격조사 유형별 실현과 비실현의 빈도를 제시하면 다음과 같다.

(21) 고려말에서 격조사의 실현과 비실현 비율

유형	조사	실현	비실현	전체
주격	이	588 (51.58%)	552 (48.42%)	1,140
	가	6	0	6
	<합>	594 (51.83%)	552 (48.17%)	1,146
목적격	으	529 (49.07%)	549 (50.93%)	1,078
관형격	이	4	0	4
부사격	<전체>	1,347 (92.39%)	111 (7.61%)	1,458
-위치	에	641	89	730
	에서	173	2	175
	다가	163	0	163
	게	15	1	16
	게서	3	0	3
	에게	7	0	7
	인데	15	0	15
	한테	1	0	1
	<합>	1,018 (91.71%)	92 (8.29%)	1,110
-방편	<합>	297 (96.12%)	12 (3.88%)	309
-견줌	가	31	7	38
	마	1	0	1
	<합>	32 (82.05%)	7 (17.05%)	39
합계		2,474 (67.12%)	1,212 (32.88%)	3,686

주격조사 '-이'의 경우 1,140예에서 실현이 588예로 51.58%, 비실현이 552예로 48.42%이다. 그러나 앞선 체언이 자음으로 끝난 경우와 모음으로 끝난 경우가 서로 다르다. 자음으로 끝난 경우 649예 가운데 실현이 578예 89.06%이고, 비실현이 71예 10.94%이다. 다음 예 (22)는 체언이 자음으로 끝난 경우 주격조사 '-이'가 실현된 예이고, (23)은 '-이'가 생략된 예이다.

(22) a. 그 아들-이 글이르구 다 공부 필하고스레 여기서 일하게 됐지.
b. 끼르기즈스탄 온 것-이 아이라 아라시아르 갔습구마.
c. 우리 곰마 이주르 해 들어와야 사램-이 많이 죽었습구마.

(23) a. 부모들_ 다 일하러 가며 우리 아이들만 짓제, 집에. (¶부모들 다 일하러 가면 우리 아아들만 남지, 집에.)
b. 이제 서울서 목사님_ 들어와서 이 괴회르 옇이 그래 댕기고. (¶괴회 = 교회)
c. 한 소까락_ 딸 나오 이건 다 한 데 들어가게. (¶한 손가락이 따로 나오고 (다른 것은) 다 한 곳에 들어가게.)

그러나 모음으로 끝난 경우는 491예 가운데 실현이 10예 2.04%이고, 비실현이 481예 97.96%이다. 따라서 모음으로 끝난 체언 뒤에는 주격 조사가 나타나지 않는 것이 일반적이다. 이는 모두 현대 한국어에서 '-가'가 쓰이는 자리이다. 다음 예 (24)는 체언이 모음으로 끝난 경우 주격 조사 '-이'가 실현된 예이고, (25)는 '-이'가 생략된 예이다.

(24) a. 그 이래 여기다 하나-이 놓고 또 여기다 이래 놓지.
b. 그래 오백호-이 들어와서 그 담에 그, 주미냐르크서 아무두 낄로 메트르 내려가
c. 그 담에 내-이 이 그전에느 이게 이런 궤도 아이고 농~이라 합구마. (¶궤도 아니고 농이라 합니다.)

(25) a. 우리_ 이주르 와서 그 해는 아무 데도 못 가고 집도 없지.
b. 식뇨_ 뭐시긴가 하이끄더느

c. 그래다 나이꺼더 우리 그, 조선 여자_ 토역합구마. (¶통역 합니다)

목적격조사에서 '-으'('-을' 포함)로 실현되는 경우 529예는 전체 1,078예의 49.07%에 이르고, 목적격조사가 실현되지 않은 경우는 549예로 50.93%이다. 목적격조사가 상정되는 경우의 절반 이상이 생략되는 현상을 보인다. 실현되는 경우에서는 '-으, -르' 형태가 484예 91.49%로 대부분을 차지하고, '-을, -를'은 45예 8.51%에 지나지 않는다. 다음 예 (26)은 목적격조사 '-으'가 실현된 예이고, (27)은 '-으'가 생략된 예이다. (26a, b)는 '-으/르'가, (26c, d)는 '-을/를'이 실현된 예이다.

(26) a. 밥-으 하고 구비-르 굽고

b. 곡게 입구, 새 옷-으 입구 노지.

c. 암만 말게두 내 그거 노릇 내 할 노릇-을 한다는 그 으미오. (¶아무리 말려도)

d. 죄인들이 이레 죄-를 짓고 가 가 갇히잲~임두? (¶갇히지 않았습니까?)

(27) a. 다름 일: 뭐 없습구마. 거저 김치:_ 담군다구 하지. (¶다른 이름)

b. 여기서느 시장~ 간장~_ 어떻게 하는 줄_ 암두? (¶여기서는 지금 간장 어떻게 하는지 압니까?)

c. 닥수리두 베오리_ 차 가지, 매두 차 가잲~임두? (¶독수리도 병아리 채 가지, 매도 채 가지 않습니까?)

부사격조사는 실현된 예가 1,347예이다. 이를 갯수로 보면, 위치의 의미가 1,018예로 75.57%를 차지한다. 견줌의 의미는 32예로 2.38%, 방편의 의미는 297예로 22.05%이다. 구체적으로는 부사격조사 가운데 '-에'가 641예로 부사격 전체의 47.59%를 차지한다. '-에서'는 12.84%, '-다가'는 12.10%이다.

부사격조사의 실현이 상정되는 경우는 모두 1,458예인데, 위에서와 같이 실현된 예는 1,347예로 92.39%이다. 그러나 생략되는 예는 111예로 7.61%에 지나지 않는다. 생략되는 예를 의미별로 보면, 위치의 의미는 8.29%, 방편의 의미는 3.88%, 견줌의 의미는 17.05%로 일정하지 않다. 다음 (28)은 부사격조사가 실현된 예이고, (29)는 부사격조사가 생략된 예이다. a, b, c는 각각 위치, 방편, 견줌의 의미이다.

(28) a. 그날 밤-에 내 집-에서 못 잤습구마.
b. 세수건은 재빌러 이레 헌겊-을르 꽂으 틀구
c. 한아버지 한어머니 우리 아부지-가 같이 산 게 애라 맏아들-가 같이 살았습구마. (¶할아버지 할머니(께서) 우리 아버지와 같이 산 것이 아니라 맏아들과 같이 살았습니다.)

(29) a. 한 꼬호즈_ 산 게 그래다 나이 아제. (-에)
b. 그거 싹누룩_ 맨듭드마. (-을르)
c. 그게 그런 색_ 비뚜룸할 겝구마. (-가)

이와 같은 격조사의 생략 현상을 분석해 보면, 생략 정도가 서로 다름을 볼 수 있다. 전체적으로 격조사 생략이 32.88%인데 비해, 목적격조사가 50.93%로 가장 높다. 다음으로는 주격조사가 48.17%, 부사격조사가 7.61%이다. 목적격조사의 생략이 가장 두드러진 것이 특징이라 하겠다. 부사격조사는 전체적으로 7.61%이지만 특별히 '-에'가 12.19%로 높다. 물론 견줌을 나타내는 '-가'는 18.42%로 가장 높은 편이다.

(30) 현대 한국어 구어에서 격조사의 실현과 비실현 비율

유형	조사	실현	비실현	전체
주격	이/가	1,527 (79.82%)	386 (20.18%)	1,913
	께서	0	1	1
목적격	을	731 (54.51%)	610 (45.49%)	1,341
관형격	의	55 (75.34%)	18 (24.66%)	73
부사격	<전체>	1,271 (77.08%)	378 (22.92%)	1,649
-위치	에	611 (75.53%)	198 (24.47%)	809
	께	1	2	3
	에게	3	0	3
	한테	60 (88.24%)	8 (11.76%)	68
	보고	5	0	5
	에서	179 (97.28%)	5 (2.72%)	184
-방편	으로	239 (94.84%)	13 (5.16%)	252
	으로서	3 (75.00%)	1 (25.00%)	4
	으로써	2	0	2
-견줌	보다	26	0	26
	처럼	15 (93.75%)	1 (6.25%)	16
	치고	1	0	1
	만큼	7	0	7
	마냥	4	0	4
	과/와	6 (4.23%)	136 (95.77%)	142
-인용	고	109 (88.62%)	14 (11.38%)	123
합계		584 (72.01%)	1,393 (27.99%)	4,977

고려말에 나타난 이러한 격조사 생략 현상을 현대 한국어의 구어와 대조해 보기로 하겠다. 위의 (30)은 현대 한국어 구어의 통계 결과이다. 고려말 자료를 현대 한국어 구어 자료와 대조해 보면, 전체적으로 고려말의 생략 현상은 32.88%로 현대 한국어 구어 27.99%보다 높다. 그리고 고려말, 현대 한국어 구어 모두 목적격조사의 생략

이 50.93%와 45.49%로 다른 격조사의 생략보다 높은 편이다. 주격조사는 각각 48.17%와 20.18%이고, 부사격조사는 각각 7.61%와 22.92%이다. 주격조사의 경우는 고려말에서, 부사격조사의 경우는 현대 한국어 구어에서 더 생략이 잘 일어난 셈이다. 그 이유는 고려말에 있어서 모음으로 끝난 체언 뒤에 주격조사 '-이'의 생략이 잦기 때문이다. 고려말의 견줌의 '-가'와 현대 한국어 구어의 '-과/와'를 대조해 보면, 각각 18.42%와 95.77%로 다른 부사격조사보다 더 잘 생략이 된다는 점에서는 같지만, 그 비율에서는 큰 차이를 보이는 특징이 있다.

2.3. 보조사 생략

앞에서 살펴본 바와 같이, 보조사의 생략 현상은 거의 없다. 다만 보조사 '-으'가 생략된 것으로 상정되는 예가 3.97% 있다.

(31) 고려말에서 보조사의 실현과 비실현 비율

조사 유형	실현	비실현	전체
으	460 (96.03%)	19 (3.97%)	479
도/두	291	0	291
만	12	0	12
밖에	4	0	4
까지	22	0	22
부터	7	0	7
처르	5	0	5
야/아/사	23	0	23
합계	824 (97.75%)	19 (2.25%)	843

보조사 '-으'는 '-으, -느' 형태와 '-은, -는' 형태로 실현되는데, 앞에서 살펴본 목적격조사 '-으, -르'처럼 '-으, -느' 형태가 396예 86.09%로 '-은, -는' 형태 64예 13.91%보다 훨씬 더 많이 실현된다.

고려말에 나타난 보조사 생략 현상을 현대 한국어의 구어와 대조해 보기로 하겠다. 다음 (32)는 현대 한국어 구어의 통계 결과이다. 이 자료를 고려말 자료와 대조해 보면, 전체적으로 고려말의 보조사 생략 현상은 2.25%로 현대 한국어 구어 6.13%보다 낮음을 알 수 있다.

(32) 현대 한국어 구어에서 보조사의 실현과 비실현 비율

조사	실현	비실현	전체
은	999 (89.36%)	119 (10.64%)	1,118
도	536	0	536
만	121 (99.18%)	1 (0.82%)	122
나	51	0	51
다가	24	0	24
든지	7	0	7
마다	15	0	15
밖에	20	0	20
까지	45 (97.83%)	1 (2.17%)	46
부터	36	0	36
합계	1,854 (93.87%)	121 (6.13%)	1,975

2.4. 접속조사 생략

앞에서 살펴본 바와 같이, 접속조사의 생략 현상은 없다. 이는 현대 한국어 구어 자료에서도 마찬가지이다.

(33) 고려말에서 접속조사의 실현과 비실현 비율

조사	실현	비실현	전체
이나/나	96	0	96
고	22	0	22
든지	2	0	2
랑	1	0	1
합계	121	0	121

3. 조사 축약

조사는 앞 체언과 함께 축약되어 쓰이기도 한다. 현대 한국어 구어 자료를 살펴보면, 앞 체언과 조사 사이에 음운 축약이 광범위하게 나타난다. 다음 문장 (34)는 (35)로 상정되는 문장에서 앞 체언과 조사가 축약되어 나타난 것으로 해석할 수 있다(김건희·권재일 2004:6).

(34) a. 하루 세끼 해 먹는 <u>게</u> 얼마나 귀찮은데.
b. 언제부턴가 그게 나쁜 말이 아닌 <u>걸</u>로 바뀐건가?
c. 그런데 <u>그걸</u> 아무도 이상하게 생각 안하고,
d. 오빠는 처음에 <u>날</u> 보고 어떤 생각을 했는데요?

(35) a. 하루 세끼 해 먹는 것-이 얼마나 귀찮은데.
b. 언제부턴가 그것-이 나쁜 말이 아닌 것-으로 바뀐건가?
c. 그런데 그것-을 아무도 이상하게 생각 안하고,
d. 오빠는 처음에 나-를 보고 어떤 생각을 했는데요?

고려말에서도 이와 같은 조사의 축약 현상이 보이는데, 그 예는 다음과 같다. 주격조사 '-이'가 '것'과 결합할 때 축약이 일어나, '그것이'가 '그게'로 나타난다. 주격조사 '-이'의 경우, 실현이 588예, 비실현이 552예인데, 축약 현상이 159예로 실현되는 경우의 27.04%를 차지하고 있어, '것'과 '-이'의 축약은 흔하게 나타나는 현상이라 하겠다. 현대 한국어 구어 자료에서는 35.58%로, 고려말보다는 축약 현상이 더 잦은 편이다. 일반적으로 의사소통에 지장이 없는 한 시간의 흐름에 따라 생략이나 축약 현상이 더 활발한 것과 관련된 현상이라 하겠다. 고려말에서 주격조사 '-이'와 '것'의 축약이 나타난 예는 다음과 같다.

(36) a. 내 이거 똘꼬 이게 들은 게 무시긴가 하이꺼더 경산도에서 오셌다는 그 말만 들었소.
b. 친척, 친척이 시 세 가정˜ 사는 게 누권가구?
c. 이릏게 큰 게 있갰˜임두?

목적격조사 '-을'은 대명사나 '것'과 결합할 때 축약 현상이 일어난다. 고려말 자료에서도 이러한 현상은 나타난다. 목적격조사 '-을'의 경우, 실현은 529예, 비실현이 549예인데, 축약 현상은 7예로 1.32%이다. 그리 흔한 현상은 아닌 셈이다. 현대 한국어 구어 자료에서는 13.13%로, 고려말보다는 축약 현상이 더 잦은 편이다. 고려말에서 목적격조사의 축약 예는 다음과 같다.

(37) a. 그래 그걸 가주 이레 맵두마.
b. 고기가 그립다는 거느 고기 어 많지 못하다는 걸 으미오.
c. 무시기르 그걸 늘상 놉데.

보조사 '-은'이 앞 체언과 함께 축약되는데, 자료 가운데 몇 예만 보인다.

(38) a. <u>그건</u> 재비 생각 대르.
b. 부모들이 댕겠지 우리 모릅구마, <u>그건</u>.
c. 아 모르지, 혹 먹었는지 <u>그건</u> 모르갰스.

4. 정리 및 대조

지금까지 살펴온 고려말의 조사의 목록, 생략, 축약 현상에 대해 정리하고 이를 바탕으로 현대 한국어와 대조하면 다음과 같다.

주격조사는 '-이'가 대표적이다. 선행하는 체언이 자음으로 끝나든 모음으로 끝나든 모두 '-이'이다. 목적격조사는 '-으'와 '-르'가 대표적이지만, '-을'과 '-를'도 함께 나타난다. 관형격조사는 거의 나타나지 않는다. 관형격조사가 쓰일 만한 자리는 대부분 체언 연결체로 나타난다. 위치의 의미를 나타내는 부사격조사에는 '-에, -에서'가 대표적인데, 자유변이형태라 할 '-이, -이서'도 쓰인다. 견줌의 의미를 나타내는 부사격조사에는 '-가'가 쓰인다. 이는 현대 한국어 '-과/와'에 대응하는 것이다. 그리고 '-보다'의 뜻을 지닌 '-마'가 나타난다. 방편의 의미를 나타내는 부사격조사는 현대 한국어의 '-으로'에 대응하는 것인데, '-으르'를 비롯하여 '-을르, -을로, -을루, -을라'처럼 형태가 다양하다.

보조사에는 '-으/느, -도, -만'을 비롯하여 '-밖에, -부터, -까지/꺼지/까시, -처르/처리, -야/아/사' 등이 나타나고, 접속조사에는 '-이나/나, -고/이고/이구/하구, -든지, -랑' 등이 나타난다. 현대 한국어의 대표적인 문장종결조사 '-요'에 대응하는 것으로 고려말에서 '-예'가 쓰인다.

조사의 생략 현상을 현대 한국어 구어와 대조하며 그 특징을 제시하면 다음과 같다.

1. 전체적으로 볼 때, 고려말 자료에서는 조사의 생략이 26.47%에 이르고, 현대 한국어 구어 자료에서는 21.32%에 이르러, 두 자료가 비슷한 비율을 보인다. 그러나 고려말에서 조사 생략의 비율이 조금 더 높은 편이다. 이러한 차이가 의미 있는 차이로는 보이지 않는다.
2. 고려말 자료에서도 현대 한국어 구어 자료와 마찬가지로 격조사의 경우 생략 비율이 높아 각각 32.88%, 27.99%이다. 고려말, 현대 한국어 구어 모두 목적격조사의 생략이 50.93%와 45.49%로 다른 격조사의 생략보다 높은 편이다. 주격조사는 각각 48.17%와 20.18%이고, 부사격조사는 각각 7.61%와 22.92%이다. 고려말의 견줌의 '-가'와 현대 한국어 구어의 '-과/와'를 대조해 보면, 각각 18.42%와 95.77%로 다른 부사격조사보다 더 잘 생략이 된다는 점에서는 같지만, 그 비율에서는 큰 차이를 보이는 특징이 있다.
3. 두 자료 모두 보조사의 생략이 어려워, 각각 2.25%와 6.13%이다. 그리고 접속조사는 두 자료 모두 생략 현상이 일어나지 않는다.

체언과 조사의 축약 현상을 현대 한국어 구어와 대조하며 그 특징을 제시하면 다음과 같다.

1. 주격조사 '-이'가 '것'과 결합할 때 축약이 일어나, '그것이'가

'그게'로 나타난다. 고려말의 주격조사 '-이'의 경우, 실현이 588예, 비실현이 552예인데, 축약 현상이 159예로 실현되는 경우의 27.04%를 차지하고 있어, '것'과 '-이'의 축약은 흔하게 나타나는 현상이라 하겠다. 현대 한국어 구어 자료에서는 35.58%로, 고려말보다는 축약 현상이 더 잦은 편이다. 일반적으로 의사소통에 지장이 없는 한 시간의 흐름에 따라 생략이나 축약 현상이 더 활발한 것과 관련된 현상이라 하겠다.

2. 목적격조사 '-을'은 대명사나 '것'과 결합할 때 축약 현상이 일어난다. 고려말의 목적격조사 '-을'의 경우, 실현은 529예, 비실현이 549예인데, 축약 현상은 7예로 1.32%이다. 그리 흔한 현상은 아닌 셈이다. 현대 한국어 구어 자료에서는 13.13%로, 고려말보다는 축약 현상이 더 잦은 편이다.

III. 종결어미

1. 종결어미와 의향법

의향법은, 언어내용 전달과정에서 청자에 대하여 화자가 가지는 태도를 실현하는 문법범주이다.[1] 의향법은 문장을 끝맺는 어미로 실현되기 때문에 마침법, 문장종결법이라는 명칭으로도 기술되어 왔다.

의향법은 전형적으로 종결어미에 의하여 실현되는데 이것이 의향어미이다. 그런데 의향법은 화자의 청자에 대한 태도를 나타내기 때문에 늘 청자높임법과 겹쳐 실현된다.

(1) a. 철수는 책을 읽고 있-다.
  b. 철수는 책을 읽고 있-습니다.

---

1. 의향법의 개념과 하위범주 체계에 대한 기술은 권재일(1992:제5장) 및 권재일(2004)에 따른다. 한편 고려말 의향법에 대해서는 권재일(2008)에서 발표한 바 있다. 이 책의 기술은 권재일(2008)을 바탕으로 수정·보완한 것이다.

문장 (1)에서 '-다', '-습니다' 등이 의향어미이며, 이들은 화자의 청자에 대한 의향을 실현하며, 또한 '-다'와 '-습니다'의 대립에 의해 청자높임법을 실현한다.

의향법의 하위범주에는 서술법, 의문법, 명령법, 청유법이 있다. 서술법을 실현하는 문장이 서술문(문장 (2a)), 의문법을 실현하는 문장이 의문문(문장 (2b)), 명령법을 실현하는 문장이 명령문(문장 (2c)), 청유법을 실현하는 문장이 청유문(문장 (2d))이다.

(2) a. 철수는 그 책을 읽었-다.
b. 철수는 그 책을 읽었-느냐?
c. 그 책을 읽-어라.
d. 우리도 그 책을 읽어 보-자.

문법범주는 다양한 방법으로 실현된다. 그러나 한국어 문법범주의 전형적인 실현방법은 어미와 조사에 의한 것이다. 위 문장 (2)를 보면 의향법은 모두 고유한 의향어미로 실현된다. '-다'는 서술어미, '-느냐'는 의문어미, '-어라'는 명령어미, '-자'는 청유어미이다.

그러나 다음 (3)의 '-어/아'는 서술어미로뿐만 아니라, 의문어미, 명령어미로도 기능한다. 다음 문장에서 차례대로 명령문, 의문문, 서술문에 '-어'가 쓰였다.

(3) a. 이 책 한번 읽어 봐(=보-아).
b. 정말 재미있-어?
c. 응, 무척 재미있-어.

이러한 '-어'와 같이, 어느 한 의향법에만 쓰이지 아니하고 하위범주인 서술문, 의문문, 명령문, 청유문에 두루 쓰이는 의향어미를

'범용 의향어미' (줄여서, 범용어미)라 할 수 있다. 현대 한국어에서 범용어미는 '-어'와 '-지' 등이 대표적이다.

고유한 의향어미, 그리고 범용어미뿐만 아니라, 다음과 같은 어미들도 의향법을 실현할 수 있다. 의문문의 예를 들어 보자. 문장 (4), (5)의 A는 각각 접속어미 '-려구, -면서'가 의문문을 실현한 경우이다. 이들은 접속어미가 의향법을 실현하는 기능으로 전용된 경우라 하겠다.

(4) A. 아, 태도 점수 높여 주-려구-요?
B. 연구 결과니까 참여자가 있어야 될 거 아니냐?

(5) A. 아니, 그 분은, 저희가, 그런 게 대물림이-라-면서-요?
B. 예.

다음 문장도 의문문이다. 이들은 온전한 문장으로 끝맺지 아니하고, 문장조각으로 의문문을 실현하고 있다. (6)의 A, (7)의 B가 그러하며, (8)의 A는 관형어로 끝맺은 의문문이다.

(6) A. 어, 아는 사람? 어떤 사람? 친척?
B. 네, 아시는 분.

(7) A. 아니, 오빠는 허리에다 딱 입는 거구.
B. 그래요?

(8) A. 어, 그러니까 파스텔톤이라고 흔히 하는?
B. 나 그런 색 좋아하는 것 같애.

이상에서 살펴본 바를 정리하면, 한국어에서 의향법이 실현되는 유형은 다음과 같다.

(9) 의향법 실현방법의 유형
   a. 고유한 의향어미
   b. 범용 의향어미
   c. 접속어미의 전용
   d. (온전한 문장이 아닌) 문장조각

2. 서술문

2.1. 고유한 서술어미에 의한 서술문

고려말은 청자높임법에 따라 세 등급으로 나뉘어 있는 것으로 그간 기술되어 왔다(이기갑 외 2000, 니라리사 2002). 해라체, 하오체, 합쇼체가 그 세 등급이다.[2] 청자높임법 등급의 명칭은 고려말 문법의 선행 연구를 참조하여 현대 한국어의 명칭에 맞추었다. 이러한 등급에 따라 서술어미를 살펴보고자 한다.[3]

---

2. 그러나 박넬리(2008:37)에서는 이 세 가지 외에 '하게'체를 더 설정하고 서술어미 '-네'를 들고 있다: "고려말에는 평서문 형태가 'ㄴ다/오/우/구마'로 끝난다. 'ㄴ다'라는 형태가 말하는 사람이 자기한테 이야기하는 것과 3인칭한테 이야기한다. 종결어미는 '오/우/소'로 끝나면 나이가 같고 지위도 비슷한 경우에 사용이 된다. 고려말 평서문 존대 형태 '네'는 노인이 70세가 어린이한테 쓰는 형태이다. 1917년 후에 태어난 사람들에게는 '네'로 끝난 형태가 케케묵었다(고 여겨진다)."
3. 조사한 고려말 자료에는 감탄을 나타내는 서술어미는 보이지 않았다. 그러나 니라리사(2002:32)에서는 고려말의 감탄어미 '-구나'를 들고 있다.
   (예) 오! Ira 왔구나!
   아이구, Larisa 왔구나!
   Oy, Lyuba 왔다!

[1] 해라체

－다

그냥, 또는 선어말어미 '－는－'이나 '－었－'을 앞세워 나타난다. 조사한 고려말 자료가 성인 간에 높임 표현으로 주고받는 대화인 까닭으로 '－다' 형태는 자료에서 찾을 수 없고, 다만 인용절에서만 확인된다.[4] (10a)의 첫 문장은 ["만~약에 ...... 아이 받는다."고 말했습구마.]라는 문장으로 이해되므로 인용절이라 하겠다.

(10) a. "만~약에 저짝에 걸레 가는 사람으느 거기서 받지 아이머 이짝에서 아이 받는다."
b. "조끄마한 게 배 한번으 일본 배다, 이, 고기잡는 배 들어 파선됐다."고 하면서리
c. 이게 들은 게 무시긴가 하이꺼더 "경산도에서 오셌다."는 그 말만 들었소. (¶무엇인가 하니)
d. "암만 말게두 내 그거 노릇 내 할 노릇을 한다."는 그 으미오. (¶아무리 말려도)
e. 그래 말하지, "내 니게 장가든다."

－라

'이다' 뒤에 결합한다. (11a)처럼 주로 인용절에서 확인되는 것은 '－다'와 마찬가지이지만, 물론 인용절이 아닌 문장으로도 쓰인다.

(11) a. 로시아말로느 쎄르쏘비에트라 하는데, 고레말로느 우리느

박넬리(2008:38)에서는 높임의 감탄어미로 '－구마'를 들고 있다.

4. 그러나 다음 예는 인용문이 아닌 경우이면서, '－다'가 쓰인 자료이다.
(예) 어 저 닭으 청~매지. 그래 그 청대 올라가 잔다.

"무시라" 하는가 하이 이해, 거기서 서기질 했습구마.

b. 그 집이 칠 형제라.

c. 챠입쌀이나 매쌀이나 입쌀이라. (¶챠입쌀 = 찹쌀)

d. 그럴 제에 막중 오래비 다섯 살이라. (¶그럴 적에 막내 남동생이 다섯 살이다. 오래비 = 손위 및 손아래 남동생)

e. 그렌 게 서른 세 메뜨라.

－대, －래

앞에 든 '－다'와 '－라'에 '－어'가 결합한 형태로 분석할 수 있다. 즉, "여기 사람이래."는 "여기 사람이라－고 해(= 하－어)."에서 '－고 하－'가 생략된 형태로 풀이할 수 있다.

(12) 노랗고 한 게, 이런 이삭이 달기 있대. (¶달려 있대)

(13) a. 여기 사람이래.

b. 예, 채소 같은 거 그저 채래. (¶채소래)

c. 전기르 밑에 그래 가주고 하는 게래.

d. 군이사라 하는 데래.

e. 반˜이 딸르 이레 거기서 아무래 식으나 끓여 먹는 반˜이 모양˜이래. (¶방이 따로 (있는데) 거기서 아마 음식이나 조리해 먹는 방인 모양이래.)

－다구, －라구

역시 앞에 든 '－다'와 '－라'에 '－구'가 결합한 형태로 분석할 수 있다.

(14) a. 큰 아들이 공부르 다하고 어떻게 했음으 어머니르 치료할

까 해, 이거 궁리해 냈다구.

b. 닭으 보잲~이 베오리 다 붙들어 갔다구. (¶닭을 지키지 않아서 병아리 다 잡아 갔다고)

c. 말게두 먹는다구. (¶말려도)

d. 긔래 어 부모르 에또 애비르 보내갰다구.

e. 핀스끼 집이라구. (¶핀스끼=핀란드식의)

[2] 하오체

－오/소

높임의 어말어미이다. '－오/소'는 서술문에도 쓰이며, 의문문에도 쓰이기 때문에 앞의 (9)의 기준에 따르면 당연히 범용어미라 하겠다. 그러나 청자높임법의 분명한 기준에 따른 한 등급을 이루고 있어(그래서 문법용어로 '하오체'가 있기도 하다), 기술의 간결을 위해 이 자리에 하오체를 설정하여 기술하고자 한다.

'－오'는 아래에서 살펴볼 '－구마'보다는 높임의 정도가 덜하다. 그리고 '－오'는 모음 다음에 '－소'는 자음 다음에 나타난다.

(15) a. 내 몹시 무식하게 말하오.

b. 그게 음 바로 국경 밑이오.

c. 색이 어둡소. 이 색이 나오. 지 바지 색이 나오.

d. 시애미 시애비게 절하구 우리 본가집으 가야 되오.

e. 맛이 그게 조끔 시쿠무지리하오.

(16) a. 그래 옇어서 그거 젓어서 조끔 따따사한 물이 옇어서 한데 젓어서 덮어 놓소.

b. 우리 사는 데서예 쇠술기르 몰고 우리르 싣고 그 배 녁으

로 왔소. (¶쇠술기 = 소가 끄는 수레)

c. 내 기억하는가 하이, 오리나 기러기나 ...... 있소.

d. 그거 모르겠소마느.

e. 한아버지 동생~이 집이느 사람이 작소. (¶할아버지 동생의 집은 가족 (수가) 작소.)

[3] 합쇼체

−구마

앞의 '−오/소'보다는 더 높임의 서술어미이다. 다음과 같이 '−슴두'라는 의문어미와 짝을 이루어 나타나는 서술어미이다.[5]

(17) A. 맛은 어떻슴두?

B. 맛이 좋습구마. 예, 달쿠므리한 게.

'−구마'의 형태적인 분포는 비교적 다양한 편이다. 이를 정리하면 다음과 같다.

(18) '−구마'의 형태적 분포

a. −ø−구마

b. −습−구마: −ø−습−구마, −었−습−구마, −겠−습−구마

c. −었−구마

d. −겠−구마

5. '−구마'의 형태 분석은 연구자마다 일정하지 않다. '−꾸마'로 제시하기도 하고 '−구마'로 제시하기도 한다. 이기갑 외(2000:48), 니라리사(2002:27) 등에서는 '−꾸마'로 제시하고 있다. '갔습구마'와 '갑구마'의 실제 발음은 /갇스꾸마/와 /가꾸마/이다. 그러나 이 형태에 내재되어 있는 '−ㅂ−'을 고려하여 실제 발음보다는 형태를 존중하여 '−습−구마, −ㅂ−구마'라는 어미로 분석한다.

e. －더－구마

즉, 시제 선어말어미를 앞세우지 않을 수도 있고, '－습－, －었－, －겠－, －더－'를 앞세우기도 한다. 그 가운데 '－습－구마'는 다시 '－었－, －겠－'을 앞세우기도 한다. 이를 차례로 살펴보자.

－ø－구마

(19) a. 맛이 맛이 있습구마. 또끔 다달도 하구 시쿠무리두 하구. 그런 맛이 있구마.

b. 보통 우리 말하는 게 한아버지 한어머니 아이 하구마.

c. 올라온 거 이렇게 맨드구마, 요막시 떼서. (¶요만큼 떼서)

－습－구마

(20) '－이다, 아니다'에 결합

a. 내 시장~ 두째 메느 노시아 여잡구마. (¶시장~ = 지금, 메느 = 며느리)

b. 그러나 더 재미있는 거는 목사님 설교입구마.

c. 로시아 사람 끼르기즈, 맨 조선 사람 아입구마.

d. 그렌데 이거느 그립다는 거 미신가 하이끄드 음, 미시그 흔치 못하다는 거 으미르 말하는 겝구마.

(21) 형용사에 결합

a. 쥐인~느 돌아간 지 오랍구마. (¶주인(= 남편)은 돌아가신 지 오래입니다.)

b. 그 안에 자담한 씨들으 가뜩합구마. (¶자담한 = 조그마한)

c. 맛이 좋습구마.

(22) 동사에 결합

a. 그러고 무횰로 와서 합구마. (¶무횰로 = 무료로)

b. 내 잘 못해두 집에서두 노시아말 합구마.

c. 열콩~두 밑에 놓습구마. (¶열콩~ = 콩의 일종)

d. 맷돌에다 가압구마예.

-었-습-구마

(23) a. 우리 집이 있구 그 담에 우리 한아바지 동생~ 집이 있구 그래 세 호이 살았습구마.

b. 고레말으 우리 오래 아이 썼습구마.

c. 까작스탄 들어와 우리 곰마 이주르 해 들어와야 사램이 많이 죽었습구마.

d. 우리 여기 들어와서 아무래 한 삼년 글으 모 읽었습구마.

e. 그거 몰랐습구마, 우리.

-갰-습-구마

이 형태는 '모르다'와 결합한 예가 많다.

(24) a. 그런데 저짝 집에서느 모르갰습구마, 어떻게 왔는지. 어디로 앉았는지.

b. 어찌 내 모르갰습구마, 그거느.

c. 단거 어떤가 하이끄드 내 조선말 모르갰습구마.

d. 채밀끍으 그게 어 끍이 달리갰습구마. (¶채밀끍 = (참)밀가루)

다음 형태들은 각각 '-습-구마' 형태가 절단된 형태로 보인다. '-습구, -습그, -습금' 등이 나타난다. 이 경우 높임의 정도가 덜하다. 분명하지는 않지만 합쇼체와 하오체의 중간 정도로 짐작한다.

(25) a. 저짝 두만강~이 있었습구.
b. 원동~서 조선글으 어 세 반 읽었습그. (¶세 반 = 3년)
c. 긔레 이틀 지나가며 그게 새파란 쌕이 올라옵그. (¶쌕 = 싹)
d. 조선 땅~이 이전에 우리 살 적에느예 모지기 심했습그.
e. 오래비 둘 있었습금.

–었–구마

(26) a. 그레고 그기 우리 원동~ 사는 데는 펭지 아이었구마. (¶펭지 = 평지)
b. 친척이 세 호이 살고 그 담에 나마지느이 꼬호스 컸었구마.
c. 어떤 겐가 하이, 우리 하, 촌~이 조끔 나가 있었구마.
d. 이에 에따 설날에 이상들 앞에 절하는 게 없었구마. (¶이상 = 손위)
e. 긔래 우리 어마이 우리르 허 기치고 일찍 돌아가셌구마. (¶기치고 = 남겨 두고)
f. 그, 갉이 부푼난 거 부푼난 거 요롷게 맨드었구마, 자그막시.
g. 가는 것도 있구 조금 굶은 것두 있구. 보통 그렇게 굶갱~엤구마. (¶굶다 = 굵다)

–갰–구마

(27) a. 매쌀루 매쌀이 아이 되갰구마.
b. 요렇게 됐갰구마.
c. 그전에느 아무래 원동~서 집에서 만들었습갰구마.
d. <문> 그러면 어, 베도 없고 보리도 없습두? / <답> 보리스 있었갰구마, 아무래. (¶베 = 벼)

–더–구마

(28) a. 떡으 칩더구마. 이런 데다 구시에다 망치러 가지구. (¶망치러 = 망치로)

b. 수탉이 이른 새복으머 웁더구마. (¶새복으머 = 새벽이면)

–드마

'–더–구마'와 같은 기능을 하는 것으로 보인다. '–ø–드마', '–습–드마', '–었–드마'로 나타나는데, '–습–드마'에는 '–었–습–드마' 형태도 나타난다.

(29) a. 보리로느 아이 해 먹었습구마. 보리느 똘꼬 이거 전에 그거 하드마. (¶똘꼬 = 다만, 단지)

b. 그래 원동~서느 거반 그 질그릇이 있드마예.

–습–드마[6]

(30) '–이다'에 결합

그래고서리 그 우에다 그거 내리 누르는 것도 어 이런 쇠쨍~이습드마.

(31) 형용사에 결합

이렇게 이레 둥그랗게 이마이 높으옵드마. (¶이마이 = 이만큼)

(32) 동사에 결합

a. 여호두 잡고 그 담에 이, 고레말로 무스기라 하는가 하이까 더 산달피다 합드마.

6. 러쓰 킹・연재훈(1992:117) 및 이기갑 외(2000:50)에서는, 이 '–습드마' 형태를 '–습더구마' 형태에서 '구'가 탈락하여 생긴 형태로 보고 있다.

b. 겡산도, 뽀르또브이 그로드, 뽈또브이 항국이지, 일, 거기서 왔답드마. (¶뽀르또브이 그로드 = 항구도시)

c. 우리르 책으 노나 줍드마예.

d. 긔래 그거 말리와서 그 담에 그거 마른 거 그, 갉으 냅드마. (¶말리와서 = 말려서, 갉으 = 가루를)

–었–습–드마

(33) a. 걔 해삼으르 들어오이꺼드나 그기 에따 짐차들 가뜩 섰습드마. (¶에따 = 음, 그리고)

b. 굴 아이 맨들었습드마.

c. 올라가 앉는 그그 다리르 놨습드마.

–었–드마

(34) 국시르 그전에느 음, 재빌루 눌렀습구마. 틀으 그렇게 맨들었드마.

다음 형태들은 각각 '–습–드마' 형태가 절단된 형태로 보인다. '–습드, –습두, –습데, –습디, –습더, –습더우' 등이 나타난다. 이 경우도 역시 높임의 정도가 덜하다. 분명하지는 않지만 합쇼체와 하오체의 중간 정도로 짐작한다.

(35) a. 꺼플으 발라서 그거 싹 말리와서 그 담에 바칩드.

b. 로시아르 벌라 들어왔답두, 돈 벌러.

c. 아 에또 우리 할머니느 조선 우티르 입습데. (¶우티 = 옷)

d. 그래 그, 이레 돌아가메 장제이 막았습디. (¶장제이 = 울타리)

e. 긔래고 동지르 세고, 그 담에 오월 기렘 셉더. (¶오월 기렘 = 오월 기념일, 즉 단오)

f. 그래 그거 쪄서 찰떡 칩더우.

－습니다

이 형태는 "감사합니다"의 예에서만 보인다. 그러나 이 말은 구어 고려말은 아니다. 문어 고려말에서도 쓰이지만, 조사한 고려말 자료에 보이는 것은 아마도 현대 한국어에서 들어온 말로 보인다. 자료제공인 노가이 안나 씨는 교회에 다니고 있다.

한편 조사한 자료에서는 보이지 않았지만 고려말의 높임의 서술어미에는 '－으궈니'가 더 있다. 박넬리(2008:38)에서 높임 등급에 '갑궈니'라는 예를 제시하고 있다.

조사한 자료에 나타난 서술문을 실현하는 고유한 서술어미 각각의 구체적인 빈도는 다음 표와 같다. 백분율은 서술문 전체 실현에 대한 비율이다.

(36) 고유한 서술어미의 빈도

서술어미	빈도수	백분율(%)
다	28	1.17
라	17	0.71
대/래	12	0.50
다구/라구	10	0.42
오/소	211	8.84
구마	568	23.81
습구	59	2.47
드마	82	3.44
습드	62	2.60
습니다	2	0.08
합계	1,051	44.05

서술문 전체 2,386예 가운데 고유한 서술어미로 실현된 경우는 1,051예로, 전체의 44.05%에 이른다. 그리고 조사한 고려말 자료가 성인 간의 높임 표현을 주고받은 대화이기 때문에 당연히 높임의 서술어미 '-구마' 형태가 가장 많이 나타났다. '-ø-구마, -습-구마, -었-구마, -갰-구마'를 비롯하여 '-습-구'를 포함한 '-구마' 형태가 627예로 26.28%를 차지한다. 그 다음은 '-오/소' 형태로 211예가 나타난다. 이는 서술문 전체의 8.84%에 해당한다. 다음은 '-드-마' 형태로 '-습-드' 형태를 포함하여 144예이다. '-습니다' 형태는 "감사합니다"라는 표현 이외에는 나타나지 않는다.

이 자료는 현대 한국어 구어 자료와는 바로 대조할 수가 없다. 대화가 이루어진 화자-청자의 상황이 서로 다르기 때문이다. 앞서도 언급하였듯이 이 고려말 자료는 성인 간에 높임 표현을 주고받은 대화이고, 현대 한국어 구어 자료는 청년들끼리의 대화, 청년과 어린이의 대화이기 때문이다.

현대 한국어 구어 자료에는 나타나지만 조사한 이 고려말 자료에는 나타나지 않은 서술어미를 들면 다음과 같다: -네, -으이, (-습니다)[7], -습디다, -구나, -구만, -으마, -을게, -음세.

2.2. 범용어미에 의한 서술문

현대 한국어 구어에서 대표적인 범용어미는 '-어'와 '-지'이다. 그리고 이들은 '-요'와 결합하여 '-어요, -지요'로도 쓰인다. '-어'와 '-지' 가운데서도 '-어'의 빈도가 압도적으로 높다. 전체 서술문 가운데 '-어'가 43.96%를 차지하고 '-지'가 10.64%를 차지하는 것을 보아도 알 수 있다(권재일 2004:21 참조). 그러나 고려말 자료

7. 괄호 속의 것은 조사한 고려말 자료에 나타나기는 했지만, 현대 한국어에서 들어온 것으로 판단한 것이다.

에서는 그렇지 않다. 아래에서 살펴보겠지만, 범용어미 자체의 빈도도 낮고, 또 '–어'보다는 '–지'의 분포가 훨씬 높다.

–어

(37) a. 내 그런 여르기르 못 봤어. 아라시아도 없어, 우리 원동~느 그게 있어.

b. 높이 높은 집두 있구 낮은 집두 있어.

c. 우리 어머이도 나가 까날르 팠어. (¶까날 = 수로, 물길)

d. 전장~느 고레사람 아이 가져 갔어. (¶전쟁터에 고려사람은 안 데려갔어.)

e. 아 긔래 거기서 우리 아이 잤어. (¶우리 자지 않았어.)

'–이–'에는 '–이–야'로 나타난다. 이것은 현대 한국어에서도 같다. 때로는 (38b)처럼 '–이–어'로도 나타난다.

(38) a. 조선 사람이야.

b. 그 집에 어 닭이 있는 대루 그저 그다 두고 왔다는 말이어.

'–어' 뒤에는 '–요'나 '–예'가 결합하여 높임을 나타낸다.

(39) a. 사월달에 우리 목사님 왔어요.

b. 그래서 그 꼬이까 시장~ 이제 여기르 들어왔어예. (¶꼬이까 = (의료용)침대)

조사한 고려말 자료에 나타나는 '–스'는 수의적으로 나타나는, '–어'의 다른 발음으로 파악해야 할 것 같다. 분포는 '–었–' 또는 '–갰–' 뒤에 나타나며, 기능은 '–어'와 같다.

(40) a. 긔래서 거기서 삼십칠연도 구월 열에셋날 우리르 이주시켔스.

b. 글도 내 모 마이 모 읽었스. 다만 칠학년밖에.

c. 한아버지 늘상 어렵아서 절으르 못갔스.

d. 할머니하구두, 할머니두 따르 산 게 어찌 그랬는지 내 모르갰스.

e. 딸이구 어 에또 둘째 아들이구 싹 여기 나와 글읽었스.

－지

(41) a. 채소구 뮈시기구 옥수끼구 밭에 감제구 가뜩하지.

b. 긔래 그 아들이 글이르구 다 공부 필하고스레 여기서 일하게 됐지.

c. 그저 우리 산으르 댕기멘서르 뜯어 먹었지.

d. 긔래 거기 무스기 또 무슨 마이 채소나 뭐 고기나 있었갰지.

e. 그러나 다 그때느 므스기 없어 그랬갰지.

'－지'는 다음과 같이 '－제', '－지러', '－지므' 등과 같은 형태로도 나타나기도 한다.

(42) a. 그거 모 알아듣제.

b. 오제, 여러이 같이 가제. 거 우리 가젱˜이 그레, 학교 댕기는 같이 가제.

c. 문이? 문으 장제문˜이라 하제, 그저. (¶장제문˜ = 울타리문)

(43) a. (삼년간은 군인.) 군인˜이지러.

b. 긔래 아무래 되비 돌아갔갰지므. (¶되비 = 다시)

'-지'가 '-습-'을 앞세워 나타나는 경우가 많다. 다음 자료를 통해서 이를 확인할 수 있다.

(44) a. 그 노보시비리스크 와서 우리 그 이주르 해 사람 참 많습지.

b. 거래서 나느 어떻게 하는가이 그게 어전 다 갉이 올라왔습지. (¶어전 = 이제, 인제)

c. 우리 일천구백사십이연도 독일 전쟁~ 났습지.

d. 그, 세 가정~이 다 실겠습지.

e. <문> 그러먼 콜호스에서 보리도? / <답> 아무 숨었갰습지. (¶아마 심었겠지요.)

조사한 자료에 나타난 서술문을 실현하는 범용어미 각각의 구체적인 빈도는 다음 표와 같다. 백분율은 서술문 전체 실현에 대한 비율이다.

(45) 범용어미의 빈도

범용어미	빈도수	백분율(%)
어	249	10.44
지	687	28.79
합계	936	39.23

서술문 전체 2,386예 가운데 범용어미에 의한 서술문은 936예로, 39.23%에 이른다. 범용어미 가운데 '-지'가 가장 많이 나타난다. '-지'는 구체적으로 '-지, -제, -지러, -지므, -습지' 등으로 나타나는데, 서술문 전체의 28.79%로 빈도가 높은 편이다. 그러나 '-어'는 10.44%에 그친다. 이는 '-지'보다 '-어'의 빈도가 훨씬 더 높은 현대 한국어 구어 자료와는 상반된 현상이다. 현대 한국어 구어에서

'-어'에 의한 서술문은 43.96%에 해당하고, '-지'에 의한 서술문은 10.64%에 해당한다(권재일 2004:21).

2.3. 접속어미에 의한 서술문

접속어미가 전용되어 서술문을 실현하기도 한다. 현대 한국어의 경우, 접속어미 '-는데, -거든'은 거의 의향어미로 기능하기도 한다. 조사한 고려말 자료에 따르면, '-고/구, -거든, -는데' 등이 서술문에 나타난다.

-고/구

(46) a. 그래 사람두 많구.
b. 여기 와서 시장~ 무흘르 치료하구.
c. 깍 에또 내 잘 기억지 못하구. (¶깍 에또 = 음, 그리고)
d. 긔래구서리 또 외나 있으머 외나 가제 가구. (¶외 = 오이)

-거든

(47) a. 까작스탄 들어왔으 직에 한아버지 일흔여섯에 돌아갔거든.
b. 지금으 스 다 스라주 까페나 레스따란 하거드야. (¶지금은 예 바로 카페나 레스토랑에서 하거든.)

-는데

(48) a. 그 헹~이 있었으머 말씀 잘 해 드리갰는데. (¶헹~ = 형)
b. 산으로 에또 모르 가는 것밖에 모른데. (¶모르 = 뫼, 산소로)
c. 우리 손네 일본글 읽었는데, 내가 같이 있는 손녜. (¶나와 같이 있는 우리 손녀)

d. 오십일연도 어저느 쉬 살으 넘었는데. (¶1951년도(생), 이젠 쉰 살이 넘었는데.)

조사한 자료에 나타난 서술문을 실현하는 접속어미 각각의 구체적인 빈도는 다음 표와 같다. 백분율은 서술문 전체 실현에 대한 비율이다.

(49) 접속어미의 빈도

접속어미	빈도수	백분율(%)
고/구	165	6.92
거든	2	0.08
는데	65	2.72
합계	232	9.72

접속어미가 전용되어 서술문을 실현하는 경우는 232예로, 전체의 9.72%로 빈도가 낮은 편이다. 그 가운데 '－고/구'와 '－는데'가 각각 6.92%와 2.72%로 나타났으나. '－거든'은 겨우 2예로 0.08%에 지나지 않는다.

현대 한국어의 경우 '－고'는 전체의 3.46%를 차지하며, '－거든'은 5.95%, '－는데'는 6.09%로 나타나, 조사한 고려말 자료와 비슷하거나 조금 못 미친다. 한편 서술문 실현에 관여하는 현대 한국어의 접속어미는 다음과 같다: －는데, －거든, －고, －으니까, －어가지고, －어서, －으려고, －으면서, －지만, －게, －느라고, －더니, －어도, －으라고, －으면(권재일 2004:23).

2.4. 문장조각에 의한 서술문

온전한 문장으로 서술문을 이루지 못하고 문장의 일부로 나타나는 경우가 있다. 아래 문장 (50)은 [A]의 질문에 대한 [B]의 대답이다. [B]는 모두 온전한 문장이 아니지만 서술문으로 기능하다. 이러한 예는 전체 서술문 2,386예 중, 167예로 높은 비중을 차지하는 것은 아니다.

(50) a. [A] 이룸이?
[B] 안나. 성씨는 노. 그래서 여기서느 노가이.
b. [A] 결혼은 멫 년에 했습두? 결혼은?
[B] 사십구연도.
c. [A] 막중 오래비? (¶막내 남동생)
[B] 예. 윈 작은 오래비.
d. [A] 그때는 결혼을 다 꼬호즈 안에서 했습두?
[B] 꼬호즈 안에서.
[A] 아. 이렇게 고려 사람끼리?
[B] 그래 고레 사람끼리.
e. [A] 그런 거를 뭐라고 함두?
[B] 예단˜.
[A] 어 예단, 음. 그런데 거기 세수건?
[B] 세수건. 새애기게느 이 적삼이? 세수건에 손수건˜.

특히 '모양˜'으로 끝맺는 예들이 자주 보인다.

(51) a. 그래 아무래 이 로시아 땅˜으르 넘어왔드 모양˜.
b. 사냥하는 게 그런 아무래 기간˜이 있었느 모양˜. (¶기간˜ = 기관, 사무실)

그런데 다음과 같은 특수한 예도 문장조각에 의한 서술문으로 해석할 수 있을 것이다. 왜냐하면 어간만으로 문장을 끝맺고 있는 경우이기 때문이다.

(52) a. 아이 바치.
b. 쇠르 아이 잠구. (¶쇠 = 열쇠)
c. 거기다서 곡석 심우. (¶곡식 심으고)
d. 베치매나, 아, 쏙옷이나, 벨르 싸 맨드. (¶베로 싹 만들었어요.)
e. 그, 갉으 그거 쪄서 떡으 떡으 맨드.
f. 지세 지내로 가는 거 모르. (¶지세 = 제사)

2.5. 정리 및 대조

전체 자료 2,837 문장에서 서술문은 모두 2,386예가 나타났다. 이를 실현 유형별로 빈도를 제시하면 다음과 같다.

(52) 서술문의 실현 빈도

실현 유형	빈도수	백분율(%)
서술어미	1,051	44.05
범용어미	936	39.23
접속어미	232	9.72
문장조각	167	7.00
합계	2,386	100.00

표에서 보는 바와 같이, 서술어미에 의한 실현이 가장 높아 44.05%이고, 다음이 범용어미에 의한 실현이 39.23%로 약간 낮은

편이다. 그러나 접속어미에 의한 실현, 문장조각에 의한 실현이 각각 9.72%, 7.00%로 나타났다. 이를 현대 한국어 구어 자료와 대조해 보면 다음과 같다(권재일 2004:17).

(53) 현대 한국어 구어 자료의 서술문 실현 빈도

실현 유형	빈도수	백분율(%)
서술어미	312	13.66
범용어미	1,522	66.64
접속어미	147	6.43
문장조각	303	13.27
합계	2,284	100.00

표에서 보는 바와 같이, 범용어미에 의한 실현이 전체 66.64%로 압도적이다. 전체 2/3를 차지한다. 범용어미에 의한 실현이란, 범용어미는 의향법을 표지하고, 운율적 방법인 내림억양이 서술법을 표지한다. 위 결과를 보면, 현대 한국어의 구어에서 운율적 방법의 도움을 받은 범용어미가 조사한 고려말의 경우보다는 서술문 실현의 주요한 몫을 차지하고 있다고 할 것이다.

이에 비하여 고유한 서술어미에 의한 서술문은 13.66%로, 범용어미에 의한 서술문의 1/5에 그친다. 그리고 '체언, 체언+조사, 부사어, 감탄어, 관형어' 등으로 끝맺는, 문장조각의 서술문은 13.27%로 나타나, 고유한 서술어미에 의한 실현과 비슷하다. 접속어미를 전용해서 실현하는 경우는 6.43%로 나타났다.

이러한 현대 한국어 구어와 조사한 고려말의 서술문 실현의 특징을 대조한 내용을 정리하면 다음과 같다.

1. 고려말의 서술문은 청자높임의 등급에 따라 '-구마', '-오/소', '-다'와 같은 서술어미로 실현된다. 서술어미에 의한 서술문 실현은 고려말에서 44.05%, 현대 한국어 구어에서 13.66%로 상당한 차이를 보인다. 그러나 조사한 고려말 자료가 성인 간의 높임 표현을 주고받는 대화이기 때문에 서술어미 각각에 대한 일반적인 사용 빈도를 판단하기는 어렵다. 그래서 현대 한국어 구어 자료와 대조할 수는 없다. 다만 현대 한국어 구어 자료에 나타나면서 조사한 이 고려말 자료에는 나타나지 않은 서술어미에는 '-네, -으이, (-습니다), -습디다, -구나, -구만, -으마, -을게, -음세' 등이 있다.
2. 범용어미에 의한 서술문 실현의 경우, 현대 한국어 구어 자료와 대조할 때, 첫째 현대 한국어는 서술문 전체의 2/3에 해당하는 66.64%에 이르러 비중이 높은 편인데 비해, 고려말 자료에서는 39.23%에 머무른다. 둘째, 현대 한국어에서는 '-어'가 비중이 높은 범용어미였으나, 고려말에서는 '-지'가 비중이 높은 범용어미였다.
3. 접속어미로 실현되는 서술문의 경우, 현대 한국어와 비슷한 비중으로 실현되었으나, '-고/구, -거든, -는데'로 국한되었다.
4. 문장조각에 의한 서술문 실현의 경우는 조사한 고려말과 현대 한국어가 각각 7.00%와 13.27%로 큰 차이를 보였다. 그리고 고려말에는 용언 어간만으로 문장을 끝맺는 예가 흔히 보여 특징적이었다.

3. 의문문

3.1. 고유한 의문어미에 의한 실현

고려말의 의문문 역시 청자높임법에 따라 세 등급으로 나뉘어 있는 것으로 그간 기술되어 왔다(니라리사 2002:32, 이기갑 외 2000:48). 해라체, 하오체, 합쇼체가 그 세 등급이다. 이러한 등급별로 의문어미를 살펴보고자 한다.

[1] 해라체

－을까

조사한 고려말 자료가 성인 간에 높임 표현으로 주고받는 대화인 까닭으로 '－을까' 형태는 자료에서 찾을 수 없고, 다만 인용절에서만 확인된다. 문장 (54)는 ["어떻게 했음으 어머니를 치료할까?" 해서]라는 문장으로 이해되므로 인용절이라 하겠다.

(54) 큰 아들이 공부르 다하고 어떻게 했음으 어머니르 치료할까 해, 이거 궁리해 냈다구.

－은가/는가

'－은가/는가/던가'는 인용절에 나타나기도 하고 독자적으로 나타나기도 한다. 문장 (55)는 인용절에 나타난 예로 (55a)의 첫 부분은 [그 담에 "다른 가정~이 누긴가?" 하이꺼더]라는 문장으로 이해되므로 인용절이라 하겠다. 문장 (56)은 각각 '－은가', '－는가'가 나타난 예이다.

(55) a. 그 담에 다른 가정~이 누긴가 하이꺼더 우리 한아버지 동생~이 집이.

b. 일리나느 조선 이름으 한아바지 머시라 졌는가 복순~이 일리, 복순이.

(56) a. 일리 열다섯 살인가?

b. 그 담에 에따 구들집이 뭐신가?

c. 매옷이 어떻게 생겠는가?

d. 그래서 거기서 무스그 주는가?

e. 부영~이라든가? (¶부영~이 = 부엉새)

－은지/는지

'－은지/는지'는 인용절에 나타나기도 하고 독자적으로 나타나기도 한다. 문장 (57)은 인용절에 나타난 예로 ["내 옳게 말하는지?" 내 잘 모르겠어.]라는 문장으로 이해되므로 인용절이라 하겠다. 문장 (58)은 인용절이 아닌 문장의 예이다.

(57) 이해? 어 내 잘 모르겠어, 내 옳게 말하는지.

(58) a. 그때 옐에듭 살인지? (¶옐에듭 = 열여덟)

b. 어떻게 말했으머 옳게 말하갰는지?

c. 그래 어느 때마 그짝으르 까작스탄 가머 보갰는지?

d. 번역 어떻게 하갰는지?

[2] 하오체

－오/소

높임의 어말어미로, 서술문뿐만 아니라 의문문에도 쓰인다. '－오'는 모음 다음에, '－소'는 자음 다음에 나타난다. 아래에서 살펴볼 '－슴두'보다는 높임의 정도가 덜하다. 아래 (59)가 그 예인데, (60)은 '－이다'에 나타난 예이다.

(59) a. 감자나 옇는 거 뭐시라 하오? 마대락 하오?
b. 내 첨에 에매르 탔는 줄 아오? (¶에매르 = 얼마를)
c. 어린 아이들 무스거 주오?
d. 낚시지 누개 하갰소? (¶낚시질 누가 하겠소?)
e. 헹님 장물 그릇은 어째 없소? (¶형님 국그릇은 왜 없소?)

(60) a. 인베로 굷은 거 말이오? (¶ 얼마나 굵은 것 말이오?)
b. 꼬피르 갉으 내잲~이오? (¶커피가루를 내잖소?)
c. 뭐시게오? (¶무엇이오?)
d. 음, 가만~이 있어. 어어, 음력이 므스기오? (¶무엇이오?)

'－이－오' 경우, 발음이 '－이－요'로 나는 경우가 현저하다. 현대 한국어에서도 마찬가지이다. 이것은 높임의 조사 '－요'와는 전혀 별개의 형태이다.

(61) a. 이거 촌마다 촌마다 그런 기관~이 있잲~이요?
b. 이기 뭐시게 채소 많잲~이요?
c. 구비 뭔가 하이끄드나 챠입살 갉을르 이릏게 굽잲~이요?
d. 소? 소, 무시라? 소, 소라이요?

[3] 합쇼체

-슴두

앞의 '-오/소'보다는 더 높임의 어말어미이다. 서술어미 '-구마'와 짝을 이루어 나타나는 의문어미이다.

(62) a. 겡사도라든지. 겡사도, 그런 곳 있슴두? 그 어디멤두? 세베름두? 유즈? (¶북(한)입니까? 남(한)입니까?)
b. 내 말으 어 프로페소르 이해함두? (¶내 말을 교수님 이해합니까?)
c. 물고기 회라 그람두? (¶물고기 회라고 합니까?)
d. 가만~이 아이 주지. 어찌는지 암두? (¶어떻게 하는지 압니까?)
e. 갈로시 뭐시겜두?

다음 122쪽에서 다시 살펴보겠지만, 부정문에서는 다음과 같이 나타난다. 부정을 나타나는 '-잲~이-'를 앞세운다.

(63) a. 웃물으 찌운다는 게 그 우에 물으 다른 그릇에다 찌우잲~임두? (¶찌우다 = 옮겨서 붓다)
b. 여기로 로시아식으르 싹 손 잡고 인사하잲~임드?
c. 아구르찌느 요 새파란 거 요런 거 있잲~임두? (¶아구르찌 = 오이, 외)
d. 이게 조선 치매느 이릏게 마이 너르구 지잲~임두? (¶넓고 길지 않습니까?)
e. 콩~이 이레 맷돌에 갈아서 나오잲~이슴두?

'-슴두'는 '-었-'과 '-갰-'을 앞세울 수 있다. 이 경우 '-었-

습두, –갰–습두', '–었–갰–습두'로 나타난다. 이를 차례로 제시하면 다음과 같다.

(64) –었–습두

a. 더 이거 앞으로 못 나가지 않~엤습두?

b. 어 그, 이전에두 이, 군이사르 보내지 않앴습두?

c. 짐차 봤습두? 쇠짝문~ 요매 요롷게 있는 게.

(65) –갰–습두

a. 말으 잘 모르지만 해도 어찌갰습두?

b. 여기느 무스 바사르 나가며 돈만 있으며 무스그 못 사갰습드? (¶바자르 = 시장)

c. 전쟁~ 곰마 끝이 나지, 구차하지, 어찌 화목하갰습두?

(66) –었–갰–습두

a. 무슨들레, 이 셔투리, 무스 것두 똘꼬 아이 먹었갰습두? (¶우리가 민들레, 셔투리, 무엇을 아니 먹었겠습니까?)

b. 돈으 촌에서 므스 엔매르 가져왔갰습두?

c. 쉰 낄로 그 무시기 에매 들어갔갰습두? (¶50kg이니 무엇이 얼마나 들어갔겠습니까?)

–습다

'–습두'와 기능이 같다. (67c)의 '–습에'도 같다.

(67) a. 그래 수학두 주고, 어 그 담에 그 무어시라 합다?

b. 아휴. 감지르 할 때 그 뮈시기라 합다? (¶감지 = 감주)

c. 개 귀차한 게 어찌갰습에? (¶귀차하다 = 구차하다)

-습디

'-습두'에 '-더-'가 결합한 기능으로 보인다.

(68) a. 오리, 기러, 무스기 있는 거 그런거 <u>잡습디</u>?
b. 이거, 얇은 이거 그런거 가주구 이 이 이 이거 신구 그 우 이다서 <u>신갰~입디</u>?

의문문을 실현하는 고유한 의문어미 각각의 구체적인 빈도는 다음 표와 같다.

(69) 고유한 의문어미의 빈도

의문어미	빈도수	백분율(%)
을까	1	0.23
은가/는가	31	7.22
은지/는지	83	19.35
오/소	85	19.81
슴두/슴다	138	32.17
습디	2	0.47
합계	340	79.25

의문문 전체 429예 가운데 고유한 서술어미로 실현된 경우는 340예로, 전체의 79.25%에 이른다. 그리고 조사한 고려말 자료가 성인 간의 높임 표현을 주고받은 대화이기 때문에 당연히 높임의 서술어미 '-슴두' 형태가 가장 많이 나타났다. '-슴두, -었-슴두, -갰-슴두'를 비롯하여 '-슴다'를 포함한 '-슴두' 형태가 138예로 32.17%를 차지한다.

한편 이 자료는 현대 한국어 구어 자료와는 바로 대조할 수가 없다. 대화가 이루어진 화자-청자의 상황이 서로 다르기 때문이다. 앞서도 언급하였듯이 이 고려말 자료는 성인 간에 높임 표현을 주고받은 대화이고, 현대 한국어 구어 자료는 청년들끼리의 대화, 청년과 어린이의 대화이기 때문이다.

한편 현대 한국어에 나타나지만 조사한 이 고려말 자료에는 나타나지 않은 의문어미를 들면 다음과 같다: -으냐, -니, -습니까, -습디까, -으랴, -을소냐/을손가, -남/은감, -게.

3.2. 범용어미에 의한 의문문

범용어미에 의한 의문문 실현은 매우 드물다. 현대 한국어에서 '-어', '-지'로 대표되지만, 고려말에서는 두 형태 모두 의문문에서 사용되는 빈도가 매우 낮다. 의문문 전체 429예에서 51예에 지나지 않는다. 그리고 범용어미 가운데 '-지'는 그래도 나타나지만, '-어'는 거의 쓰이지 않는다. 이는 서술문의 경우와 같다.

-어

'-어'와 이 '-어'에 높임의 조사 '-요'가 결합한 '-어-요'가 나타나지만, 이는 서울말의 영향으로 보이며, 또한 (71)처럼 '-스'로도 나타난다.

(70) a. 그 숱한 사람 어디로 가져 가갰어?
b. 내일 므스그 내게서 들을 게 있어?
c. 내 지금 어디로 다니는 지 아 아세요?

(71) a. 긔래다 나이 구차하지 뮈시기 있갰스?
b. 알아 이해했스?

－지

다음 (72)는 '－이다'에, (73)은 형용사에, (74)는 동사에 '－지'가 결합한 예이다.

(72) a. 항구, 뽈도브이지?
b. 한 핑쩨. 한 병~이 한 핑쩨지?
c. 어, 새해, 그 담에 어 동지, 어, 그 담에 새해 설이지?

(73) 단위라구두 하, 단위 이게 말이 아이 옳지? (¶단위 = 오월단오)

(74) a. 눌러서 그 담에 그 가마 가매서 어저나, 그 퐃이 꿓지? (¶꿓다 = 끓다)
b. 쳐서이 그, 갉이 어쩐 셋이 이레 올라왔지? 이렇게 어정 부푸났지?
c. 꼬흐즈느 꼬흐즈 들어 갔지이?
d. 그러나 밤 되너 치왔글래 이불 덥구 잤지? (¶치왔글래 = 추웠기에)

'－지'가 '－습－'을 앞세워 나타나는 경우도 있다. 다음 문장을 통해서 이를 확인할 수 있다.

(75) a. 이짝으 사람들도 그게 아마 친척이 있어 댕게갰습지?
b. 미깕입지? (¶밀가루지요?)
c. 그게 음 보리 어전 다 펴졌습지?
d. 재료사 아무래 국가서 죴갰습지? (¶재료사 = 재료야)

범용어미에 의한 의문문 실현 빈도는 다음 표와 같다.

(76) 범용어미의 빈도

범용어미	빈도수	백분율(%)
어	13	3.03
지	38	8.86
합계	51	11.89

이와 같이 범용어미 가운데는 '－지'가 가장 많이 나타난다. '－지'는 구체적으로 '－지, －습지'로 나타나는데, 의문문 전체의 8.86%로 빈도가 높은 편이 못된다. 더욱이 '－어'는 3.03%에 그친다. 이는 '－지'보다 '－어'의 빈도가 훨씬 더 높은 현대 한국어 구어 자료와는 상반된 현상임은 서술문에서와 같다. 현대 한국어 구어에서 '－어'에 의한 의문문은 37.84%에 해당하고, '－지'에 의한 의문문은 14.17%에 해당한다(권재일 2004:30).

3.3. 접속어미에 의한 의문문

접속어미가 전용되어 의문문을 실현하기도 한다. 고려말 자료에 따르면, 접속어미를 전용해서 의문어미로 기능한 예는 '－고' 하나가 보인다.

－고

(77) a. 마당~이 있잲~고, 있잲~고?

b. 땅~꿀으 파고?

c. 고레인들이 아이고?

접속어미가 전용되어 의문문을 실현하는 경우는 모두 7예, 1.63%로 빈도가 매우 낮은 편이다.

현대 한국어 구어의 경우는 1.77%로 나타났으며, 의문문 실현에 관여하는 현대 한국어의 접속어미는 다음과 같다(권재일 2004:323): –고/구, –어가지고, –어서, –으려고, –으면서, –으면.

3.4. 문장조각에 의한 의문문

온전한 문장으로 의문문을 이루지 못하고 문장의 일부로 의문문을 나타내는 경우가 있다. 아래 문장 (78)는 [A]의 질문에 대한 [B]의 대답이다. 온전한 문장이 아니지만 의문문으로 기능한다. 이러한 예는 전체 의문문 429예 중, 31예 7.23%로 높은 비중을 차지하는 것은 아니다.

(78) a. [A] 아:들도 가서 잡 잡는두?
[B] 내 <u>아들이</u>?
[A] 아니, 그, 아 아이들, 아이들.
[B] <u>아이들이</u>? 그리 큰 아들 없었지.
b. [A] 그, 한국에서는 그, 먹느데.
[B] 그거 <u>깡치르</u>? (¶깡치 = 비지)
c. [A] 겨울에는 뭐 먹었슴두?
[B] <u>겨을에</u>?

다음과 같은 예들도 모두 문장조각으로 의문문을 실현한 것이다.

(79) a. <u>이룸이</u>?
b. 맏아바이 맏어마이 할머니 한아버지 그 담에 그 지 어 그 짓 딸이 서에, 다 그래 <u>여들 명</u>?
c. <u>소</u>? 소, <u>무시라</u>? 소, 소라이요?
d. 딸이 그때 우리 이새르 <u>갈 직에</u>? 아라 <u>아라시아</u>?

3.5. 정리 및 대조

전체 자료 2,837 문장에서 의문문은 모두 429예가 나타났다. 이를 실현 유형별로 빈도를 제시하면 다음과 같다.

(80) 의문문의 실현 빈도

실현 유형	빈도수	백분율(%)
의문어미	340	79.25
범용어미	51	11.89
접속어미	7	1.63
문장조각	31	7.23
합계	429	100.00

표에서 보는 바와 같이, 의문어미에 의한 실현이 79.25%로 압도적이고, 범용어미에 의한 실현, 접속어미에 의한 실현, 문장조각에 의한 실현이 각각 11.89%, 1.63%, 7.23%로 나타났다. 이를 현대 한국어 구어 자료와 대조해 보면 다음과 같다(권재일 2004:27).

(81) 현대 한국어 구어 자료의 의문문 실현 빈도

실현 유형	빈도수	백분율(%)
의문어미	163	15.19
범용어미	600	55.92
서술|명령|청유어미	33	3.08
접속어미	19	1.77
문장조각	258	24.04
합계	1,073	100.00

표에서 보는 바와 같이, 범용어미에 의한 실현이 전체 55.92%로 압도적이다. 위 결과를 보면, 현대 한국어의 구어에서 범용어미가 조사한 고려말의 경우보다는 의문문 실현의 주요한 몫을 차지하고 있다고 할 것이다.

이에 비하여 고유한 의문어미에 의한 의문문은 15.19%로, 범용어미에 의한 의문문의 1/4에 그친다. 그리고 문장조각의 의문문은 24.04%로 나타나, 오히려 고유한 의문어미에 의한 실현보다 빈도가 높다. 접속어미를 전용해서 실현하는 경우는 1.77%로 나타났다.

이러한 현대 한국어 구어와 조사한 고려말의 의문문 실현의 특징을 대조한 내용을 정리하면 다음과 같다.

1. 고려말의 의문문은 청자높임의 등급에 따라 '-슴두', '-오/소', '-은가'와 같은 의문어미로 실현된다. 조사한 고려말 자료가 성인 간의 높임 표현을 주고받는 대화이기 때문에 사용 빈도를 판단하기는 어려워, 현대 한국어 구어 자료와는 대조할 수 없다. 다만 현대 한국어 구어 자료에 나타나면서 조사한 이 고려말 자료에는 나타나지 않은 의문어미에는 '-으냐, -니, -습니까, -습디까, -으랴, -을소냐/을손가, -남/은감, -게' 등이 있다.
2. 범용어미에 의한 의문문 실현의 경우, 현대 한국어 구어 자료와 대조할 때, 첫째 현대 한국어는 의문문의 1/2이 범용어미로 나타나 비중이 높은 편인데 비해, 고려말 자료에서는 나타나는 비중이 낮은 편이 었으며, 둘째, 현대 한국어에서는 '-어'가 비중이 높은 범용어미였으나, 고려말에서는 '-지'가 비중이 높은 범용어미였다. 이는 서술문에서와 같다.
3. 접속어미로 실현되는 의문문의 경우, 현대 한국어처럼 그 비중이 낮았으며, '-고/구'로 국한되었다.

4. 문장조각에 의한 서술문 실현의 경우는 조사한 고려말은 비중이 낮은 반면, 현대 한국어 구어에서는 비중이 높은 편이었다.

4. 명령문과 청유문

조사한 고려말 자료는 조사자와 자료제공인 사이에 서로 묻고 대답하는 대화 자료라는 특성상 명령문과 청유문의 사용 빈도는 매우 낮았다. 명령문이 쓰인 예는 극히 적었으며, 청유문은 없다시피 했다. 명령문은 21예, 청유문은 1예가 보인다.

4.1. 명령문

명령문의 예를 들면 다음과 같다. 모두 명령어미에 의해 실현되었다.[8]

[1] 해라체

–으라

자료의 특성상 역시 인용절 구성에서만 나타났다.

(82) a. 이레 가르고서리 이레 가르고 또 여기도 이레 가르고 그래 밑층 위층 그래 네 가정씩 앉으라 그래.

8. 박넬리(2008:39)에서는 '하게'체의 명령어미 '–세'를 더 설정한다. "'세' 접사도 명령형태라고 생각한다. 그리고 어른이 어린이한테 예의를 보여 준다. 하지만 '거라'보다 더 예의 있는 태도를 보여 준다. 고려말에는 '세' 접사가 현대표준어로 켸켸묵었다고 생각한다." 그러나 위 논문에서 기술한 이 '–세'는 실제 청유어미가 아닐까 생각한다.

b. 긔래 어느 차느 어드로 가라 거기서 아무래 어 그런거 지적했던 모양~이.

c. 그 담에 아바이 그기 앉아 이래 상~ 물리라 게므 들어가 그 상~ 내 오지. (¶게므 = 하면)

d. 한 가정~ 쉬 끼로 오십이 더 가지지 말라 했습구마.

e. 우리 조합 회쟁~ 너느 아:들 끓에 멕이구 아:들 씨쳐 입히구 집에 있으라 긔래 일 아이 했어. (¶우리 조합 회장이 "너는 아이들 밥해 먹이고 (옷) 씻어 입히고 집에 있어라." 라고 해서 일을 안 했어.)

그러나 실제 고려말에는 인용절이 아닌 경우, '-어라', '-나라', '-가라' 등의 명령어미가 쓰인다고 한다(니라리사 2002:36).

(83) a. 파리르 잡아라.

b. 잉게 오나라.

c. 욱수끼 뜯을라 가가라.

[2] 하오체

하오체의 명령어미는 발견되지 않았다. 그러나 고려말의 다른 자료에 따르면 하오체 명령어미 '-오/소'가 쓰인다(니라리사 2002:36).

(84) a. 내일 아침에 일찍이 일어나오.

b. 아지바이, 파리르 잡소.

[3] 합쇼체

-으시오

(85) 예, 물으시오, 물으시오.

위의 '-으시오' 형태는 고려말의 전형적인 표현은 아니다. 고려말의 다른 자료에 따르면 아래와 같이 '-옵소' 또는 '-읍서' 형태가 고려말의 전형적인 명령어미이다(니라리사 2002:35, 이기갑 외 2000:50, 박넬리 2008:38)

(86) a. 마이 잡숩소.
b. 이리 앉읍소.
c. 갑서, 봅서, 잡습서.

4.2. 청유문

조사한 고려말 자료에서 청유문은 (87)과 같이 한 예가 보인다. 그러나 고려말의 다른 자료에는 청유문에 (88)과 같은 청유어미가 쓰인다. 예를 들면, (88a)에서 '-자', (88b)에서 '-기오/게오', (88c)에서 '-깁소/겝소'가 각각 해라체, 하오체, 합쇼체의 청유어미다(니라리사 2002:37, 이기갑 외 2000:50, 박넬리 2008:39).

(87) 애이 다바여 어저 거기르 있으래 가자오. (¶다바여 = 무엇무엇을 하자)

(88) a. 이 문우 닫자.
b. 내가 같이 저낙으 먹게오.

c. 점승을 <u>잡수겠소</u>. / <u>가깁소</u>.

4.3. 정리 및 대조

조사한 고려말 자료는 조사자와 자료제공인 사이에 서로 묻고 대답하는 대화 자료라는 특성상 명령문과 청유문의 사용 빈도는 매우 낮았다. 전체 자료 2,837 문장에서 명령문은 21예가 나타났으며, 청유문은 1예가 나타났다. 명령문과 청유문은 모두 명령어미와 청유어미에 의해 실현되었다.

현대 한국어 구어의 경우, 명령문은 명령어미에 의해 19.85%, 범용어미에 의해 80.15%로 실현되었으며(권재일 2004:35), 청유문은 청유어미에 의해 61.54%, 범용어미에 의해 38.46%로 실현되었다(권재일 2004:39). 이는 조사한 고려말 자료와 대조하기 어렵다. 다만 현대 한국어 구어 자료에 나타나면서 조사한 이 고려말 자료에는 나타나지 않은 명령어미는 '－게'가 있으며, 청유어미는 '－자, －세, －읍시다' 등이 있다.

Ⅳ. 접속어미

상위문이 하위문을 관할하는 방식에 따라 복합문의 유형을 체계화할 때, 상위문이 하위문을 직접 관할하는 구성이 접속문 구성이다. 그리고 접속문 구성에 관여하는 어미가 접속어미이다.

접속어미들을 같은 통사·의미 특성을 가지는 것끼리 묶어서 접속문 구성의 하위 체계로 삼을 수 있다. 접속문 구성의 문법 기능은 대단히 다양하게 발달되어 있고 한 접속어미의 의미도 다의적이어서, 접속문 구성을 몇 가지 한정된 범주로 나누기란 매우 어렵다. 그래서 접속문 구성의 하위 체계를 세우기 위해서는 의향법, 시제법, 부정법 형성 등의 문법 관계에 따라 체계를 세우는 방법이 있을 수 있다. 그러나 실제 분석을 통해 보면, 의향법, 시제법, 부정문 형성 등의 문법적인 분석으로는 체계가 잘 세워지지 않는다. 따라서 전통적인 방법인 의미 관계에 따라 체계를 세우는 방법으로 접속어미를 기술하고자 한다. 다만 의미 관계를 어떻게 잡을 것인지가 문제가 되겠지만, 이 책에서는 권재일(1992:제14장)에서 설정한 의미 관계에 따르기로 하겠다.

우선 후행절에 대하여 선행절의 의미 관계가 대등적인가 아니면 종속적인가에 따라 '대등 접속어미'와 '종속 접속어미'로 나누고, 대등 접속어미는 선행절과 후행절의 의미 관계에 따라 '나열(순접) 관계', '대조(역접) 관계', '선택(선접) 관계'로, 종속 접속어미는 선행절과 후행절의 의미 관계에 따라 '인과 관계', '조건 관계', '목적 관계', '첨의 관계', '결과 관계'로 나눈다.

1. 나열 관계

나열(= 순접) 관계를 나타내는 접속어미에는 '-고/구'를 비롯하여 '-어', '-는데', '-으면서' 등이 있다.[1] 이에 대해 살펴보면 다음과 같다.

-고/구

나열 관계 접속어미 가운데 대표적이다. 실제 발음은 대부분 '-구'로 나타난다. 이것은 현대 한국어에서도 같은 현상이다. 접속어미 중에서 빈도를 보아 가장 높다. 전체 접속어미 1,632예 중, 386예로서 23.65%에 해당한다.

(1) a. 저짝에서 차를 <u>타고</u> 밤이머 걸레 <u>오고</u> 이짝으 사람들도 그게 아마 친척이 있어 댕게갰습지?
b. 긔래 그 아들이 <u>글이르구</u> 다 공부 필하고스레 여기서 일하게 됐지.
c. 고초두 <u>옇구</u> 마늘두 <u>옇구</u> 에또 여기 사람들으 상채두 <u>먹구</u>

1. 현대 한국어의 나열 관계 접속어미 목록은 다음과 같다(권재일 1992:256-): -고, -으며, -으면서, -고서, -은데, -거니와

그 후초두 옇구 긔래.

d. 그 집으 식구 내가예 어 남펜~이 있구 시아바이 있구 시애미 있구 시애기 둘이 있고 시누이 서이 있습드.

e. 닭으 제 뿌리구 왔습구마.

'－고/구'에 '－스레, －스리, －서르' 등이 더해지기도 하는데, 이는 한 가지 일이 다른 일로 바뀐다는 의미를 더한다. 예를 들면 다음과 같다.

(2) a. 한 바곤에다서 이렇게 널루예 이레 가르고서리 이레 가르고 또 여기도 이레 가르고 긔래 밑층 위층 긔래 네 가정씩 앉으라 그래.

b. 이래 여기다 용말게다 몯으 박구서레 둘씩 긔래 겹:두마. (¶몯 = 못)

c. 싹 이거 이래 맨들어 놓구서리 ......

d. 그거 녹여 우에다 바르구서르 깨르 뿌레.

e. 콩~ 가뜩 담구서레 그, 떡으 치느 그 떡밀르이랩두마.

－어

중세 한국어 이래 나열 관계에서 대표적인 접속어미는 '－어'와 '－고'였는데, 조사한 고려말에서도 '－고'와 함께 '－어'가 높은 빈도를 보인다.

(3) a. 긔래 여길 이주해 왔어.

b. 그래 거기르 우리 실어 왔지.

c. 우리르 책으 노나(= 나누－어) 줍드마예.

d. 시장 점은 아들 군대르 가져 가쟪~임두?

'-어'는 '-서'가 더 결합할 수 있는데, 그러한 '-어서'는 [상황]이나 [계기]를 나타낸다. '-어서'는 '-이서' 형태로 나타나기도 한다.

(4) a. 그래 들어와서 어드로 우리 이주했는가 하이 까작스탄.
b. 그래서 큰아들이 이 끼르기시 와서 거, 끼르기스키 우니베르시쩨쯔 글읽었어. (¶끼르기스키 우니베르시쩨쯔 = 키르기스 대학교)
c. 꺼플으 발라서 그거 싹 말리와서 그 담에 바칩드.
d. 콩~ 불거 갈아서 그래서 그거 아 에따 물에다 옇어 젓어서 그 물으 받지.
e. 그래 장물 끓이서 그 떡에다 묵지므. (¶그래 국 끓여서 떡에다 (같이) 먹지요.)

또한 '-어'는 '-가주고/가주구'와 함께 쓰여 뜻을 더 분명하게 하기도 한다.

(5) a. 우리르 인도르 해가주고 들어온 사램이 있었소.
b. "기뻬또크" 긔래머 모두 그 달아가서 물 받아가주 오지. (¶기뻬또크 = 끓인물)
c. 본가로 가오, 긔래 무스그 채레가주구 사둔가 사둔네 맞오하라.
d. 긔래 가게 되이 그거 저 막 팔아가주 가다 나이 그 가서 그렇게 못 했지므.
e. 그기 사램이 몇 멩~이든지 다 맡아가주고 인도르 하는 게 그 뭐시기라 하는지 모르갰스.

– 으면서

선행절과 후행절의 연결이 [동시]임을 나타내는 이 접속어미는 '– 메, – 멘서, – 멘서레, – 며서리, – 면서리, – 민서리' 등과 같이 다양한 형태로 나타난다.

(6) a. 우리 그래 들어와 로시아글으 이르며서리예 하이티 한 시간씩 고레글으 옣었구마. (¶하이티 = 한 이태)
b. 와서 일으 일하메, 일하메 이태만에 괴회르 졌는지 큰 괴휩구마.
c. 차에 오멘서 우리 음 어 차 와서 어떡 직에 와서 오래 선데 있었습구마.
d. 그레머 그게 돌아가멘서레 이렇게 갈깁구마.
e. 그렌거 방~에다 쪄서 방~이다 찌민서리 그 가리 나오는 거 채다 쳐서

– 는데

선행절과 후행절의 연결이 [동시]이며, 주로 상황의 설명 제시를 나타낸다.

(7) a. 아이가 하는 일인데 어찌 되어 우리 아이 했습구마.
b. 약타 술기구 쇠수리구 가서느 그 바곤에 사람들으 실어다 긔래 거기다 옣는데 아 긔래 거기서 우리 아이 잤어. (¶술기, 수리 = 수레)
c. 한 가정이 있는데 그 집이 칠 형제라 자식이.
d. 그래 가는데 그 매옷이라구 낭글로 맨든 게 큰 게 있습구마.
e. 조인~느 아인데 그래 가서 일했습구마. (¶죄인은 아닌데)

2. 대조 관계

대조(= 역접) 관계를 나타내는 접속어미에는 '－으나, －지만, －어도, －라' 등이 나타난다.[2] 이들을 각각 살펴보면 다음과 같다.

－으나

(8) 맛이 좀 옥순내 나꼬예 떡으느 질기나 떡으느 이렇게 찹쌀 갊을르 한 떡 같읐지만 해두 옥수꾸내 나. (¶맛이 좀 옥수수 냄새 나고요)

－지만

(9) a. 조선에 전쟁~ 난 거 아지마는 또치노 내 해시는 모르갰소. (¶확실히 내 햇수(연도)는 모르겠소.)

b. 우리 어릴 시에마 부모들사 알았갰지만, 나는 기억지 못합구마. (¶우리 어릴 적에는 부모들이야 알았겠지만)

c. 내 생각 아이 나지만 돼지느 어찌 했는지 모르갰, 잡았는지.

d. 음식이 더 맛이 더 있지만 더 보기두 좋구.

e. 원동~서도 했습구마, 어시들이 어떻게 한 거느 내 모르지만. (¶어시 = 부모)

－어도

(10) a. 이레 눕어 있으며, 예, 몹씨 좋지만 해도 사람이 너무 많

2. 현대 한국어의 대조 관계 접속어미 목록은 다음과 같다(권재일 1992:258－): －으나, －어도, －지만, －되, －건만, －느니

애서.

b. 소롬노란 게 암만 말게두 먹는다느 그 으미 있구마. (¶말게두 = 말려도)

c. 말으 잘 모르지만 해도 어찌갰습두?

d. 그래 핵고서도예 글은 노 로시아 글이지만 해도예 한 시간씨 갈체.

e. 긔래다 나이 우리 죽으래도 끓잲~이구 먹었습구마. (¶그러다 보니 우리 죽이라도 끓지 않고 먹었습니다.)

－라

다음 문장에서처럼 '－라' 역시 선행절과 후행절의 의미 관계가 [대조]이다.

(11) a. 그 담에 저레 이 끼르기즈스탄 온 것이 아이라 아라시아르 갔습구마. (¶저레 = 바로)

b. 보톰 떠나 음 바로 온 게 아이라, 우리르 거기서 이 쇠수레다 한 가정~이 고 어 쇠수레르 한나씩 줬습구마.

c. 수꾸떡인 게 애이라 에또 밥수끼랍드마.

d. 삼친단 게 아이라 쌍친담 요기 요롷게 놓는단 말입구마.

3. 선택 관계

선택(= 선접) 관계의 접속어미는 '－든지' 한 예가 보인다.[3]

3. 현대 한국어의 선택 관계 접속어미 목록은 다음과 같다(권재일 1992:259－): －거나, －든지

−든지

(12) a. 그래 한아버지 어떻게 돼 여기루 오셨든지 그래 여기 들와 한아버지 한어머니 산데

b. 설에 찰떡하든지, 여기서느 잘 모르갰습구마.

c. 우리 여기서느예 무스 항갑에 회라든지 무스 이래 잔체라든지 가줄 합:구마. (¶항갑 = 환갑, 잔체 = 잔치, 가줄 = 과줄)

d. 그기 사램이 몣 멩˜이든지 다 맡아 가주고 인도르 하는 게 그 뮈시기라 하는지 모르갰스.

4. 인과 관계

인과 관계를 나타내는 접속어미에는 '−어서', '−으이', '−으니까', '−길래, −느라'가 있다.[4]

−어서

앞에서 제시한 '−어−서'가 [인과] 관계의 의미를 실현하는데, 이 경우에, '−어'에서 따로 분리하여 인과 관계의 어미를 세우고자 한다. 현대 한국어에서는 인과 관계를 나타내는 대표적인 접속어미에 '−어서'와 '−으니까'가 있는데, 둘 다 빈도가 높은 편이다. 그러나 조사한 고려말 자료에서는 '−어서'의 빈도가 그리 높지 않다. (13)에 드는 예가 전부이다.

(13) a. 한아버지 늘상 어렵아서 젙으르 못갔스.

4. 현대 한국어의 인과 관계 접속어미 목록은 다음과 같다(권재일 1992:260−): −으니, −으니까, −어서, −느라고

b. 그 뭐시기 먹 게 없어 그런 거 따 먹었갰지.

c. 그러제 삼십팔연도 구연도 고레 사람 와서 마이 죽었습구마. 일기 배께서 어린들구 늙은~이들구. (¶일기 배께서 = 기후가 바뀌어서)

d. 세수건두 마이 하지 못해 여슷으다 했습그.

e. 둘이 갈라진지 오라시아 아들이 혼자 사오, 내가 내가 같이. (¶나와 같이)

－으이, －으니까/으이까

'－으이' 또는 '－으니까/으이까'가 쓰이기도 하지만, 대부분 '－이' 형태로 나타난다. (14a)는 '－니까'가, (14b)는 '－이', (14c)는 '－으께' 등이 쓰였다.

(14) a. 권데 그짝에 해 삐치이 그 우에다 내 놓습구마. (¶삐치이 = 비치니)

b. 긔래 아이들이 다 나오이 우리두 이주해서 이 끼르기즈스탄 왔지.

c. 긔래 일하다서 이게 이래 다 마사지이 그 인시뚜드 마사졌스. (¶마사지다 = 망가지다, 해체되다)

d. 그 담에 내 아니까에 우리 한어버지 노학수 학순지 그렌데 어드메 살았는가 하이끄드나

e. 로시아 날씨르 짚으이꺼드나 동짓달 초예드렛날 (¶러시아 달력으로 짚어보니까)

인용절을 안은 '하다'에 인과 관계의 '－이', 또는 '－이까'에 '－드나'가 덧붙은 형태가 자주 쓰인다.[5]

(15) a. 그거 뭐시라 하는 거라 하이 쎄르쏘비에트, 그래 쎄르쏘비에트 안에서 세크라따리어.
b. 그건 조선말르 뭐신가 하이 꼬호즈 안에서 무스그 모든 일으 으으 검살 하라 댕기느 그런 단체 있습구마.
c. 그래 그기에 앉아서 그 담에 어드르 들어왔는가 하이까드나 해삼 들어왔습구마.
d. 뽈두브이 그게 머신가 하이꺼드 배들이 싹 거기다서 들어와 세우는데. 그게 뽈도브이라 합구마.
e. 말리우는 거 어떻게 말리우는가 하이까드나 처음에느 그 가죽이 뒈베 놓고 소금 칩드마이. (¶말리는 것, 어떻게 말리는가 하니, 처음에는 그 가죽을 뒤집어 놓고 소금을 치더군요.)

보조용언 구문 '-다가 나다'에 인과 관계의 접속어미 '-이'가 결합하는 예가 많이 나타난다. 다음 (16)이 그 예인데, 특히 (16e)는 '-다가 나이'가 '-다이'로 줄어 든 것이다.

(16) a. 노인들이 우층~으로 모: 올라가다 나이 밑층~에 있었습구마.
b. 독일 전쟁~ 난 뒤 우리 아버지 좀 그런 일 하다 나이 노력전선~으로 다 남자들이 다 가고
c. 어머이 없다 나이 아부지 칠 연 동안 우릴 두구 혼자 있었지.
d. 쌀이 적다 나이 아무래 무스그 마~이 옇구 했갰지.
e. 그게 소핵고 다이 할루에 네 시간씩 쳤드 모양~.

5. (15)에 보이는 '-이까드나, -이끄드나, -이까드' 등에 대해서 이기갑 외(2000:44)에서 다음과 같이 해석한 바 있다: "현대 한국어의 '-니까'에 대응하는 '-이까'와 '-다(가)나이'류가 혼효되어 만들어진 형식으로 볼 수 있을 것이다."

－글래

'－글래, －길래'는 인과 관계의 의미를 실현하는 접속어미이다. 그러나 빈도는 그리 높지 않아 전체 7예가 보인다.[6]

(17) a. 개 그쎄 돈이 있었글래 오매 쌌지? (¶싸다 = 사다, 구입하다)

b. 그러나 밤 되너 치왔글래 이불 덥구 잤지?

c. 그런데 아무래 돈˜이 있었글래 우리 아부지 가서 에또 돼지 새끼르 하나 싸 왔지.

d. 우리느 고상˜ 아이 했습구마. 우리 아부지 스라주끄 방천 집 얻길래. (¶스라주 = 바로)

e. 게울에 그 까나우루 일굽 메트르 깊이루 그 물으 들에오길래, 게을에, 심어이 다 게을에 그거 팠습구마. (¶심어이다 = 겨울에)

－느라

다음과 같이 한 예가 보인다.

(18) 긔레 그거 팠습구마, 긔래 거 물 들에다 농새질하느라.

---

6. 러쓰 킹 · 연재훈(1992:118), 이기갑 외(2000:46), 니라리사(2002:43)에서도, 고려말에 인과 관계를 나타나는 접속어미로 '－길래'를 들고 있다.

(예) 전에 고려사람들이 이르 열심히 했길래 살기 마이 좋아졌소.

에미 있길래 아무 쉬중해두 쉬중 아이 해두. (¶어미가 있으니 아무리 쉬려 해도 쉬지 못하고)

5. 조건 관계

조건 관계를 나타내는 접속어미에는 '-으므'와 '-어야'가 있는데, '-어야'는 주로 보조용언 구문에 나타났다.[7]

-으므

현대 한국어의 '-으면'에 대응하는 것으로 전형적인 조건의 의미를 실현한다. 이 접속어미는 '-으므, -으무, -으머, -음, -으면' 등과 같은 형태로 나타난다.

(19) a. 그 담에 아바이 그기 앉아 이래 상~ 물리라 게므 들어가 그 상~ 내오지.
b. 좀 오래 끓이무: 쫌 굳어지구 더
c. 부모들 다 일하러 가머 우리 아이 들만 짓제, 집에.
d. 그거 들었음 내 아지, 아지.
e. 집마다 들어가면 다 있지 이:.

-어야

(20) a. 그래서야 그 어저느 마감 해지. 마감 해르 일해야 뻰시르 타지. 그래 그게 뻰시르 타갰다 그래든 게. (¶뻰시 = 연금)
b. 지 지금 점므이드르 말 알아 들어야 하지? (¶점므이들 = 젊은이들)
c. 그래 원동~서느예 그전에 우리 할무니랑 설에 음식하므 어에또 보름꺼지 먹어야 된다 그랬대.

7. 현대 한국어의 조건 관계 접속어미 목록은 다음과 같다(권재일 1992:261-): -으면, -거든, -어야, -은들

d. 밥에 마야에 음, 한 낄롤로 밥으 했으머 그다 아무래 싹누 룩으 두 술은 옇어야 될 기오.

6. 목적 관계

목적 및 의도 관계를 실현하는 접속어미에는 '-으러/으라, -으라고/으라구, -자구'가 쓰인다.[8]

-으러

이 접속어미는 '-으러, -으라'와 같은 형태로 나타난다.[9] 다음 문장에서처럼 '댕기다, 오다, 가다'와 같은 이동동사 앞에 쓰이는 것이 일반적이다.

(21) a. 그런거 우리 뜯으러 댕겼습구마.
b. 새애기 댈러 온다고 거는 우시꾼~이라 압.
c. 부모들 다 일하러 가머 우리 아이 들만 짓제, 집에.
d. 로시아르 벌라 들어왔답두. 돈 벌러.
e. 꼬호즈 안에서 무스그 모든 일으 으으 검살 하라 댕기느 그런 단체 있습구마.

---

8. 현대 한국어에서 나타나는 목적 관계 접속어미 가운데 '-고자' 형태는 보이지 않는다.

9. 이기갑 외(2000:46), 니라리사(2002:44)에 따르면, 대체로 '- 을라' 형태로 나타난다고 한다.
(예) 자꾸 시자르 소금 쌀라 간다. (¶자꾸 시장을 소금 사러 간다.)
짐치를 팔라 왔다. (¶김치를 팔러 왔다.)

－으라고/으라구

현대 한국어의 '-으려고'에 대응하는 형태이다.

(22) a. 그 까르 요롷게 마습드마. 납죽하게 되라고예.

b. 그게 한 감은 뭐시기 있는가 하이 나르 아마 빨도리 해 입으라구 그랬갰지므 (¶빨도리 = 외투)

－자구

의도를 뜻하는데, 오직 한 예가 보인다.[10]

(23) 떡 벌이 하자구 그래 시앙 쩨르크비 들어가 일하구마. (¶시앙 = 시방, 지금. 쩨르크비 = 교회)

7. 첨의 관계

첨의 관계를 나타내는 접속어미에는 '－다가－서'만 보인다.[11]

－다가－서

접속어미 '－다가'는 첨의 관계를 나타내는 것으로 볼 수 있는데, 문장 (25)와 같은 경우는 '－다가'에 '－서'가 덧붙여 줄어든 '－다서'

10. 이기갑 외(2000:46), 니라리사(2002:44)에서도 목적과 의도의 접속어미로 '－자/자구'를 제시하였다.
(예) 그런 채소질으 해자구 남쪽으로 갔다.
그런데 최명옥 외(2002:136)에서는 '－자 하구'와 같은 인용 구문에서 '－자구'가 발달하였다고 설명한 바 있다.

11. 현대 한국어의 첨의 관계의 접속어미 목록은 다음과 같다(권재일 1992:263): －듯이, －이, －자, －다가, －을수록

가 나타난 것이다.

(24) a. 우리 사는 어간에 이어마이 서이 <u>들어왔다가</u> 나갔스. (¶우리 사는 동안에 계모 셋이 들어왔다가 나갔어요.)
b. 우리 그 회 하는데 <u>갔다</u> 왔어. 우리 회 드빌 해 팔았어. (¶드빌 = 두부를)
c. 이래 <u>가다</u> <u>가다도</u> 어드메 쉬웁드마.
d. 이래 <u>오다두</u> 우리마 들어오는 게 애이라 저 원동~루 싹 이주르 시키잲~소?

(25) a. 그래 거기 <u>사다서</u> 아, 그래 그 담에느 자식이 자라구 자라구 해 ...... 아라시아르 갔습구마.
b. 긔래 우리느 집으 다 진 녜느 그기 <u>있다서</u> 내려갔어.

8. 결과 관계

현대 한국어의 결과 관계를 나타내는 접속어미 '-게'는 고려말 자료에서 보면 주로 부사형어미로 기능하며, 현대 한국어에 나타나는 '-도록' 형태는 보이지 않는다. 다음은 '-게'의 예이다.

(26) a. 일 년 <u>먹게</u> 아무래 하는 모양~.
b. 한짝에 두 반씨 한 세간씨 <u>살게</u> 그런 집으 지었습구마.
c. 긔래 그 두 세간~이 <u>살게</u> 두 가정~이 <u>살게</u>

한편 러쓰 킹·연재훈(1992:116), 이기갑 외(2000:46), 니라리사

(2002:47) 등에 따르면, 고려말의 첨의 관계의 접속어미에 '–두라'를 더 든다. 이는 현대 한국어의 '–도록'에 해당한다.

(27) a. 새박에 나가무 늦두라 저낙때꺼지 그거 따 파고 (¶새벽에 나가면 늦도록)
b. 열두 살 먹두라

이기갑 외(2000:46)에서는 위의 '–두라'가 현대 한국어의 '–을수록'과 같은 첨의 관계의 의미도 가진다고 하였다.

(28) 씁두라 더 좋소. (¶(맛이) 쓸수록 (몸에) 더 좋소.)

9. 보조용언 구문

보조용언 구문을 접속문 구성에서 다루기보다는 내포문 구성에서 다루는 것이 더 타당하겠지만, 보조용언 구성에 관여하는 어미가 접속어미와 겹치는 것이므로 이곳에서 기술하기로 한다. '–어, –고, –게, –지'와 '–다가, –어야' 등이 관여한다. 이들에 대해 차례로 살펴보자.

9.1. '–어' 보조용언 구문

'–어' 보조용언 구문에는 보조용언 '있다, 주다, 놓다, 버리다, 지다, 보다, 디디다'가 쓰인다.

(29) –어 있다

a. 이레 눕어 있으머

b. 그 서 있었습구마.

(30) –어 주다

a. 책으 노나 좄습구마.

b. 가서 그저 멕여 주구 가서 그 사람드 일했지므.

c. 지금으느 비단을로 이불두 멫 채씩 해 줬구마.

(31) –어 놓다

a. 긔래 달아 놓고서르 거기서부터 이래 내리 바릅데.

b. 피르 쳐서느 그 피르 이래 막아 놓구 긔래구 나가 산 사람들으 많습구마. (¶피르 쳐서느 = 벽돌을 쳐서는)

c. 긔래글래 어 그냥 문으 열어 놓구 있었지.

(32) –어 버리다

a. 내 그 손녜게서 들었는데 잊어 버렜어.

b. 내 어저느 잊어 버렸습그. 멫 낄로 메트르지.

(33) –어 지다

a. 그때느 이 어, 마사 아이 졌을 직에느 쎄쎄쎄에르 합구.

b. 긔래 그 반 가서 내 어 잊어 아이 졌어. 한 달에 일곱 양씩.

(34) –어 보다

a. 아매느 만들어 직접 아이 해 봤어.

b. 긔래 들와서 그 담에 알아 보이 그기서 음 지적하지.

(35) －어 디디다

a. 그래 그 씨르 털어 디디구 먹지.

b. 그래 그 씨르 털어 디디구 이 꺼풀으 먹지.

9.2. ‘－고’ 보조용언 구문

‘－고’ 보조용언 구문에는 보조용언 ‘있다, 싶다’가 쓰인다.

(36) －고 있다

a. 장제 에또 장제 싹 막고 있지.

b. 긔래글래 어 그냥 문으 열어 놓구 있었지.

(37) －고 싶다

좋을 때도 먹구 ...... 먹구 싶을 직에 하지.

9.3. ‘－게’ 보조용언 구문

‘－게’ 보조용언 구문에는 보조용언 ‘하다, 되다’가 쓰인다.

(38) －게 하다

a. 보드랍게두 할 수 있구 조끔 마르기두 할 수 있구.

b. 보선으 예 낡은 거 그 안에다 가뜩 옇어서 이마이 올라오게 또 하구.

c. 긔래 거기 가서 셔 성탄 패게 했습구마. (¶성탄 패다＝석탄 파다)

(39) –게 되다

a. 긔래 그 아들이 글이르구 다 공부 필하고스레 여기서 일하게 됐지.

b. 그래다 나이 노시아말 하게 되지.

c. 긔래고서르 그 담에 남펜~이 어 일하러 가게 되이꺼더

9.4. '–지' 보조용언 구문

'–지' 보조용언 구문에는 보조용언 '아이하다, 못하다, 말다'가 쓰인다.

(40) –지 아이하다/못하다/말다

a. 받지 아이머

b. 그거 받침으 잘 하지 못해서. 그래서 쓰지 못합구마.

c. 아하, 쪼금쪼금 여게 그 밑에 사르르 밑에 깡치이 일어나지 말게. (¶깡치 = 비지)

9.5. '–다가' 보조용언 구문

'–다가' 보조용언 구문에는 보조용언 '나다', 특히 인과 관계의 접속어미가 결합한 '나이'가 쓰인다.

(41) –다가 나다

a. 그래다 나이 노시아말 하게 되지.

b. 우리 딱 고 국경 녘에 사다 나이예 두만강~이 이게 이짝으느 쎄쎄쎄에르구, 저짝으느 내지지, 조선~이.

c. 노인들이 우층~으로 모: 올라가다 나이 밑층~에 있었습구마.

d. 독일 전쟁~ 난 뒤 우리 아버지 좀 그런 일 하다 나이 노력 전선~으로 다 남자들이 다 가고

9.6. '–어야' 보조용언 구문

'–어야' 보조용언 구문에는 보조용언 '되다'가 쓰인다. 문장 (20)과 (42)와 같다.

(42) –어야 되다

a. 지 지금 점므이드르 말 알아 들어야 하지? (¶점므이 = 젊은이)

b. 법이 조끔 책음자질하며 그 부인네 처음 나가 일해야 됐구마. (¶법에 따르면, 조금 책임자 일을 하면 그 부인이 먼저 나가 일해야 됩니다.)

c. 샘일이 그래 샘일야 아침에 나와 새애기 나와 아침 끓여야 되지. (¶샘일 = 삼일)

d. 밥에 마약에 음, 한 낄롤로 밥으 했으며 그다 아무래 싹누룩으 두 술은 옇어야 될 기오.

10. 정리 및 대조

접속문 구성에 관여하는 접속어미를 의미 관계에 따라 나누어 살펴보았는데 이를 정리하면서 현대 한국어와 대조하기로 한다. 먼저 위에서 살펴본 고려말 자료에 나타난 접속어미가 실현된 빈도를 제시하면 다음과 같다.

(43) 접속어미 빈도

접속어미		빈도수	백분율(%)
나열	고/구	386	23.65
	어	539	33.03
	으면서	28	1.72
	는데	18	1.10
대조	으나	1	0.06
	지만	19	1.16
	어도	26	1.59
	라	4	0.25
선택	든지	8	0.49
인과	어서	6	0.37
	으이(까)	247	15.13
	글래	7	0.43
	느라	1	0.06
조건	으므	117	7.17
	어야	9	0.55
목적	으러	21	1.29
	자구	1	0.06
첨의	다가+서	38	2.33
결과	게	9	0.22
보조용언 구문	어+보조용언	72	4.41
	고+보조용언	3	0.18
	게+보조용언	8	0.49
	지+보조용언	17	1.04
	다가+보조용언	31	1.90
	어야+보조요언	16	0.98
합계		1,632	100.00

위와 같은 빈도를 통해 보면, 첫째, 나열 관계의 '–어'(539예) '–고/구'(386예), 인과/상황 관계의 '–으이까'(247예)가 가장 빈도가 높다. 그 다음으로는 조건 관계의 '–으므'가 117예로 이어진다. 둘째, 보조용언 구문에서는 '–어' 보조용언 구문이 가장 많이 쓰였으며, '–다가 나다' (–다가 나이) 구문도 비교적 많이 쓰이는 편이다.

현대 한국어와 조사한 고려말 자료의 접속어미의 빈도를 대조해 보면 다음과 같다.

(44) 접속어미 빈도 대조

a. 고려말

'–어'	33.03%
'–고/구'	23.65%
'–으이까'	15.13%
'–으므'	7.17%

b. 현대 한국어(김홍규·강범모 2000:224～)

'–어/아'	26.58%
'–고/구'	19.56%
'–게'	7.31%
'–지'	5.44%
'–어서'	4.57%
'–면'	2.88%
'–며'	2.50%
'–지만'	1.69%
'–다고'	1.61%
'–면서'	1.60%

V. 명사형, 관형사형, 부사형 어미

1. 명사형어미

명사화에 관여하는 명사형어미는 '-기'만 쓰인다. 현대 한국어에 나타나는 명사형어미 '-음'은 보이지 않는다.[1] '-기' 명사화 구문은 문장 안에서 주어, 목적어, 부사어 형성에 관여한다. 이러한 기능은 현대 한국어와 같다. 다음 (1)은 '-기'가 각각 주어(a, b), 목적어(c), 부사어 형성(d)에 쓰인 문장들이다.

(1) a. 그래다 나이 <u>이해하기</u> 헐합구마.
　b. 음식이 더 맛이 더 있지만 더 <u>보기두</u> 좋구.
　c. 작은 거는 또 제루와서 새끼를 <u>팔기두</u> 하구.

---

1. 15세기 한국어의 경우, 명사형어미에 '-음'과 '-기'가 쓰였으나, '-음'이 더 일반적이었다. 그러나 16세기에 이르러 '-기' 명사화가 확고한 자리를 잡았는데, 그 이후 '-기'의 분포가 더 확대되었다. 이에 대한 기술은 권재일(1998:제13장) 참조.

d. 긔래 어머니 혼자 그 자식을 어 추기 위해서 밤낮 일했드고 노력했드고. (¶추기 위해서 = 키우기 위해서)

e. 보도랍게두 할 수 있구 조끔 마르기두 할 수 있구. 그 굳기에 달렜지.

'-기' 명사화 구문은 다음과 같은 문장에도 나타난다.

(2) a. 그래 내 봅:구마 보기는. 그러나 채 이해하지 못하지.

b. 이르기느 이르지만 해도.

c. 그래서 쓰지 못합구마. 이르기는 이릅구마.

d. 에또 오제르 발하스 지:나서 어드르 어디메르 알기는 하이 끄드네 음 노보시비르스크 역에.

e. 그시 혹 장판 널르 논 집이 있기 있지.

다음 문장은 '-기'가 생략된 예이다. 문장 (3a)는 문장 (3b)로 되돌릴 수 있을 것이다.

(3) a. 또끔 다달도 하구. (¶또끔 = 조금)

b. 또끔 다달하기도 하구.

2. 관형사형어미

관형화는 관형사형어미를 통해 명사에 안긴다. 자립명사에 안기기도 하고, 의존명사에 안기기도 한다. 먼저 자립명사에 안기는 예를 살펴보자. 관형사형어미 별로 제시하면 다음과 같다.

-은/으

현대 한국어의 '-은'에 해당하는데, 주로 '-으'로 나타난다.

(4) a. 시장 점은 아들 군대르 가져가잲~임두?
b. 우리 말이 우리 이전에 이전에 배운 말이지.
c. 긔래 독일 전쟁~ 난 뒤 우리 아버지 좀 그런 일 하다 나이
d. 작은 거는 또 제루와서 새끼를 팔기두 하구
e. 알아 헐한 말으 듣습구마. (¶알기 쉬운 말은 듭습니다.)

-는/느

현대 한국어의 '-는'에 해당하는데, 주로 '-느'로 나타난다.

(5) a. 우리 아버지 땅~ 파는 일으 아이했습구마.
b. 그게 누신가 하이까드네 에또 국경 지키느 군인들이 많습구마.
c. 유월에 학생들에 시험 치느, 높은 반으 시험 치잲~임두?
d. 끓는 물에다 소금 옇구 그 물으 젓어서
e. 모든 일으 으으 검살 하라 댕기느 그런 단체 있습구마.

-을/으

현대 한국어의 '-을'에 해당하는데, 주로 '-으'로 나타난다.

(6) a. 우리 가젱~이 거기서 살 적에느
b. 긔래, 긔랜 그 웃물으 째서 오래: 끓였습구마. 그 엿으 되 때 꺼지.
c. 원동~ 있으 직 쑥떡 해 먹었습구마.
d. 그, 장~에 여름에 장~ 여름에 해 몹시 삐 비 어저저 뜨겁을

직에 장~ 이래 뜯어내 밖에서 말리웁구마.

–던

현대 한국어의 '–던'에 해당한다.

(7) a. 사냥~하던 얘기르, 내 말 잘하려무 마이마이 말하갰소.
b. 우리 어머이 다 했드 모양~.

다음은 의존명사에 안기는 관형화에 대해 살펴보기로 한다. 고려말 자료에 나타나는, 관형절을 안는 의존명사를 제시하면 다음과 같다.

것

가장 보편적인 의존명사이며, 모든 관형사형어미와 함께 쓰일 수 있다. '거'로 나타나기도 하고, 뒤따르는 조사와 함께 축약되기도 한다.

(8) a. 그 담에 저레 이 끼르기즈스탄 온 것이 아이라 아라시아르 갔습구마.
b. 아, 인베로 굶은 거 말이오?
c. 전기르 밑에 그래 가주고 하는 게래.

'관형절 + 것 같다' 구문이 줄어들어 '관형절 + 같다' 구문으로 나타나는 예도 있다.[2]

(9) a. 여기두 있는 같잲~입구마.

2. 경상도 방언에서 이와 같은, '겉다' 구문을 설명한 것은 김주원(1984:47~65) 참조. 통사적 변화의 한 양상으로 설명한 바 있다.

b. 그래고느 있는 같잲~입구마 콩~.

c. 지금으 벨르 엿으 맨드는 같잲~입구마. (¶벨르 = 별로)

수

관형사형어미 '-을'과 함께 쓰인다. 현대 한국어에서는 '-는'과도 쓰일 수 있으나, 조사한 고려말 자료에서는 발견하지 못하였다.

(10) a. 보도랍게두 할 수 있구 조곰 마르기두 할 수 있구.

b. 도야지고기. 그라그느 소고기두 할 수 있지므.

c. 그거느 이 밀깕으르 할 수 있습구마. 채밀깕을르.

줄

(11) a. 긔래 우리 어머니 어째 돌아갔느 줄으? (¶줄을 아오?)

b. 우리 원동~ 살 직에느야 이거 쇠로 잠금 줄으 몰았어.

적/직

(12) a. 우리 가젱~이 거기서 살 적에느

b. 어린아이드나 이게 공기 맞잲~이서예 그럴 직에 우리도 오래비 한내 죽었습구마.

c. 그때느 이 어, 마사 아이 젰을 직에느 쎄쎄쎄에르 합구.

d. 원동~ 있으 직 쑥떡 해 먹었습구마.

제/지

시간을 나타내는데, 현대 한국어에서는 그 쓰임이 적은 의존명사이다.

(13) a. 원동~에 있으 제 맏아드 집에서.

b. 큰집으로 모다 가지. 모다 갈 지 빈 게 아이 가오. (¶큰집으

로 모두 가지. 모두 갈 때 빈 손으로 안 가오.)

지

(14) a. 내 지금 어디로 다니는 지 아 아세요?

b. 아, 쥐인~으 돌아간 지 오랍구마.

c. 어저느 글으 이른 지 오라.

녜/예

현대 한국어에서는 쓰이지 않는 의존명사이나, 고려말에서는 자주 쓰이는 편이다. 아마도 '녘'으로 소급할 수 있을 것이다. 시간이나 공간을 두루 지시한다. 관형사형어미는 '-은'과 함께 쓰인다.

(15) a. 그게 장차느 우리 들온 녜느 빠시예스키 아라욘이라 합두.

b. 그, 우리 무슨 조선 명전~으나 한 예느예 (¶명전~ = 명절)

c. 그 담에 또 유월에 나온 녜느 구월달에 또 핵고르 가지.

d. 긔렌 녀느 거기서 와서 실어 가지.

e. 그게 이에 조끔 식은 녜느 이렇게 째닐할 만 합구마. (¶째닐하다 = 굳어지다)

동안/또안

관형절뿐만 아니라 명사를 직접 선행시킬 수 있다. 이것은 현대 한국어와 같다. '동안'보다는 '또안'이 더 자주 나타난다.

(16) a. 여름에느 여름 방학에, 에또 석 달 동안~이지.

b. 걔 그 한 시 또안 놔 두머 또 요롷게 올라와.

데

(17) a. 물이나 패핀 데 댕기고. 그레고 그기 우리 원동~ 사는 데는 펭지 아이었구마.

b. 우리 사는 데 가찹습구마.

c. 군이사라 하는 데래.

d. 우리 사는 데느 조선 사람만 있었어. 로시아 사람 없었습구마.

e. 짐승들으 잡아서 바치는 데 있었구마.

모양~

관형절과 함께 [추측]의 의미를 실현한다.

(18) a. 어 나물로 이렇게 틀해서 그 안에 아무래 입에다 귀래 옇는 모양~이야.

b. 부모들이 이 아부지 어, 배르 가지구 일했는 모양~이드.

c. 거기서 아무래 어 그런거 지적했던 모양~이.

d. 그런 아무래 기관~이 있었든 모양~.

e. 그래 아무래 이 로시아 땅~으르 넘어왔드 모양~.

대로/대루/대르

(19) a. 그저 이레 담는 대로 주오.

b. 그 그 보리 쌕이 나온 대로 막 찧습구마.

c. 집에 어 닭이 있는 대루 그저 그다 두고 왔다는 말이어.

d. 거기다서 어 제 손대르 제 무스 요구된 대르 양념으 옇어서 (¶손대르 = 소원 대로, 원하는 대로)

e. 제 무스 요구된 대르 양념으 옇어서

법

(20) 절하는 법이 없습구마. ...... 이상들 앞에 절하는 게 없었구마.

3. 부사형어미

한국어 문법 기술에서 부사절을 어떻게 규정할 것인가는 오랜 논의의 대상이었다. 종속 접속문과 관계를 어떻게 설정할 것인가도 논의의 대상이었다. 그러나 여기서는 이 문제에 대해서는 따로 논의하지 않기로 하겠다. 다만 문장 안에서 명백히 부사어의 구실을 하는 다음 두 가지 경우를 종속 접속문과는 달리 따로 들어 두기로 한다. 즉 '–이, –게'에 의해 부사절을 이루는 경우이다.

–이

'없다'에 결합하여 '없이' 형태로 주로 나타난다. 현재 학교 문법에서는 이 '–이'를 부사화 접사로 규정하고 있다.

(21) a. 집도 없이 그저 이레 땅~이 땅~이다 막이다 이거 치고서레 제 가정가정 살아서
b. 아들이 없이 어 우로 딸으 서이 났지.
c. 깔레 무신가 하이끄드이 이레 맨들어서 가매에다 굽지, 기름이 없이.
d. 밤에 이렇게 불이 없이 들어온다구.
e. 촌~이구 도시구 어 칠학연 아래느 없이 칠학연꺼지 싹 글 읽으라는 거.

－게

'－게'는 결과 관계의 종속 접속어미이다. 그러나 다음 예는 부사어의 구실이 분명하여 여기에서 기술해 두고자 한다. 문장 (22d)는 부사어 '준빌 하게'가 문장 맨 뒤로 이동하여 있는 문장이다.

(22) a. 여기 머지 않~게 나가 있습구마.
b. 거리 조끔 멀게, 그래 살았습구마.
c. 내 뻐러페소르 앞에서 무식하게 말으 해.
d. 긔래, 우리르 시간 아이 좄습구마, 준빌 하게.
e. 길게 크게 져서느 예, 한 집으 이렇게, 막았지.

4. 정리 및 대조

내포문과 관련하여 명사형, 관형형, 부사형 어미를 살펴보았다. 이를 정리하면서 현대 한국어와 대조하면 다음과 같다.

1. 명사절에 나타나는 명사형어미는 현대 한국어에서는 '－음'과 '－기'가 나타나나, 고려말에서는 '－기'만 나타난다. 그러나 주어, 목적어, 부사어 형성에 참여하는 기능은 같다.
2. 관형절에 나타나는 관형사형어미는 모두 같으나, 고려말에서는 '－은, －을'에서 'ㄴ, ㄹ'이 탈락되는 예가 많다. 관형절을 안는 의존명사 중에서 고려말에서만 널리 쓰이는 것으로는 '제/지, 네/예' 등이 있다.
3. 부사절 구성에는 '－이, －게' 등이 쓰이는데, '－이'는 '없이'로 나타난다.

VI. 그 밖의 문법 현상

1. 주체높임과 시제의 선어말어미

-으시-

주체높임을 실현하는 선어말어미 '-으시-'가 나타난다. 이는 현대 한국어와 같다. 그러나 주체높임 자리에 항상 나타나는 것은 아니다. 현대 한국어에 비해 빈도가 낮은 편이다.

(1) a. 긔래 우리 어마이 우리르 허 기치고 일찍 돌아가셌구마. (¶기치다 = 남겨두다)

b. 긔래 한아버지 어떻게 돼 여기루 오셌든지.

시제를 실현하는 선어말어미들은 다음과 같은데, 이들도 현대 한국어와 같다. '-었-, -갰-, -었갰-, -더-' 등이 나타난다.[1]

1. 이기갑 외 (2000:42)에서 지적한 바와 같이 '-었었-' 형태는 나타나지 않는다.

–었–

'–었–'은 현대 한국어와 같이 과거나 완료의 의미를 지닌다.

(2) a. 그거 한아버지 한아버지 한어머니 우리 아부지가 같이 산게 애라 맏아들가 같이 살았습구마.
b. 그러나 우리느 시촌에서 살았습구마. (¶시촌 = 시골)
c. 예, 내 편안~이 앉았습구마.
d. 그래서 이 삼십칠연도 국거 국경 녁으 막았습구마.

–갰–

현대 한국어의 '–겠–'에 대응한다. 그리고 [추측]과 [의지]의 의미를 지닌다.

(3) a. 저짝도 아무래 가찹갰지. (¶가찹다 = 가깝다)
b. 모르지. 그거 잘 기억 못하갰소.
c. 단거 어떤가 하이끄드 내 조선말 모르갰습구마.
d. 낚시지 누개 하갰소?

–었갰–

(4) a. 우리 어릴 시에마 부모들사 알았갰지만, 나느 기억지 못합구마. (¶시에마 = 때에는)
b. 그래다 나이 우리 아버지 삼년 동안 가 그레메 아무래 로시아말으 배왔갰지.
c. 무슨들레, 이 셔투리, 무스 것두 똘꼬 아이 먹었갰습두?

–더–

(5) a. 떡으 칩:더구마. 이런 데다 구시에다 망치러 가지구.

b. 갉으 내서 그 담에 그거 쳐서 요롷게 오구래르 합더구마예.

한편 러쓰 킹 · 연재훈(1992:114), 이기갑 외(2000:41), 니라리사(2002:50)에서 제시한 바 있는 다음과 같은 선어말어미 '-겝-'은 발견되지 않았다. 이 '-겝-'은 현대 한국어의 '-고 싶-'에 대응하는 것이라 한다.

(6) a. 안까느 보게바서 (¶아내를 보고 싶어서)
    b. 가겝소, 가게바서 (¶가고 싶소, 가고 싶어서)
    c. 내 능금우 먹겝다. (¶내가 사과를 먹고 싶다.)

2. 인용문

'인용절-인용표지 인용동사'라는 인용문 구성 방식은 고려말과 현대 한국어가 같다. 인용절에 쓰이는 인용표지 '-고/구'는 나타나기도 하고, '-ㄱ'으로 줄어들어 나타나기도 하고, 완전히 생략되기도 한다. 문장 (7)은 '-고/구'가 나타난 경우, (8)은 '-ㄱ'으로 줄어들어 나타난 경우, (9)는 완전히 생략된 경우이다.

(7) a. 고기잡는 배 들어 파선됐다고 하면서리
    b. 다름 일: 뭐 없습구마. 거저 김치: 담군다구 하지.
    c. 아, 손을르 친다고두 하구, 이겐다구두 하구.
    d. 소캐라구두 우린 소캐라우. (¶소캐 = 솜)
    e. 어시들이 그래지, 닭으 보잲~이 베오리 다 붙들어 갔다구.
    (¶보잲~이 = 돌보지 않으면)

(8) a. 울타리라? 예, 장제이락 하오.
b. 여기 보통 말로느 쇠락 하오.
c. 그래 산 걸로 해서느 산 오래비 둘째락 하지.
d. 닭으 먹이르 주는 거 요르 준닥 하지.
e. 뭐 닭이 알 낳는닥 하지. 알 낳는 닭이락 하지.

(9) a. 그래 로시아말이라 하지.
b. 우리느 구물이라 하오. (¶구물 = 그물)
c. 문이? 문으 장제문~이라 하제, 그저.
d. 끓인다 아이하지. 장~ 만든다 하지.
e. 가매 끓이서 어전으 거이거이거이 된다 할 직에

3. 부정문

부정문은 '아이' 부정, '못' 부정, '말다' 부정과 같이 셋으로 나타난다. 이것은 현대 한국어와 같다.

먼저 '아이'[2] 부정을 살펴보면, 문장 (10)에서와 같이, '아이' 부정문은 두 유형으로 실현된다. 제1유형: '용언어간-지 아이하다', 제2유형: '아이 용언'. 문장 (10)에서 '받지 아이머'가 제1유형이며, '아이 받는다'가 제2유형이다.

(10) 만~약에 저짝에 걸레 가는 사람으느 거기서 <u>받지 아이머</u> 이 짝에서 <u>아이 받는다</u>.

2. 현대 한국어의 '아니'에 대응한다.

다음 (11)이 제1유형의 예이고, (12)가 제2유형의 예이다. 조사한 고려말 자료에서는 제2유형이 훨씬 더 많이 쓰이는 유형이다.[3] 제1유형은 거의 쓰이지 않는다.

(11) a. 이전에두 이, 군이사르 보내지 않~앴습두?
b. 여기 머지 앻~게 나가 있습구마.
c. 더 이거 앞으로 못 나가지 앻~엤습두?

(12) a. 원동~에서 조선 우티르 아이 입었소.
b. 우리 이짝은 국경 녁으 아이 보냈습구마.
c. 아이 익은 거느 푸르고. 익으머 재빨간 게.
d. 고레말으 우리 오래 아이 썼습구마.
e. 옳은지 아이 옳은지 모르갰소.

보조용언에 나타나는 부정문은 문장 (13)처럼 '아이'(아래서 살펴볼 '못'도 함께)가 본용언과 보조용언 사이에 놓인다.[4] 그리고 문장 (14)의 '노력하다, 요구되다, 고상~하다'처럼 '명사+하다' 동사의 경우도 그러하다. 문장 (15)처럼 복합용언 '마사지다, 내라보내다, 흔들흔들하다'에서도 그러하다. 이것은 '아이'의 위치가 비교적 자유스러움을 말해 준다(이기갑 외 2000:54).

---

3. 백지원(2004:47~)의 부정문에 대한 기술을 옮기면 다음과 같다: "한국어 부정문과 고려말 방언의 부정문을 살펴보면, 통사론이나 의미론적 관점에서 살펴볼 때 국어와 중앙 아시아 고려인 방언이 거의 비슷하다고 할 수 있다. ...... 부정문 사용에 있어서는 현대 한국어 부정법에 있어서 가장 보편적인 부정의 방법이 '-지 않-'의 부정형인데 고려말 방언에서는 이 형태가 드물고 자주 사용하는 부정은 '아이'형이다."
4. 물론 다음과 같이 '아이'가 본용언+보조용언 앞에 놓이기도 한다.
(예) 쇠느 아이 잡아 먹소.

(13) a. 묶어 아이 놓지.

b. 놔야 아이 있지. (¶놔야 = 놓아서, 방목하여)

c. 내 어 잊어 아이 졌어.

(14) a. 노력 아이 했소. 집에 집에 있소.

b. 아무래 요구 아이 됐갰지.

c. 우리느 고상~ 아이 했습구마.

(15) a. 그때느 이 어, 마사 아이 졌을 직에느 쎄쎄쎄에르 합구.

b. 우리 내라 아이 보냈지.

c. 흔들흔들 아이 합구마.

'못' 부정문도 '아이' 부정문과 같이 두 유형으로 실현된다. 제1유형: '용언어간-지 못하다', 제2유형: '못 용언'.

(16) 제1유형

a. 다른 거느 기억지 못하는데.

b. 부모들사 알았갰지만, 나는 기억지 못합구마.

c. 그랭게 말 잘허지 못해 내 긔래긔래지.

d. 나물은 내 스 잘 기억지 못합구마.

(17) 제2유형

a. 그거 모 알아듣제.

b. 노인들이 우층~으로 모: 올라가다 나이 밑층~에 있었습구마.

c. 게 나느 글도 모 이르고 동생들가 같이 살았습구마.

d. 승냥~이느 고기르 못 먹잲~이요?

다음은 '말다' 부정문이다. '-지'를 앞세워 나타난다.

(18) a. 그게 빠지지 말게.
b. 쪼금쪼금 여게 그 밑에 사르르 밑에 깡치이 일어나지 말게.
c. 한 가정~서 쉰 낄로 이상 가지지 말라구.

다음은 명사 부정문의 예이다. 명사 부정문은 '명사-이 아이다' 구문으로 실현되는데, 이것은 현대 한국어와 같다.

(19) a. 그거 한아버지 한아버지 한어머니 우리 아부지가 같이 산게 애라 맏아들가 같이 살았습구마.
b. 다른 바곤이 아이고 한 바곤에다서
c. 높은 산~이 아이지만 해두.

한편 '-지 아니하-' 구문은 '-잲~이-'로 축약되어 문법화되었다. 문장 (20)은 서술문의 예, (21)은 의문문의 예이다. 이는 현대 한국어의 '-잖-'에 대응한다.

(20) a. 긔래 그 구넹~이 그게 너르잲~입구마.
b. 보통 그렇게 굶잲~엤구마. (¶굶다 = 굵다)
c. 이거 배르 가리잲~이쿠 꺼풀이 이렇게 통개 이래 나와. (¶통개 = 통째로)
d. 원동~서느 이게 다드바채나 그래 이렇게 많잲~이습구마. (¶다드바채 = 양배추)

(21) a. 긔래서 촌에서느 그거 재비 거 가지고 사잲~이습두? (¶재비 = 자기자신)

b. 어저느 늙으이들두 로시아말 하잲~임두?
c. 이거 촌마다 촌마다 그런 기관~이 있잲~이요?
d. 구비 뭔가 하이끄드나 챠입살 갉을르 이룽게 굽잲~이요?

4. 어순

어순이 현대 한국어와 다를 바 없다. 실제 담화에서는 주어, 목적어, 부사어 등이 문장 맨 뒤나 또는 다른 위치로 이동하는 예가 많다. 이러한 경우는 현대 한국어에서도 흔한 현상이다. 문장 맨 앞이나 맨 뒤로 어떤 성분을 이동함으로써 강조나 초점을 실현한다. 몇 예를 들면 다음과 같다. (22a)의 경우, "조선 사람들이 떡으 드물게 드물게 먹소."라는 문장 구조에서 주어와 목적어가 모두 서술어 뒤로 이동하였다. 고려말을 포함하여 한국어는 담화 상에서 문장성분의 생략이 자유롭다. 그러나 생략한 문장성분이 담화상 필요하다고 생각될 때 다시 실현시킨다. (22a)에서 "드물게 드물게 먹소."라고 했지만, 담화상 목적어를 분명하게 할 필요가 있어 목적어를 살려 "떡으"라 하고서, 다시 주어를 분명하게 할 필요가 있어 주어를 되살려 "조선 사람들이"를 실현시킨 것으로 볼 수 있다. 그 결과 어순이 바뀐 것이다.

(22) 주어가 문장 맨 뒤로 이동
a. 드물게 드물게 먹소, 떡으, 조선 사람들이.
b. 고상~ 했습구마, 고레 사람들이.
c. 옳는지 모르겠어, 내 말이.
d. 다 한 시에 이주르 왔지, 한 촌~이.
e. 설에느 뭐 이팝 했갰지만, 보통 이, 돌피밥 먹었습구마, 우리.

(23) 목적어가 문장 맨 뒤로 이동

a. 게다 나이 잘 합구마, 말으.

b. 그런데 저짝 집에서느 모르갰습구마, 어떻게 왔는지 어디로 앉았는지.

c. 그래 부뜰어 가는 거 봤어, 일본 사람들으.

d. 시장~으 모르갰스, 뭐시기라 한두.

e. 그레 종종 못 먹습구마, 이팝.

(24) 부사어가 문장 맨 뒤로 이동

a. 긔래, 우리르 시간 아이 죴습구마, 준빌 하게.

b. 고레말 아이 하지, 핵고서이.

c. 창출한 사람들이 한 이십명 되었구마, 거반.

d. 맏메느리 없소, 내게.

문장성분을 맨 앞으로 이동시키는 것은 그 성분을 강조하거나 의미의 초점을 두는 경우이다. 다음 (25)의 경우가 그러하다.

(25) 목적어가 문장 맨 앞으로 이동

a. 조선글 내 이릅구마.

b. 그런 거 똘꼬 다른 거 내 모르갰스.

c. 먹으 먹는 거느 내 압구마.

5. 정리 및 대조

선어말어미에 의한 문법 현상, 인용문 구성, 부정문 구성, 어순 등에 대한 이상의 논의를 정리하면서, 현대 한국어와 대조하면 다음과 같다.

1. 주체높임, 시제를 나타내는 선어말어미는 현대 한국어와 같다. 다만 현대 한국어 '-겠-'이 '-갰-'으로 나타난다.
2. 인용문 구성 방식도 같다. 인용 표지는 '-고/구'로 나타나기도 하고, '-ㄱ'으로 줄어들어 나타나기도 하고, 완전히 생략되기도 한다.
3. 부정문 구성 방식도 제1유형: '용언어간-지 아이하다/못하다', 제2유형: '아이/못 용언'과 같이 현대 한국어와 다를 바 없으나, 다만 제1유형과 제2유형의 빈도와 관련하여 제2유형이 훨씬 더 빈도가 높다.
4. 생략한 문장성분을 되살릴 필요가 있거나 강조나 초점을 나타내기 위해 해당 문장성분을 문장 맨 앞이나 맨 뒤로 이동시키는 현상은 현대 한국어와 마찬가지이다.

Ⅶ. 맺음말

지금까지 중앙아시아의 "고려말"을 직접 현지 조사한 자료를 바탕으로 이 언어의 문법을 체계적으로 기술하여 그 특성을 밝히는 동시에, 이를 현대 한국어와 대조하여 서로 같은 점과 다른 점을 밝혀 제시하였다.

문법 기술에 앞서 먼저 고려말을 현지 조사하여 자료를 구축하였는데, 자료제공인은 키르기스스탄 비슈케크시의 노안나(Nogaj Anna Afanacievna, 1925년생, 여) 씨였다. 여섯 시간 분량의 자연 발화를 전사하여 자료로 삼았다. 이를 통해 분석한 고려말의 문법 특성과 이를 현대 한국어 자료와 대조한 결과를 정리하면 다음과 같다.

[1] 조사

1. 주격조사는 '-이'가 대표적이다. 선행하는 체언이 자음으로 끝나든 모음으로 끝나든 모두 '-이'이다. 목적격조사는 '-으'와 '-르'가 대표적이지만, '-을'과 '-를'도 함께 나타난다. 관형격조사는 거의 나타나지 않는다. 관형격조사가 쓰일 만한

자리는 대부분 체언 연결체로 나타난다. 위치의 의미를 나타내는 부사격조사에는 '-에, -에서'가 대표적인데, 자유변이형이라 할 '-이, -이서'도 쓰인다. 견줌의 의미를 나타내는 부사격조사에는 '-가'가 쓰인다. 이는 현대 한국어 '-과/와'에 대응하는 것이다. 그리고 '-보다'의 뜻을 지닌 '-마'가 나타난다. 방편의 의미를 나타내는 부사격조사는 현대 한국어의 '-으로'에 대응하는 것인데, '-으르'를 비롯하여 '-을르, -을로, -을루, -을라'처럼 형태가 다양하다. 보조사에는 '-으/느, -도, -만'을 비롯하여 '-밖에, -부터, -까지/꺼지/까시, -처르/처리, -야/아/사' 등이 나타나고, 접속조사에는 '-이나/나, -고/이고/이구/하구, -든지, -랑' 등이 나타난다. 현대 한국어의 대표적인 문장종결조사 '-요'에 대응하는 것으로 고려말에서 '-예'가 쓰인다.

2. 조사의 생략 현상을 현대 한국어 구어와 대조하며 그 특징을 제시하면 다음과 같다. 전체적으로 볼 때, 고려말 자료에서는 조사의 생략이 26.47%에 이르고, 현대 한국어 구어 자료에서는 21.32%에 이르러, 두 자료가 비슷한 비율을 보인다. 그러나 고려말에서 조사 생략의 비율이 조금 더 높은 편이다. 이러한 차이가 의미 있는 차이로는 보이지 않는다.
3. 고려말 자료에서도 현대 한국어 구어 자료와 마찬가지로 격조사의 경우 생략 비율이 높아 각각 32.88%, 27.99%이다. 고려말, 현대 한국어 구어 모두 목적격조사의 생략이 50.93%와 45.49%로 다른 격조사의 생략보다 높은 편이다. 주격조사는 각각 48.17%와 20.18%이고, 부사격조사는 각각 7.61%와 22.92%이다. 고려말의 견줌의 '-가'와 현대 한국어 구어의 '-과/와'를 대조해 보면, 각각 18.42%와 95.77%로 다른 부사격조사보다 더 잘 생략이 된다는 점에서는 같지만, 그 비율에서는 큰 차이를 보이는 특징이 있다. 두 자료 모두 보조사의 생략이 어려워, 각

각 2.25%와 6.13%이다. 그리고 접속조사는 두 자료 모두 생략 현상이 일어나지 않는다.

4. 체언과 조사의 축약 현상을 현대 한국어 구어와 대조하며 그 특징을 제시하면 다음과 같다. 주격조사 '-이'가 '것'과 결합할 때 축약이 일어나, '그것이'가 '그게'로 나타난다. 고려말의 주격조사 '-이'의 경우, 실현이 588예, 비실현이 552예인데, 축약 현상이 159예로 실현되는 경우의 27.04%를 차지하고 있어, '것'과 '-이'의 축약은 흔하게 나타나는 현상이라 하겠다. 현대 한국어 구어 자료에서는 35.58%로, 고려말보다는 축약 현상이 더 잦은 편이다. 목적격조사 '-을'은 대명사나 '것'과 결합할 때 축약 현상이 일어난다. 고려말의 목적격조사 '-을'의 경우, 실현은 529예, 비실현이 549예인데, 축약 현상은 7예로 1.32%이다. 그리 흔한 현상은 아닌 셈이다. 현대 한국어 구어 자료에서는 13.13%로, 고려말보다는 축약 현상이 더 잦은 편이다.

[2] 서술문

1. 전체 자료 2,837 문장에서 서술문은 모두 2,386예가 나타났다. 이 가운데 순수한 서술어미에 의한 실현이 가장 높아 44.05%이고, 다음이 범용어미에 의한 실현이 39.23%로 약간 낮은 편이다. 그러나 접속어미에 의한 실현, 문장조각에 의한 실현이 각각 9.72%, 7.00%로 나타났다. 이를 현대 한국어 구어 자료와 대조해 보면 다음과 같다.
2. 고려말의 서술문은 청자높임의 등급에 따라 '-구마', '-오/소', '-다'와 같은 서술어미로 실현된다. 서술어미에 의한 서술문 실현은 고려말에서 44.05%, 현대 한국어 구어에서 13.66%로 상당한 차이를 보인다. 그러나 조사한 고려말 자료가 성인 간의

높임 표현을 주고받는 대화이기 때문에 서술어미 각각에 대한 일반적인 사용 빈도를 판단하기는 어려워, 현대 한국어 구어 자료와는 대조할 수 없다. 다만 현대 한국어 구어 자료에 나타나면서 조사한 이 고려말 자료에는 나타나지 않은 서술어미에는 '-네, -으이, (-습니다), -습디다, -구나, -구만, -으마, -을게, -음세' 등이 있다.

3. 범용어미에 의한 서술문 실현의 경우, 현대 한국어 구어 자료와 대조할 때, 첫째 현대 한국어는 서술문 전체의 2/3에 해당하는 66.64%에 이르러 비중이 높은 편인데 비해, 고려말 자료에서는 39.23%에 머무른다. 둘째, 현대 한국어에서는 '-어'가 비중이 높은 범용어미였으나, 고려말에서는 '-지'가 비중이 높은 범용어미였다.
4. 접속어미로 실현되는 서술문의 경우, 현대 한국어와 비슷한 비중으로 실현되었으나, '-고/구, -거든, -는데'로 국한되었다.
5. 문장조각에 의한 서술문 실현의 경우는 조사한 고려말과 현대 한국어가 각각 7.00%와 13.27%로 큰 차이를 보였다. 그리고 고려말에는 용언 어간만으로 실현되는 예가 흔히 보여 특징적이었다.

[3] 의문문

1. 전체 자료 2,837 문장에서 의문문은 모두 429예가 나타났다. 그 가운데 순수 의문어미에 의한 실현이 79.25%로 압도적이고, 범용어미에 의한 실현, 접속어미에 의한 실현, 문장조각에 의한 실현이 각각 11.89%, 1.63%, 7.23%로 나타났다. 이를 현대 한국어 구어 자료와 대조해 보면 다음과 같다.
2. 고려말의 의문문은 청자높임의 등급에 따라 '-슴두', '-오/소',

'-은가'와 같은 의문어미로 실현된다. 조사한 고려말 자료가 성인 간의 높임 표현을 주고받는 대화이기 때문에 사용 빈도를 판단하기는 어려워, 현대 한국어 구어 자료와는 대조할 수 없다. 다만 현대 한국어 구어 자료에 나타나면서 조사한 이 고려말 자료에는 나타나지 않은 의문어미에는 '-으냐, -니, -습니까, -습디까, -으랴, -을소냐/을손가, -남/은감, -게' 등이 있다.

3. 범용어미에 의한 의문문 실현의 경우, 현대 한국어 구어 자료와 대조할 때, 첫째 현대 한국어는 의문문의 1/2이 범용어미로 나타나 비중이 높은 편인데 비해, 고려말 자료에서는 나타나는 비중이 낮은 편이었으며, 둘째, 현대 한국어에서는 '-어'가 비중이 높은 범용어미였으나, 고려말에서는 '-지'가 비중이 높은 범용어미였다. 이는 서술문에서와 같다.
4. 접속어미로 실현되는 의문문의 경우, 현대 한국어처럼 그 비중이 낮았으며, '-고/구'로 국한되었다.
5. 문장조각에 의한 서술문 실현의 경우는 조사한 고려말은 비중이 낮은 반면, 현대 한국어 구어에서는 비중이 높은 편이었다.

[4] 명령문과 청유문

1. 조사한 고려말 자료는 조사자와 자료제공인 사이에 서로 묻고 대답하는 대화 자료라는 특성상 명령문과 청유문의 사용 빈도는 매우 낮았다. 전체 자료 2,837 문장에서 명령문은 21예가 나타났으며, 청유문은 1예가 나타났다. 명령문과 청유문은 모두 명령어미와 청유어미에 의해 실현되었다.
2. 현대 한국어 구어의 경우, 명령문은 명령어미에 의해 19.85%, 범용어미에 의해 80.15%로 실현되었으며, 청유문은 청유어미에

의해 61.54%, 범용어미에 의해 38.46%로 실현되었다. 이는 조사한 고려말 자료와 대조하기 어렵다. 다만 현대 한국어 구어 자료에 나타나면서 조사한 이 고려말 자료에는 나타나지 않은 명령어미는 '-게'가 있으며, 청유어미는 '-자, -세, -읍시다' 등이 있다.

[5] 접속문

1. 접속문 구성에 관여하는 접속어미를 의미 관계에 따라 나누어 살펴보았는데 이를 정리하면서 현대 한국어와 대조하기로 한다. 먼저 고려말 자료에 나타난 접속어미가 실현된 빈도를 통해 보면, 첫째, 나열 관계의 '-어'(539예) '-고/구'(386예), 인과/상황 관계의 '-으이까'(247예)가 가장 빈도가 높다. 그 다음으로는 조건 관계의 '-으므'가 117예로 이어진다. 둘째, 보조용언 구문에서는 '-어' 보조용언 구문이 가장 많이 쓰였으며, '-다가 나다' (-다가 나이) 구문도 비교적 많이 쓰이는 편이다.
2. 현대 한국어와 조사한 고려말 자료의 접속어미의 빈도를 대조해 보면 다음과 같다. 고려말: '-어'(33.03%), '-고/구'(23.65%), '-으이까'(15.13%), '-으므'(7.17%). 현대 한국어: '-어/아'(26.58%), '-고/구'(19.56%), '-게'(7.31%), '-지'(5.44%), '-어서'(4.57%), '-면'(2.88%).

[6] 내포문

1. 명사절에 나타나는 명사형어미는 현대 한국어에서는 '-음'과 '-기'가 나타나나, 고려말에서는 '-기'만 나타난다. 그러나 주어, 목적어, 부사어 형성에 참여하는 기능은 같다.

2. 관형절에 나타나는 관형사형어미는 모두 같으나, 고려말에서는 '-은, -을'에서 'ㄴ, ㄹ'이 없어진 '-으' 형태의 예가 많다. 관형절을 안는 의존명사 중에서 고려말에서만 널리 쓰이는 것으로는 '제/지, 녜/예' 등이 있다.
3. 부사절 구성에는 '-이, -게' 등이 쓰이는데, '-이'는 '없이'로 나타난다.

[7] 선어말어미에 의한 문법 현상, 인용문 구성, 부정문 구성, 어순

1. 주체높임, 시제를 나타내는 선어말어미는 현대 한국어와 같다. 다만 현대 한국어 '-겠-'이 '-갰-'으로 나타난다.
2. 인용문 구성 방식도 같다. 인용 표지는 '-고/구'로 나타나기도 하고, '-ㄱ'으로 줄어들어 나타나기도 하고, 완전히 생략되기도 한다.
3. 부정문 구성 방식도 제1유형: '용언어간-지 아이하다/못하다', 제2유형: '아이/못 용언'과 같이 현대 한국어와 다를 바 없으나, 다만 제1유형과 제2유형의 빈도와 관련하여 제2유형이 훨씬 더 빈도가 높다.
4. 생략한 문장성분을 되살릴 필요가 있거나 강조나 초점을 나타내기 위해 해당 문장성분을 문장 맨 앞이나 맨 뒤로 이동시키는 현상은 현대 한국어와 마찬가지이다.

현재 중앙아시아 지역에 살고 있는 대략 40만 명의 고려사람 가운데 고려말을 제대로 구사하는 사람은 1%가 채 안 된다. 다시 말하면 러시아어 사용의 확산으로 고려말 화자가 점차 줄어들어, 고려말은 멀지 않아 절멸될 위기에 놓여 있다고 하겠다. 이주 당시 10세 나이, 그래도 당시 고려말을 자기의 언어로 익혔다고 할 수 있는 나이의

사람들이 70년이 지난 지금 모두 80세에 이르렀다. 이 분들이 얼마나 오래 생존해 있을지는 알 수 없다. 그러니 19세기말의 함경도 방언을 비교적 고스란히 간직하고 있는 언어 유산, 고려말이 우리의 눈앞에서 사라질 위기에 놓여 있다는 것은 언어학적으로나 민족문화적으로 매우 안타까운 일이 아닐 수 없다.

이렇듯 사라질 위기에 놓인 한국 문화의 유산인 고려말을 보전하는 것은 매우 중요하고 시급한 과제라고 생각한다. 따라서 더 이상 사라지기 전에 훌륭한 언어보유자를 찾아 정확하게, 그리고 빠짐없이 고려말 자료를 수집하여 기술해 둘 필요성이 절박하다고 하겠다.

이 책은 바로 이러한 생각을 바탕으로 하여 고려말의 문법을 조사·수집하여 기술하였다. 끝으로 사라질 위기에 놓인 고려말 보전을 위한 각계의 관심과 지원을 다시 한 번 강조한다.

참고문헌

고송무 1987, “Koreans in Soviet Central Asia,” *Studia Orientalia* 61, Helsinki.

곽충구 1987, 「『노·한 회화』와 함북 경흥 방언」, 『진단학보』 62, 진단학회.

_____ 1992, 「함경도 방언 연구의 전개 과정과 그 전망」, 『남북의 방언 연구: 그 현황과 과제』, 경운출판사.

_____ 1994, 『함북 육진방언의 음운론: 20세기 러시아의 Kazan에서 간행된 문헌자료에 의한』, 국어학총서 20, 국어학회.

_____ 1994, 「카자흐스탄의 고려인과 고려말을 찾아서」, 『전망』 1994-9, 대륙연구소.

_____ 1999, 「세기 전환기의 재외 동포 언어 연구 동향과 기대」, 제33회 전국 어문학 연구 발표 대회 발표 요지문.

_____ 2009, 『중앙아시아 이주 한민족의 언어와 생활: 우즈베키스탄 타슈켄트』, 국립국어원 해외 지역어 구술자료 총서 3-1, 태학사.

_____ 2009, 『2009년도 국외 집단 이주 한민족의 지역어 조사: 키르기스스탄 비슈케크』, 국립국어원.

곽충구·김수현 2008, 『중앙아시아 이주 한민족의 언어와 생활: 카자흐스탄 알마티』, 국립국어원 해외 지역어 구술자료 총서 2-1, 태학사.

권재일 1989, 「조사의 성격과 그 생략 현상에 대한 한 기술 방법」, 『어학연구』 25-1, 서울대학교 어학연구소.

_____ 1992, 『한국어 통사론』, 민음사.

권재일 1998, 『한국어 문법사』, 도서출판 박이정.

______ 2004, 『구어 한국어의 의향법 실현방법』, 서울대학교 한국학 모노그래프 18, 서울대학교출판부.

______ 2006, 『남북 언어의 문법 표준화』, 서울대학교 한국학 연구총서 20, 서울대학교출판부.

______ 2007, 「현대 국어와 중앙아시아 고려말의 격조사 대조 분석」, 『우리말글』 41, 우리말글학회.

______ 2008, 「중앙아시아 고려말의 의향법 연구」, 『제4회 세계 한국학 대회 발표 논문집 1』, 한국학중앙연구원.

김건희·권재일 2004, 「구어 조사의 특성: 문법 표준화를 위한 계량적 연구」, 『한말연구』 15, 한말연구학회.

남기심 2001, 『현대국어 통사론』, 태학사.

남기심·고영근 1985/1995, 『표준 국어 문법론』, 탑출판사.

김마리나 2007, 「카자흐스탄 고려말에 대한 연구」, 연세대학교 대학원 석사학위논문.

김올가 2001, 「카자흐스탄 한인들의 민족정체성과 언어문제 연구: 1990년대 중심으로」, 서울대학교 대학원 석사학위논문.

김주원 1984, 「통사적 변화의 한 양상: 경상도 방언의 "겉다"구문의 경우」, 『언어학』 7, 한국언어학회.

김필영 2004, 『소비에트 중앙아시아 고려인 문학사』, 강남대학교 출판부.

______ 2008, 「중앙아시아 고려인 소설에 나타난 구어체 표현」, 『겨레말큰사전 편찬과 고려말』, 겨레말큰사전 남북공동편찬사업회.

김흥규·강범모 2000, 『한국어 형태소 및 어휘 사용 빈도의 분석』, 고려대학교 민족문화연구원.

니라리사 2002, 「카자흐스탄 고려말의 문법과 어휘에 대한 연구」, 서울대학교 대학원 석사학위논문.

러쓰 킹·연재훈 1992, 「중앙 아시아 한인들의 언어: 고려말」, 『한글』 217, 한글학회.

박넬리 1991, "On Korean dialects in the USSR," 『이중언어학』 8, 한국이중언어학회.

______ 1997, "Besonderheiten der Kasusformen des Yukchin dialektes des Koreanischen in Kazachstan," 『국어학논집』 3, 태학사.

______ 2005, *КОРЕЙСКИЙ ЯЗЫК В КАЗАХСТНЕ: ПРОБЛЕМЫ И ПЕРСПЕ*

КТИВЫ6, АЛМАТЫ.
박넬리 2008, 「고려말의 규범(MOOD를 중심으로)」, 『겨레말큰사전 편찬과 고려말』, 겨레말큰사전 남북공동편찬사업회.
백지원 2004, 「중앙아시아 고려말의 부정문 연구」, 서울대학교 대학원 석사학위논문.
이기갑·김주원·최동주·연규동·이헌종 2000, 「중앙 아시아 한인들의 한국어 연구」, 『한글』 247, 한글학회.
조윤희 2001, 「우즈베키스탄 한인의 언어상황과 한국어의 지위」, 『재외한인연구』 10.
차바실리 2001, 「카자흐스탄에서의 고려말 교육에 관한 연구」, 서울대학교 대학원 석사학위논문.
최명옥·곽충구·배주채·전학석 2002, 『함북 북부지역어 연구』, 태학사.
최현배 1937/1971, 『우리 말본』, 정음사.
허승철 1996, 「구 소련 지역 한인의 언어 동화와 이중언어 사용에 대한 사회언어학적 연구」, 『재외한인연구』 6.
허 웅 1995, 『20세기 우리말의 형태론』, 샘문화사.
______ 1999, 『20세기 우리말의 통어론』, 샘문화사.
King, J.R.P. 1987, "An Introduction to Soviet Korean," 『어학연구』 23-2, 서울대학교 어학연구소.
______ 1991, "Russian Sources on Korean Dialects," Ph.D. dissertations, Harvard University.
______ 2006, "Korean dialects in the former USSR," 『방언학』 3, 한국방언학회.
Vovin, A. 1989, "Some data on the Soviet Korean Languages," 『어학연구』 25-2, 서울대학교 어학연구소.

[부록]

고려말 자료 전사

조사 기간 2006년 12월 22일~2007년 1월 10일

조사 장소 키르기스스탄공화국 비슈케크시

조사자 김주원(서울대학교), 고동호(전북대학교), 권재일(서울대학교)

자료제공인

이름: 노가이 안나(Nogaj Anna Afanacievna)

성별: 여성

출생: 1925년(조사 당시 82세)

주소: Kyrgyzskaja Respubliky, g. Bishkek, per. Timirjazeva, dom 11

조사 내용

원동에서의 생활, 이주 과정, 카자흐스탄→러시아→키르기스스탄에서의 여러 생활을 중심으로 한 구술 자료, 친족 명칭, 신체 명칭, 의식주 명칭을 비롯한 어휘 자료, 그리고 음운 자료, 문법 자료 등인데, 이 연구를 위해 사용한 자료는 구술 자료 가운데 여섯 기간 분량의 전사 자료이다.

전사 방법

조사한 구술 자료는 모두 형태 표기로 전사하였다. 웨이브 파일로 처리한 녹음 자료를 사운드 포지 프로그램을 통해 듣고 전사하였다. 전사는 한 소리도 빠짐없이 하여 문맥 의미, 상황 의미까지 분석이 가능하도록 시도하였다.*

표시 : - 조사자, - 2 제2조사자

= 자료제공인

조사 자료 (1)

- 안녕하세요?

= 안녕하세요?

- 예. 어, 성함이 어떻게 되세요? 이름이?

= 이름이? <- 으흠> 안나. <- 으흠> 성씨는 노. <- 예, 노 안나.> 예, 그래서 여기서느 노가이[1].

- 음, 노가이 예.

= 노가이 안나. <- 예>

- 연세는 어떻게 되세요?

= 옌세? <- 으흠> 아, 일천구백이십오연생~[2]. <- 아> (조사원들끼리 녹음방법에 대해 논의) 긔래[3] 인제느 야든 한 살.

---

* 이 전사 자료는 "주석"을 따로 붙인 "현대 한국어 번역"과 함께 별도의 고려말 자료 총서의 한 권으로 출판할 계획에 있다. 전사를 위해 녹음 자료를 함께 듣고 검토하고 토론한 이기갑 교수, 김주원 교수, 고동호 교수께 감사드린다. 그리고 러시아어 전사를 도와 준 서울대학교 대학원의 세리크바예바 자리빠 석사와 자일로바예바 아셀 석사께 감사한다. 앞으로 계속해서 듣고 보완해야 하겠지만, 지금 발견되는 청취 및 전사 오류는 저자의 몫이다.

1. 원래 노 씨 성을 가졌던 사람들의 성은 러시아에서 '노, 노가, 노가이' 등으로 불리게 되었다.
2. 생(生)의 발음은 음절끝 자음이 없어지고 모음이 비모음(콧소리)이 되었다. 앞으로 이러한 경우 ~로 표시한다.
3. 고려말의 '긔래' 표기에 쓰는 'ㅢ'는 'ㅡ'보다는 후설쪽에서 'ㅣ'보다는 전설쪽에서

\- 네, 여든 한 살. (조사원들끼리 녹음방법에 대해 논의. 다시 자료제공인에게) 여기 끼르기즈는 오래 사셨어요?

= 예. <-어, 요쪽을 보시고 말씀하세요, 여기 예.> 일천구백삼십칠연도에 원동~서 이주해. 그래 들어와서 어드로 우리 이주했는가 하이 까작스탄, <-으흠> 그래 까작스탄 들어와서 그기서 ○○○○○○[4] 그래서 큰아들이 이 끼르기시 와서[5] <-음> 거, 끼르기스키 우니베르시쩨쯔(Кыргызский университет)[6] 글읽었어[7]. <-으흠> 긔래 그 아들이 글이르구 다 공부 필하고스레 여기서 일하게 됐지. <-으흠> 긔래 여길 이주해 왔어.

\- 으흠, 예. (조사원들끼리 녹음방법에 대해 논의. 다시 자료제공인에게) 그러며는 그, 까작스탄에는 어디로 실게 왔습니까?

= 까작스탄으로 주민야르크(Тюмень-Ярик)[8]란 데르.

\- 어디?

= 주미, 주민야르크라[9] 스탄찌야(станция)[10] 있습구마. <-음> 그래 거기르 우리 실어 왔지.

\- 음, 주미야리크?

= 예, 주민야르크.

\- 주민아리크. <= 예, 예> 으흠으흠 예.

= 그래 거기 사다서 아, 그래 그 담에느 자식이 자라구 자라구 해 그 담에 저레[11] 이 끼르기즈스탄 온 것이 아이라 <-음> 아라시

나는 모음이다. 따라서 이 책에서는 'ㅓ'를 고려말에 독특하게 나타나는 단모음을 표기하는 데 쓰고자 한다.

4. ○표시는 녹음 상태 등으로 자료제공인의 말을 알아들을 수 없는 경우를 표시한 것으로, 대체로 그 음절 수만큼 표시하였다.
5. 와서: 실제 자료제공인의 발음은 [va-]이다.
6. 키르기스 대학교
7. 글읽다: 공부하다. '읽다'는 '이르다' 형태로도 나타난다.
8. 지명
9. 주민아르크라: 주민아르크라는
10. 역

아(Россия)[12]르 갔습구마[13]. <- 으흠> 오십사연도, <- 음> 오십사연도 라스똡스키 오블라씨(Ростовская Область)[14] 라시아 가 살았지. <- 음> 그래 거기 가서 우리 아들애 저 큰아들 십년제르 졸업하고 <- 음> 여 끼르기스자르[15] 글이르러 나왔어. <- 으흠> 그래다 나이 아, 큰 아들이 여기서 필하구 <- 음> 그 담에 딸이 또 나왔스. <- 으흠> 그래 딸이 또 글으 다 필하구 그 담에 셋째 아들두 여기 와 필했스. 그래 아이들이 다 나오이 우리두 이주해서 이 끼르기즈스탄 왔지. <- 으흠, 네에> 그래 이때꺼지 사오.

- 아하, 예예에. (조사원들끼리 녹음방법 논의. 다시 자료제공인에게) 그런데 여기 그, 원동에서 실려 오기 실게 오기 전에 <= 예> 어디에 사셨어요?

= 예, 우리 어디서 사는가 하이끄드나 하산스키 아라욘느(Хасанский район)[16]라구예[17]. <- 으흠> 그게 음 바로 국경 밑이오.[18] <- 으흠> 저짝 두만강~이 있었습구. 우리, 우리:[19] 쎄쎄쎄에르(СССР)[20]가 내지[21]. 그렌데 그, 두만강 건네느 어 조선~이 놓여, <- 으흠> 예. 그래서 거기서 삼십칠연도 구월 열에셋날 우리르 이주시켔스. <- 으흠흠> 그래 들왔스.

- 으음. 구월 열엿셋날에. <= 예> 예. (조사원들끼리, 가족 관계 좀

---

11. 저래: 바로
12. 러시아로
13. '갔습구마'는 '갔-습구마'로 분석되는데, '-습구마'는 서술형 종결어미이다. 모음으로 끝난 뒤에는 '갑구마'처럼 '-ㅂ구마'가 쓰인다. 실제 발음은 /갇스꾸마/와 /가꾸마/이다.
14. 지명
15. 끼르기스자르: 키르기스스탄으르
16. 지명
17. 이 경우 '-예'는 현대 한국어 '-요'에 해당하나, 강조나 주의집중을 뜻한다.
18. 실제 /미티오/로 발음된다. 현대 한국어의 경우 /미치오/이다.
19. : 표시는 두드러지게 길게 발음나는 경우이다.
20. 소련
21. 조선을 '내지'라고 하였다.

물어 보시지요. 다시 자료제공인에게) 거기 그러먼 거, 실게[22] 오기 전에는 하산에서 가족이 누가누가 살았어요?

= 예. 하산스키 아라욘 우리느 어디 살안가 하이[23] 시촌[24]에서 촌에, <- 으흠> 촌에 산:데, 우리 가젱~이 거기서 살 적에느 아버지 어머니 내하구 그 담에 내 아랠로 오래비. <-음> 오래비 둘 있었습금. <-음> 그래서 이주했스.

- 으흠 거, 이주한 식구들이 인제 아버지, 어머니.

= 예. 내하구 두 오래비.

- 어. 오래비하고. (조사원들끼리) 근제 이 분들은 이 남동생도 오래비라고 하죠. 예. 어.

= 예 예. 남동 오래.

- 어, 오래비라고. 그, 하산에 오기 전에는 조선 땅에는 어디에 사신지 아세요?

= 조선 땅~이 이전에 우리 살 적에느예 모지기 심했습그. <-으흠> 그래서 우리 한아버지 한어머니 계시지마느 말씀 우리가 못했지. 그래다 나이끄다나 그 담에 내 아니까예 우리 한어버지 노학수 학순지 그렌데 어드메 살았는가 하이끄드나, 음 그게 어드 항구, 한국이라 뽈도브이 고르드, 오히, 사블라(Портовый город забыла)[25].

- 빠 빠또브이 고라드.

= 아하, 항구, 뽈도브이지? 그, 내 얼른 들이끄드나 부모들이 이 아부지 어, 배르 가지구 일했는 모양~이드. <-으흠> 그래 사람두 많구. <- 으흠> 그래 한아버지 어떻게 돼 여기루 오셌든지 <-음> 그래 여기 들와[26] 한아버지 한어머니 산데, 한아, 어머니, 어머니

---

22. 실게: 실려
23. 살안가 하이: 살았는가 하니
24. 시촌: 시골
25. 항구 도시, 잊어 버렸어요.
26. 들와: 들어와

느 성씨 한어머니느 성씨 낌으고 <-음> 에따(это)[27] 한아바지느 노학수○○. <-음>

- 그래서 어, 인제 우리는 서울에서 왔습니다. <= 예> 예, 서울에서 왔는데 인제 고려말 하시는 할아버지 할머니 만나서 인제 이야기 들을려고. 살아오신 이야기. <= 예 예> 어.

= 예. 감사합니다.

- 예 예, 그런 이야기 들어서 책으로도 쓰고 어 그래서 얼마나 고생하셨는지 <= 어허> 또 얼마나 또 이렇게 여기 러시아 땅에 와서 와서 여기 얼마나 잘 사는지 그런 거 인제 이야기할려고 <= 예> 하는데 인제 인제 그, 노인네들 옌 옌치 많은 분들을 이렇게 해야 그게 더 그때 얘기가 생생하니까, 그래서 그, 연, 옌치 많은 분으로 쫌 모셔 달라고 <= 예> 했거든요.

= 감사합니다. 감사.

- 잘 오셨습니다. 예, 어, 그래서 인제 편안하게 쫌 뒤로 기대시고, 뒤로, 편안하게 좀 기대시고, 예. 건강은 어떠세요?

= 건강이 어저느[28] 옌세도 높으지 이제 무스 건강이 있어, 허허허.

- 예예. 그래도 뭐 쪼금 저게 몸은 제게 수전증은 있어도 몸은 괜 건강은 괜찮으신 것 같은데.

= 아, 건강이? 내 지금 어디로 다니는 지 아 아세요?

- 모르죠.

= 예, 서울서예 <-아:> 크라바치(Кровать)[29] 아 누가 벡스트라구. 여기 와서 시장~ 무흘르[30] 치료하구.

- 클아버지?[31]

---

27. 음. '그것'이라는 뜻.
28. 어저느: '이제'라는 뜻인데, 본래 뜻으로도 쓰이지만, 말을 이어가는 담화표지로도 자주 쓰인다.
29. 침대
30. 무흘르: 무료로

= 넷. 까끄 에또(Нет. Как это)[32]. (혼잣말로) 빼레보치까 네뚜 다(переводчика нету да)[33]. <- 으으흠> (다시 대화하면서) 크로바찌 누가 벡스트라구예, <- 어> 그게, 흐, 누긴가 하이끄드나 이전에 이전에 이십 년 전에 그, 서울서 한 가정이 있는데 <- 음> 한 가정이 있는데 <- 음> 그 집이 칠 형제라 <- 음> 자식이. <- 으흠> 그런데 아부지 일찍 돌아가셨지. 그래 어머니 혼자 그 자식을 어, 추기 위해서[34] 밤낮 일했드고 노력했드고. 그래 노력하다서이 스삐나 이거 <- 어> 볼라말라시(Спина его поломалась)[35]. 그래 어저느 그, 큰 아들이 공부르 다하고 어떻게 했음으 어머니르 치료할까 해, 이거 궁리해 냈다구. <- 으흠> 그래서 그 꼬이까(Койка)[36] 시장~ 이제 여기르 들어왔어예.

- 음, 꼬이까?

= 꼬이까, 음, 꼬이까라 하다 크로바찌. 누가랍드 누가 베스트. <- 으흠> 다끄 나스바에차(Как называть?)[37]. <- 으흠> 그런데 그게 보떼따 실레에스니 땀(вот эта Железный там)[38] 그래 내 시장~ 거기르 댕기그. <- 아> 거기느 무흘로시아 치료르 하구. <- 음>

- 거기는 병원임두?

= 병원이 아이지 뭐. 까꼬이따 피루마(Какую - то фирма)[39] 나베르노(наверно)[40] 이거 집으 이래 나니마해(нанимали)[41] 가지고스리.

---

31. '크라바치'(침대)라고 한 자료제공인의 말을 조사자가 '큰아버지'로 잘못 알아듣고 되물었다.
32. 아니. 뭐더라?
33. 통역이 없나?
34. 추기 위해서: 키우기 위해서
35. 등이 부러졌어요.
36. 의료용 침대
37. 무엇이라 해야 되나?
38. 음, 쇠, 음. Железный: 쇠
39. 어떤 회사에
40. 아마도

<-음> 할루르 열한 시안쓱 한번에 사램이 음 열네명씩 그 꼬이까 열너이 <-으흠> 긔래 치료르 받지. <-음> 그러고 무흴로 와서 합구마. 흠.

- 그러면 인제 여기 허리.

= 예. <-그거 인제> 허리도. 예. <-만져 주고> 까끄(Как)[42] 구드처리[43] 그게 그 밑에다 전기르 그래야지.

- 아, 구들로.

= 어, 그래노이 그

- 뜨뜻하고.

= 이레 눕어 있으며, 예, 몹씨 좋지만 해두 <-하하> 사람이 너무 많애서. <-아하하하> 음.

- 그, 비시케크에 있습두?

= 여기 시장~ 있습구마. <-아하> 여기서 네달레꼬(недалеко)[44] <-아하> 음 브 쩬뜨레(в центре)[45] <-으흠> 우니베르시제뜨(университет)[46] 어, 까끄 에또(как это)[47], 아라바예바(Арабаева)[48]르 아시는지? <-아라바> 그, 우니베르시제뜨 발르 길 걸레[49].

- 음, 이름이 꼬이까?

= 누라 벡스트.

- 누라 렉스트, 아, 그게 인제, 음. 그기 인제 그게 서울에서 온 사람이 하는 거예요?

---

41. 의뢰하다
42. 마치
43. 구드처리: 구들처럼
44. 멀지 않은 곳에
45. 시내에
46. 대학교
47. 뭐더라?
48. 아라바예바: 사람이름
49. 발르 길 걸레: 바로 길 건너

= 서울에 온 사람으 없습구마. 와서 싹 이거 이래 맨들어 놓구서리. <-음> 여기 사람이래.

- 으흠, 여기 사람이라고?

= 예. 여기 사람들으.

- 아, 아까 서울에서 와서 뭘 했다는 거는 그건 아니예요? 내가 잘 못 들었나?

= 서울에 한 사람으 서울에 있습지. <-아, 있고> 그레고 그 사람이 전 세계다 그 꼬이까르 시장~, 페지[50]. <-아하> 그래서 이 끼르기즈꺼지 왔습구마. <-으으흠흐> 왔지.

- 근데 꼬이까가 뭡두? 꼬이까?

= 꼬이까 우리느예 이 크라바치르 이, 까끄 나스바에체(как называется)[51] 이장 다 일리까끄 네 이장(Иджанг да, или как, не Иджанг)[52]. 아, 서울 사람들이 이 머시라 함두, 이 차르?

- 이거, 침대.

= 침대. <-아하> 그거이 싹다 쇳짱~을로 맨드는 그런 침대에다 쓰이:. <-아하> 전기르 밑에 그래 가주고 하는 게래. <-음>

- (조사원들끼리: 꼬이까가 그 꼬이까[53]가 아니고, 러시아말로 침대나 뭐 어쨌던 그런 종류의 것이.)

= 아, 우리는 그거 크라바치라.

- (조사원들끼리) 아, 그거 크라바치. 나는 그게 아, 헷갈려. <= 크라바치> (계속 조사원들끼리) 음, 노어를 모르면 못 알아듣는 거야. 왜냐하면 클아버지가 그 저게 할아버지 뜻이 있거든, 근데 지금, 할아버지는 한아버지고, 한아버지라고 이야기했지. 꼬이까. 음.

---

50. 페지: 펴지
51. 이름이 뭐다라?
52. 이장이지, 아닌가, 이장이 아니다. (단어를 생각해 내지 못해 망설이는 말)
53. 꼬이까(침대)를 조사자들이 한국에서 키르기스에 파견한 KOICA(한국국제교류협력단)로 착각하고 있었다.

= 보통 우리 말하는 게 한아버지 한어머니 아이 하구마. 아매, 아바이.

- 아매, 아바이. <= 예> 음, 그렇지. (조사원들끼리 녹음장치 및 조사방법에 대해 논의. 다시 자료제공인에게) 그런데 고렛말은, 보통 때 씀두?

= 오이.(ой)[54] 지 지금 점므이드르[55] 말 알아 들어야 하지? <- 으흠> 내 잘 못해두 집에서두 노시아말 합구마. <- 으흠으흠> 아들이구 손녜들이구 스 하나도 모 알아 들른 거지. 그래다 나이 노시아말 하게 되지.

- 으흠, 지금은 그러며는 아들, 큰아들도 그, 고렛말 못 함두?

= 모릅구마.

- 으흠, 고려말 모르고. <= 예> 일찍이 대학에 우니베르제트 <= 예> 가서 공부하다 보니까.

= 예. 그레구 싹다 어어, 로시아글 읽어서 필했지.

- 으흠, 그래도 알아는 듣겠지?

= 알아 헐한 말으 듣습구마[56]. <- 으흠> 예. <- 으흠, 듣고> 내 시장~ 두째 메느[57] 노시아 여잡구마. <- 아하> 그래 어떤 직에느 예 <- 음> 이게 말이 나가 고레말이 나갑구마. <- 으흠> 그거 모 알아듣제. <- 못 알아 모 알아 듣지, 음.>

- 그래, 아매는 다시 한번 인제 말씀해 주세요. <= 예> 아, 언제 태어나셨어요? 태어나신 때가.

= 내?

- 어, 난 시간.

= 일천구백이십오연 <- 음> 구월 열예셋날.

---

54. 아아 (감탄)
55. 점므이드르: 젊은이들
56. 알아 헐한 말으 듣습구마: 알기 쉬운 말은 듣습니다
57. 메느: 며느리

- 그래서 야든 한 살. 야든 한
= 예? 야든 한내.
- 야든 한내. <= 예> 그, 이름은 원래부터 러시아 이름?
= 예. 어리서부터.
- 원동에 있을 때부터?
= 원동~ 있일 때부터, 어, 어시[58]들이 노시아 이름 지었스, <-음음> 예.
- 그럼 하산에서 태어났습두?
= 하싼스키 아라욘지. <-음> 그러나 우리느 시촌에서 살았습구마. <-음음> 촌~이, 촌이. <-음>
- 시촌이 뭡두? 시촌?
= 멉:구마[59]
- 어, 시촌, 시촌이 이름, 나즈바니에(Название)[60]?
= 우리 촌~이 <-음> 나즈바니에 뮈신가 하이 노시아 이름을로 나고르냐(Нагорня)[61]. <-나고르냐> 예. <-음> 그래 그게 아 이거 로시아말로 하며 꼴호시 아따크(Колхоз Атак)[62]느 조합이? <-음> 꼬호스 <-음> 어, 그런 꼬호스라. <-음>
- 그러니까 하싼은.
= 조금 딴 데. <-조금 큰 데고, 고라드고.> 그건 아라욘고. <-아라욘이고> 예 <-어> 게, 우리느 촌에 살구. <-어>
- (조사원들끼리 조사방법 논의. 다시 자료제공인에게) 편안하게 말씀합소.

58. 어시: 아버지와 어머니
59. 시촌이 무엇인가 하고 물었는데, 자료제공인은 시촌이 멀리 있는가 하고 물은 것으로 알아듣고 대답한 것이다.
60. 이름
61. 지명
62. '아따크' 집단 농장

= 예, 내 편안~이 앉았습구마. (웃음)

- 그래서 인제 하산 아라욘이고.

= 예, 그게 장차느 우리 들온 녜느 빠시예스키 아라욘(Пасиетский район)[63]이라 합두.

- 아, 바뀌었고.

= 예, 빠시예트. <-2 빠시예스키?> 빠시예스키 아라욘. <- 음>

- 아라욘으로 바뀌었고. 그래서 시촌에 살 때는 이, 한아버지 한어머니 아 할머니 다 같이 다 살았고? 그쪽에 살 살 때 식구들이?

= 그쪽에 드, 예, 그거 한아버지 한아버지 한어머니 우리 아부지가[64] 같이 산 게 애라[65] 맏아들가 같이 살았습구마. <- 음> 우리느 그, 할머이게 두째 아들 우리 아부지, <- 음> 그래다나이 예, 맏아들가 같이. <- 음> 걔 이 까삭스탄에 와 싹 돌아갔습구마. <- 음>

- 한아버지, 한어머니도? <= 예> 아, 다 같이 실게 왔어요?

= 예, 다 같이 실게 왔습구마. <- 으흠 음>

- 그러면 어 클아바이도 같이 식구들 다 같이.

= 다 같이 들왔습구마.

- 아, 다 같이 실게 왔구. <= 예> 그게 인제 실게 온 때가 천구백 삼십칠년?

= 삼십칠연. 그때 우리 그 제 고장~서 떠났지. 보톰(потом)[66] 떠나음 바로 온 게 아이라, 우리르 거기서 이 쇠수레다 <- 음> 한 가정~이 고 어 쇠수레르 한나씩 줬습구마. <- 으흠> 그저 그래낸[67] 어린 게나 거기 앉지 거반 우리 걸어왔지므. 그래서 어디

---

63. 지명
64. '-가': 현대 한국어의 '-과/와'에 해당한다. '아부지가 같이 살다'는 '아버지와 같이 살다'의 뜻이다.
65. 애라: 아니라
66. 그 다음에

로 왔는가 하이까드나 이 뽀씨예트르(Пасиетр)[68] 들어왔습구마. <-음> 뽀씨예트르 들어오이꺼드느 뽀시예트느 와서 배을르 배에다 우리 싹 그런데다 짐배 있쟪~임두[69]? <-음> 그기다 싹 실었지. <-음> 그래 그기에 앉아서 그 담에 어드르 들어왔는가 하이까드나 해삼 들어왔습구마. <-으흠> 걔 해삼으르 들어오이꺼드나 그기 에따(это)[70] 짐차들 가뜩 섰습드마. <-음> 긔래 우리르 그 짐차에다 실었지. <-음> 한 이 바곤(Вагон)이[71] <-음> 한내 바곤에다서 그거 널르[72] 이래 칸으 막고, 네 가정씩.

- 음, 한 바고니에 네 가족씩.

= 네 가정씨 앉아 왔소.

- 그러믄 아매 가정은 전부 멫 사람?

= 그때 우리 멫 사램이 들어왔는가 하이, <-음> (기침) 아버지 어머니, 그 담에, 아, 오래비 서이고. <-음> 내 하다 나이 몇이○? <-음> 여섯이지? <-여섯이> 여섯이 들어왔습구마.

- 음, <=그래> 그러며는 그 그 저게 맏아배는? 맏아배 <=맏아배느> 식구는 또 따로?

= 그 또 밑층~에 있지, 뽀또모스타(Потомучто)[73], 노인들이 우층~으로 모: 올라가다 나이 밑층~에 있었습구마. <-으흠> 그래 그 지[74] 가정~느 멫이 들어왔느가 하이 세아즈(Сейчас)[75], 맏아바이

---

67. 낸: 가장
68. 지명
69. -쟪~임두: '-지 아니하-ㅁ두'로 분석된다. '-지 아니하'라는 부정 구문에 의문 어미 '-슴두/-ㅁ두'의 결합이다. 따라서 '짐배 있쟪~임두?'는 '화물선 있지 않습니까?'의 뜻이다.
70. 음. '그것'이라는 뜻
71. 차량, 즉 기차의 한 칸.
72. 널르: 나무로
73. 왜냐하면
74. 지, 짓: 집
75. 지금

맏어마이 할머니 한아버지 그 담에 그 지 어 그 짓 딸이 서에, 다 기래 여들 명?

- 음. 여덟 명, 음, 같은 바곤이였슴두? 다른 바곤이였슴두?

= 다른 바곤이 아이고 한 바곤에다서 <- 한 바곤에> 한 바곤에다서 이렇게 널루예 <- 어> 이레 가르고서리 이레 가르고 또 여기두 이레 가르고 기래 밑층 위층 기래 네 가정씩 앉으라 그래. <- 아 아> 한 바고니에.

- 밑에 둘.

= 밑에 둘 우에 둘, <- 위에 둘> 예. <- 음>

- 그러면 그 네 가정은 하나는 으 아매 가정이고 <= 예> 하나는 맏아바이 가정이고. <= 예> 또 다른 두 가정은? 모르는 사람?

= 모르 모릅구마. <- 아> 예.

- 모르는 사람이고. 그래서 그 해삼서 인제 거기 바곤에 앉아서.

= 예, 그 담에 여기로 왔지. <- 음음> 에또 오제르 발하스(Озеро Балхаш)[76] 지:나서 어드르 어디메르 알기는 하이끄드네 음 노보시비르스크(Новосибирск)[77] 역에. <- 으음> 그 노보시비리스크 와서 우리 그 이주르 해 사람 참 많습지. <- 으음> 거 와서 메칠 있었습구마. <- 음> 기래 어느 차느 어드로 가라 <- 음> 거기서 아무래 어 그런거 지적했던 모양~이. <- 음> 기래 우리 차느 어디로 왔는가 하이꺼드너 주민야르크 왔습구마. <- 음> 까작스탄. <- 음> 개 다른 차들으 모르지. <- 음>

- 그거 인제 떠난 게 천구백삼십칠년 구월.

= 열에셋날 떠났습구마. <- 음> 그거느 어째 그냥 이때까지 기억합구마. <- 음> 다른 거느 기억지 못하는데. <- 음>

- 그때 아매는 몇 살이었슴두?

---

76. 발하쉬 호수
77. 지명

= 열다서 살이었었갰구마.

- 열다섯 살. 음.

= 에이 일리(Или)[78] 열다섯 살인가? 다, 그 혜 보면 압지.

- 열다섯이 아니고 열둘.

= 열둘임두? 예. 예 뻐딸라(я путала)[79]. <-음>

- 그러면 아매 가족은 그 아매 있고 아래 아래로 오라비 셋. <= 오래비, 예> 오래비 셋.

= 예. <-음> 기래 오래비 한내. (한숨) 까작스탄 들어와 우리 곰마 이주르 해 들어와야 사램이 많이 죽었습구마. 어린아이드나 이게 공기 맞쟎~이서예 <-음> 그럴 직에 우리도 오래비 한내 죽었습구마. <-음흠 음 그래>

- 그러며는 그 그, 왜 실게 왔습두?

= (놀란듯) 예?

- 왜 거 원래 본 고장에 살다가 이렇게 해삼으로 가서 <= 아하> 이쪽으로 실게 왔어요?

= 어찌 그랬는가 하이예. 우리 딱 고 국경 녁에 사다 나이예 두만강~이 이게 이짝으느 쎄쎄쎄에르구, 저짝으느 내지지, <-음> 조선~이. <-음> 그렇습구마. 그런데 으으 그전에 우리 어레서 몰라 그랬지만. 모지게 이렇게 아무래 할레르[80] 했든 모양~이. 저짝에서 차를 타고 밤이며 걸레 오고[81] 이짝으 사람들도 그게 아마 친척이 있어 댕게갰습지? <-으흠> 그래 걸레 가지. 기래서 이 삼십칠연도 국거 국경 녁으 막았습구마. <-음> 에 군인들이 그, 앞두에 이렇게 지켔지. <-음> 기래, 우리르 시간 아이 좄습구마, 준빌 하게. <-음> 불시르 이주시겠습구마. <-음> 기래 무엇이

78. 아니면, 혹은
79. 내가 헷갈렸어요
80. 할레르: 왕래를
81. 걸레 오고: 건너 오고

라 했는가 하이. 만~약에 저짝에 걸레 가는 사람으느 거기서 받지 아이머 이짝에서 아이 받는다. <-음> 그런데 그 밤에 나베르나(Наверно)[82] 가정~이 세 집이 갔습구마. 쌍또오야르[83] 다만 사르마[84] 그래서 우리르 불시에르 이주시켰습구마.

- 음, 그러며는. (조사원들끼리 조사방법에 대해 논의. 다시 자료제공인에게) 그런데 우리가 인제 제가 서울에 살다 보니까 인제 아매 말 모르는 게 있어서 <= 예> 자꾸자꾸 묻습구마.

= 예, 물으시오, 물으시오.

- 인제 두만강이 이렇게 있고 <= 예> 이쪽은 조선이고. <= 로시아에고, 저짝은 조선~이고> 저짝은 조선이고, 이짝은 로시안데. <= 로시아> 쎄 세세시르?

= 쎄쎄쎄에르, 그때느 이 어, 마사 아이 젰을 직에느 쎄쎄쎄에르 합구.

- 쎄쎄세르가 뭡두? (-2: 에스에스에스알)

= 쏘베트스키 사유스(Советский Союз)[85]. (웃음) <-그렇지> 드리 에쓰(Три эс)[86].

- 마사지기 전에. 아.

= 예. 지금으느 다 어저느 제 공화국이 싹다 <-그렇지> 지절러 서니[87].

- (조사원들끼리) 아, 이거 못 알아들었어. 세상에 조선말이 아닌 거는 분명한데. (다시 자료제공인에게) 두만강 봤습두?

= 보지 앻~고. <-어음> 그래 갔다두 그기 두만강 녁이 멀기들이

---

82. 아마도
83. 쌍또오야르: 싹 동지고, 즉 짐을 싸서 싹 동지고, 나머지는 다 버리고
84. 사르마: 사람만
85. 소련
86. 세 개의 S
87. 지절러 서니: '저절로 서니'라는 뜻인 듯.

자라지. 그 멀기 따라 나갔다드구[88] 군인들게 딸게 들오. <- 으흠 으흠>

- 멀기? (조사원들끼리) 음, 머루.

= 비나그라드(Виноград).[89]

- 어, 비나그라드. 음, 조선땅에는 넘어가 봤습두?

= 못 넘어갔지. <- 아> 어뚷게 넘어감두?

- 어릴 때 놀 때는 두만강에서.

= 예, 거기르 아이 보냈구마. <- 아> 예. 그, 우리 무슨 조선 명전~[90]으나 한 예느예 <- 음> 그게 머:지, 멀어두 그, 산에 흰 옷으 입고 올라가는 사람들으 우리 보왔구마. <- 음> 닭[91]소리도 듣기고 <- 음> 그렇게 살았습구마. <- 음>

- 그, 닭소리 듣.

= 그짝 걸레서.

- 흰 옷 입고 하는 거는 저쪽 조선 조선 쪽에.

= 조선 쪽에서. <- 아, 조선쪽에서> 우리 이짝은 국경 녁으 아이 보냈습구마. <- 음>

- 그런데 그, 하산이 있고, 그, 아매 살던 곳은 인제 촌인데. <= 촌~이> 그게 두만강으로 더 가까운 건가 아니면.

= 더 가까 가깝습구마. <- 두만강이 더 가까운 거> 예예 어, 저짝도 아무래 가찹갰지[92]. 그러나 내 몰라 그렇지. <- 음> 우리 사는 데 가찹습구마. <- 음>

- 그런데 인제 그, 아매 이, 한아버지 한어머니가 이, 조선 땅에 어디 산 지는 모르고? 어디 살다고 넘어왔습두?

---

88. 나갔다드구: 나갔다가도
89. 포도, 머루
90. 명전~: 명절
91. '닭'은 /닭/, /닥/, /달/ 등으로 발음된다. 여기서는 /닥/
92. 가찹다: 가깝다

= 겡사도라든지. <- 경상도> 겡사도, 그런 곳 있슴두? <- 음, 있> 그 어디멤두? 세베름두(Северный)[93]? 유즈(Южный)[94]?

- 세베르 남쪽이 아니 유즈, 남쪽.

= 남쪽에 있슴두?

- 경상도에서 넘어왔다고?

= 아아, 경산도랍두마. <- 아> 겡산도, 뽀르또브이 그로드(Портовый город)[95], 뽈또브이 항국이지, 일, 거기서 왔답드마.

- (조사원들끼리) 아까부터 계속 뽈도브이라 하는데 뭐야?

= 뽈두브이 그게 머신가 하이꺼드 배들이 싹 거기다서 들어와 세우는데. <- 항구> <- 으음> 그게 뽈도브이라 합구마. <- 으음 음 음> 내 그거 말으 다만 기억했습구마.

- 그러면 경상도에 그 뽈도브이 거기서 왔단 말이지요?

= 예, <- 아> 우리 한아바지 일찍이 왔답드마. <- 으음> 이 어엄, 로시아르 벌라 들어왔답두. 돈 벌러 <- 으흠, 돈 벌러> 예.

- 그런데 우리가 알기로는 하산이나 이런 데는 <= 예> 그, 두만강 건너에 사는 함경도 사람이 많이 와 있었다고 하덴데, 함경도. 거, 바로 두만강 건너 편에 있던 사람들.

= 모르지, 우리 어릴 시에마[96] 부모들사[97] 알았갰지만, 나느 기억지 못합구마. <- 음>

- 그래 원동에 살 때는 인제 촌에서 살던 기억이 남두?

= 예.

- 어 어떤 거?

= 어떤 겐가 하이, 우리 하, 촌~이 조끔 나가 있었구마. <- 음> 그

---

93. 북쪽
94. 남쪽
95. 항구도시
96. 시에마: 때에는
97. 부모들사: 부모들이야

래 우리 그, 먼 데 나와서, 세 호이, 우리 맏아바이 집이 있구, <-음> 우리 집이 있구 그 담에 우리 한아바지 동생~ 집이 있구 그래 세 호이 살았습구마. <-으흠, 음>

- 거기 그, 마을에는 세 호밖에 없고?

= 예, 멀리 나가서 촌들이 있었습구마. <-아, 어>

- 그, 집에는 무슨, 짐승 키웠습두?

= 닥, 쇠, 에또(это)[98] 소, 빠또므(Потом)[99], 도야지, <-음> 긔래 쳤지. 긔래서 촌에서느 그거 재비[100] 거 가지고 사잲~이습두? <-음> 채소나 숨어서나 그거 가지고. <-음, 음>

- 채소는 어떤 채소?

= 채소, 에또 무우, 배초, 뽀또므 이 까뿌스따(Капуста)[101] 까뿌스따 다두바채드. <-으흠> 게 그런 거 숨어 가주고. <-음> 옥싀끼나 베느 없었습구마. 베르 아이 숨었습구마. <-으흠> 채미르나[102]. <-으흠>

- 그때는 절당에는 다니 다녔심두?

= 절당~이 없었습구마. 로시아 절당~이 멀리 나가 있었습구마. <-으흠> 예, 그러나 우리 아버지라느 이 어 까그 에그 나즈바에차(Как это называется)[103]. 에, 쁘라바샤브느이(православный)[104] 이거 쩨르끄비(церковь)[105] 있잲~임두? <-음> 그런 데 <-나갔고.> 예. <-음> 나느 이제 서울서 목사님 들어와서 이 괴회[106]

98. 그것
99. 그 다음
100. 재비: 자기 스스로
101. 양배추
102. 채밀: (참)밀
103. 이름이 무엇이더라?
104. 러시아정교
105. 교회
106. '교회'의 '교'는 움라우트되어서 '괴'로 발음된다. '괴'로 적어야 하나, 표기상 '괴'로 적어 둔다.

르 옇이 긔래 댕기고. <-음> 그래서 우리 목사님게서 내 이 조선말으 마이 배웠습구마. <-음>

- 아하, 조선말이 아니고 한국말.

= 한국말이:? 그래 설교르 하는 거 내 마이 어저느 이해합:구마.

- 그렇지. 그렇게 들었으니까 인제 우리말도 좀 잘 <=예> 잘 듣고 알 수가 있 <=예> 있지요. 음. 어디, 지금 목사님 있는 데가 어디라고요? 교회?

= 괴회. <-어> 우리 목사님이, 아무래 괴회지 쩨르꼬비. <-으흠> 다(Дa?)?[107] <-음> 여기 머지 앻~게 나가 있습구마. <-음> 이마누엘. <-음>

- 예. 그거는 어 목사님 이야기는 <=절땡~> 나중에 <=예> 또 다시 물어 볼게요. (조사원들끼리 움라우트된 '교회' 발음에 대해 논의. 다시 자료제공인에게) 다시 한번 말 말씀해 줍소. 목사님 있는데 거기 교회?

= 괴회. 쩨르꼬비.

- 으흠 쩨르꼬비 (조사원들끼리 움라우트에 대해 논의. 다시 자료제공인에게) 다시 한번 목사님.

= 내 말 모제뜨(может)[108] 내 아시브카(ошибка)[109] 하는지, 내 말하는 거느 괴회, <-음> 쩨르꼬비.

- (조사원들끼리 움라우트에 대해 논의. 다시 자료제공인에게) 아매 말 재미있는 거 많 많습니다.

= 재미 있느 거, 내 말으 어 프로페소르(Профессор)[110] 이해함두?

- 아 이해하 이해합니다.

= 내 보통 말 하는데.

---

107. 그렇죠?
108. 아마도
109. 틀림, 잘못
110. 교수

- 우리 아, 알마타에서 <= 예> 고려말 많이 배웠슴. <= 예:> 어, 알마타에 두 번 가서 그 아매들 <= 예> 다 녹음하고, 다 얘기 듣고, 인제 올해는 인제 끼리기즈스탄에 와서 아매들 얘기 듣고 <= 예> 또 내년에는 따시껜뜨에 가서 또 할려고 <= 예> 그렇게 인제 그 넨치 높은 아매들한테서 얘기 다 듣고 우리가 책으로 쓸려고.
= 예예, 오이 감사합니다.
- 재미있는 이야기 많으니까, 그리고 지금 서울말 하고 이거 아매 말이 다르지 않습두?
= 예.
- 다르니까, <= 예> 근데 인제 서울말보다는 여기 말이 훨씬 더 이 인제 그 더 가치 있는 말이예요. 더 좋은 말.
= 우리 말이 <- 음> 우리 이전에 이전에 배운 말이지. <- 으흠> 더 이거 앞으로 못 나가지 앻~였습두? <- 음음> 그래다 나이 우리말이 이런 이런 말이.
- 그렇지 그렇지. 그래.
= 꺼드렁말입구마.
- 잘 잘 말했습니다. 어. 꺼덕말 아니 <= 아니?> 꺼덕말 아니고, 그 말이 인제, 이 지금 현재 한국말보다 더 할아버지말이라서 이게 인제 더 좋은 그, 우리가 공부하는데 좋은 말이, <= 예> 음, 그리고 얘기를 듣고 그 담에 또 아매들 이렇게 고생하면서 살아온 이야기, 그런 거 인제 우리가 들으며는 인제 그 여러가지로 우리 민족이 조선 민족이 어떻게 살았구나 하는 것도 얘기할 수 있고. <= 음> 그래서 아매 평소에 하고 싶었던 말, 또는 뭐 생각했던 말, 살아왔던 이야기, 뭐든지 이렇게 편안하게 앉아서 말씀해 주시면 되고, 뭐 목이 마르면 좀 차도 있, 찻물이 있으니 어 <= 예> 하시고. (조사원들끼리 조사 일정과 방법에 대해 논의. 다시 자료제공인에

게) 그러믄 그, 아매는 인제 그, 가족은 그렇고, 여기 와서는 남편 하고 결혼은 언제 했어요?

= 음, 일천구백사십구연.

- 일천구백사십구년. 고려사람임두?

= 고레사람.

- 음. 그, 식구는 몇임두?

= 아, 아들 둘이 딸 한내. 아, 쥐인~[111]으 돌아간 지 오랍구마.

- 음. 쥐에?

= 예?

- 주인?

= 예.

- 음, 아매는 여기와서는 그, 일은 무슨 일 했습두?

= 내? <-음> 내 지금 이야기 하지여. 우리 일천구백사십이연도 독일 전쟁~ 났습지. <-음> 긔래 독일 전쟁~ 난 뒤 우리 아버지 좀 그런 일 하다 나이 노력전선~으로 다 남자들이 다 가고 촌에 뮈시 지텄[112] 누기들이 지텄는가 아이들가 늙으이들이, <-음> 여자들. <-음> 긔래 (한숨) 우리 어마이도 일 많이 했습구마. <-음> 긔래 우리 어머니 마흔둘에 돌아갔지. <-음> 우리르 지치고. <-아> 그래다 나이 내 집에 제일 큰 게지. 게 나는 글도 모 이르고 동생들가 같이 살았습구마. <-으흠> 에, 긔래 우리 어마이 우리르 허 기치고 일찍 돌아가셌구마. <-으흠>

- (조사원끼리 '지치다-티다-치다'에 대한 구개음화 논의)

= 글도 내 모 마이 모 읽었스. <-음> 다만 칠학년밖에.

- 아하, 예. 칠학년 필했습두?

---

111. 쥐인~: 주인, 여기서는 남편을 뜻한다.

112. 지티다: 남다, 남겨 두다. '지티다'는 '기티다, 기치다, 지치다' 등으로도 나타난다. 아래 문장에 '지치고, 기치고'가 그 예인데, '남겨 두고'라는 뜻이다.

= 예.

-2 음, 원동에서?

= 아니지요. 여기 들어와서. 원동~서 조선글으 어 세 반[113] 읽었습그. 세 반 이르고 우리 이주했지. <- 으흠> 긔래 여기 들어와서 또 고체[114] 로시아글 읽었지.

- 그리고 그러면 여기 와서 고려말은 언제까지 썼습두?

= 고레말으 우리 오래 아이 썼습구마. <- 음> 와서 샤스 야 스까주(сейчас я скажу)[115] 우리 이주르 와서 그 해는 아무 데도 못 가고 집도 없지. <- 음> 집도 없이 그저 이레 땅~이 땅~이다 막이다 이거 치고서레 제 가정가정 살아서 <- 음> 그 담에 사람들으 모다서 모여서 무서그 했는가 하이 이 흙으 가주고 피르[116] 쳐서 재빌러 집으 지었습구마. <- 음> 재빌러 모도 이렇게 집으 짓고. 그래다 나이 그제또(Где-то)[117] 우리 여기 들어와서 아무래 한 삼 년 글으 모 읽었습구마. 그 담에 그 담에 이, 스라수(Сразу)[118] 로시아 글 넘어 갔습구마. 고레까지 없었습구마. <- 음> 그래다 나이 로시아글 읽었습지. <- 음>

- 말은?

= 말으 잘 모르지만 해도 어찌갰습두? <- 음> 고레말 아이 하지 <- 으흠> 핵고서이. <- 음> 그래다 나이 로시아글 읽었지. <- 음>

- 그러며는 이쪽에 삼십칠년에 실게 와서 삼년간 아무 데도 못 가고 그 담에 인제 핵교는 언제 들어갔습두?

---

113. 세 반: 3(학)년
114. 고체: 다시
115. 내가 지금 말하겠습니다.
116. 피르: 벽돌
117. 대충
118. 바로

= 핵고?

- 칠학년까지 필할 때.

= 오에, 뿌똘라(Путала)[119], 흐때[120] 어저느 글으 이른 지 오라. <- 으음> 이른지 오랍구마. ○○

- 그러고 그러먼 고려말은 그때부터 안 쓰고?

= 아이 쓰구 <- 음> 로시아말 했습그.

- 러시아말하고. <= 예> 그런데 고려말 안 잊아 먹었슴두?

= 예?

- 고려말 지금 왜 어떻게 잘 하시는데?

= 잘, 어떻게 하심두? 우리 그래 들어와 로시아글으 이르며서리예 하이티[121] 한 시간씩 고레글으 옝었구마. 한 시간씨. 그 담에 지네[122] 없어졌습구마. <- 으흠>

- 그래 핵고서 고레말 공부는 인제 안 하지마는 <= 예> 인제 고레말은 가끔 고레 고레 사람끼리 만나면 말했을 거 아니

= 말하제. 우리 나이 말합구마. <- 으음> 그 담에 차츰차츰 어저느 다 로시아말으.

- 으음, 다 로시아말 하고.

= 예.

- (조사원끼리 대화 후, 다시 자료제공인에게) 음. 그래도 인제 글 배우고 안 배우고는 관계 없고 말은 인제 글 안 배워도 말은 배운 게 있으, 말은 할 줄 아니까.

= 예, 서르서르 말하다 나이, 말으 바꾸드 대답하다 라이 <- 음>로시아말 조금 합:구마.

- 그러니까 로시아말도 하고, 원래 하는 고레말도 하고, <= 예,

---

119. 헷갈렸어요
120. 흐때: 그때인지? 그래서
121. 하이티: 한 이태
122. 지네: 곧바로

예> 그런데 고레말은 점점 안 쓰게 되고 <= 아이 쓰게 되고> 음, 아이 쓰게 되고. <= 예> 어.

= 어저느 늙으이들두 로시아말 하쟁~임두? <- 음>

- 그러먼 인제 요즘은 인제 그, 교회 가서 인제 서울말로 듣고.

= 예 <- 아> 예, 우리 토역꾼~이[123] 있습구마. <- 아:> 이제 그리 쟁~고느 로시아 사람 끼르기즈, 맨 조선 사람 아입구마. <- 으흠> 쩨르크비, <- 으흠> 그래다 나이꺼더 우리 그, 조선 여자 토역합:구마. <- 으흠>

- 러시아말로?

= 로시아말 합구마.

- 인제 목사님은?

= 목사님으 한구어로 말씀하구. <- 어허> 아 그, 여기 여자느 에따 로시아말루. <- 음> 게다나이 그, 목사님 말씀으 어떤 거 이해 못 하는 거 로시아말 하다 나이 <- 음> 알아 듣습지. <- 음음음음>

- 그, 괴회 다닌지는 얼마나 됐습두?

= 일천구백구십이연에 에또 목사님 와서 괴회르 옇이 다녔구마. <- 일천구백> 일천구백 지베노스트 베르브이(Девяносто первый)[124] 일천구백 일천구백 <- 구십이년> 구십이연 <- 음음> 사월달에 우리 목사님 왔어요.

- 음, 그 목사님은 서울에서 온 목사님?

= 예, XXX[125]. <- 음, X> XX.

- XXX, 그 목사님이 지금까지 있습두?

= 있습구마. <- 아> 지금까지. 재빌러 여기 와서 괴회르 졌습구마. <- 으음> 와서 일으 일하메, 일하메 이태만에 괴회르 졌는지

123. 토역: 통역

124. 91

125. X 표시는 개인 신상에 관한 내용으로 숨긴 글자 수만큼 표시하였다.

<-음> 큰 괴휘구마. <-음>

- 그러면 조선글은 읽을 수 있슴두?

= 조선글 내 이릅구마. <-아> 그러나 어떤 거는 이해하지 못하지. <-으흠> 이르기느 이르지만 해도. <-으흠> 그래 에또 이노그다(Иногда)[126] 그, 산고사님들이 여기 괴회르 옵:구마. 그래 와서 한 분~이 나르[127] 한짝 편으느 고레글이고 저짝 편으느 로시아글으 그런, 어어 음 오히(Ой)[128].

- 성경?

= 성경~. <-음> 그래 주고 갔습구마. 그래 내 봅:구마 보기는. 그러나 채 이해하지 못하지. <-으흠>

- 그러면 그, 목사님이 서울 말로 할 때 <=예> 그, 바로 알아 듣지 못함두?

= 지금 우리 목사님이예 마이 우리 말 합구마.

- 우리말?

= 예, 여기 고레말으. 우리 말씀으 마이 합구마. <-어허허허> 예, <-그래> 마이 합구마. 그래다 나이 이해하기 헐합구마.

- 아하 그래도 젊은 사람은 이해 못하니까.

= 못하지. 그래 토역하지.

- 조선 여자가 통역을 하고. 그러니까 인제 아매는 목사님 말씀 인제 바로 알아듣기도 하고.

= 예, 채 알아도 못 듣고. <-음> 그러나 더 재미있는 거는 목사님 설교입구마.

- 음, 목사님 설교가 재미있고.

= 예. <-음>

---

126. 가끔
127. 나르: 나를
128. 아이구

- 그러면 목사님, 거기 교회 가서 믿는, 뭐를 믿습니까? 믿기는?
= 아, 우리 우이: 저 로시아 쩨르끄비 그 우리 게 다릅구마. <- 음> 우리느 크리시(крещение)[129]도 아이 하고, <- 음> 아이하고 고마 가서 어째는가 하이까드나 이거, 보스발리니(Восхваление)[130]라고 서르 우리르 책으 노나 줍드마예. 거기서 우리 노래르 부르지. <- 음> 이짝에느 아쌈브리(ансамбль)[131] 있습구마. <- 음> 무시카(музыка)[132] 여러가지 키타라(гитара)[133]두 있고 피아니노(пианино)[134]두 있고, 스크립카(скрипка)[135]두 있고 바라반(барабан)[136]두 있지 있지. <- 음> 무기[137] 치잲~임두? <- 으흠> 긔래 그것두 있지. 그 담에 아제르노(отдельно)[138] 그, 창출한 사람들이 한 이십명 되었구마, 거반. <- 음> 그 사람들이 쓰지. 그 담에 에또 음 기도르 듸리구 우리 앉이야르[139] 이노그다(иногда)[140] 서서도 하고, 그 담에 목사님이 설교르 합:구마. <- 음>
- 러시아 찌르끄는 그런 거 없고?
= 있습구마. <- 음> 노시아 찌르크비느 쁘라보슬라비예 찌르크비느(церковь, православная церковь)[141] 크리시라(крещение) 하잲~임두? <- 음, 이거이거 이렇게 하는 거> 예, 우리느 아이 긔래지. 그기 가깝게 있습구마. <- 음> 쩨르크비. <- 음>

---

129. 침례
130. 찬양
131. 악단
132. 음악
133. 키타
134. 피아노
135. 바이올린
136. 북
137. 무기: 북
138. 따로
139. 앉이야르: 앉아서도
140. 가끔
141. 교회인데 정교회

- 예. (조사원끼리 조사진행 논의 후 다시 자료제공인에게) 러시아 말이라고 함두? 마우재말이라 함두?
= 마우재말이 조끔 아무래 무식하갰지. <-음음> 그래 로시아말이라 하지.
- 음음, 마우재말이라고는 안 함두?
= 노(Hy)[142] 보통 하는 사람두 있습구마.
- 어허허, 조금 무식해 보이니까.
= 그래, 에이.
- 음, 마우재라는 말은 나쁜말?
= 나쁜말이지. <-음>
- 그, 하산에 살 때는 러시아 사람하고는 못 만났슴두?
= 만나지. 그게 누신가 하이까드네 에또 국경 지키느 군인들이 많습구마. <-으흠> 그러나 한 마디도 모 알아듣지. <-으흠> 우리 아버지 나느[143] 어찌 이거 알아들었는가 하이끄드나예, 어 그, 이 전에두 이, 군이사르 보내지 않~앴슴두? 그래다 나이 우리 아버지 삼년 동안 가 그레메 아무래 로시아말으 배웠갰지.
- 군이사?
= 에또, 시장 점은 아들 군대르 가져가잲~임두[144]? <-으흠> 군대살이 하라구, 그거 무시기라 함두? <-음> 그런 데 갔었지. 지금두 여기 그렇잲~임두? 에또 글이나 아 이르고 그런에느 아:들으 이티[145] 동안 가제가잲~임두?
- 그걸 군이사 간다고?
= 예, 군이사라 하는 데래. <-으, 군이사를> 쑤루시에느 봐르메.
- 수세에네 러시아말로.

---

142. 저기
143. 나느: 나이는, 즉 나이 되시면
144. 가져가다, 가제가다: 데려가다
145. 이티: 이태, 2년

= 쑬루시에느 아 봐르메, 쑤루시에느 봐르메. <-음>

- 그러면 어 아매 아바지는 그, 군인이었슴두?

= 그래 다 삼년 하고 왔습지. <-음> 그래 뭐 군이사르 아이 합구마. <-음> 그 담에 재빌로 일하지. <-음> 제 가정을. <-음>

- 삼년간은 군인.

= 군인~이지러. 그래 와서는 제 가정~ 데리고서, <-음> 그런데 이 내 조선말으 내 잘 모르지, 우리 아버지 땅~ 파는 일으 아이 했습구마. <-음> 아 에또(а это)[146] 무신가 하이까드 쎌쏘베트(сельсовет)[147]인 저거느, 로시아말로느 쎄르쏘비에트라 하는데, 고레말로느 우리느 무시라 하는가 하이 이해, 거기서 서기질 했습구마. <-음> 네, 쎌쏘베트르 세크리따리어(сельсовет секретать)[148].

- 으음, 이해? <= 예> (조사원들끼리) 이해가 이 년간인가? <-2 장소를 이야기하는 것 같애요, 장소, 사무실이라는 뜻으로.>

= 내 조선말으 또츠나 야 네 머구(точно я не могу)[149]. 그, 노시아말으느 므스기라 하는가 하이가 쎌쏘베트르, <-음> 이거 촌마다 촌마다 그런 기관~이 있잲~이요? 그거 운전하는 게, <-음> 그거 뭐시라 하는 거라 하이 쎄르쏘비에트, <-음> 그래 쎄르쏘비에트 안에서 세크라따리어.

- 이해가 뭔지?

= 이해? 어 내 잘 모르갰어, 내 옳게 말하는지?

- 그러면 원동에서는 글을 세 반 읽었○.

= 예, 고레글으 세 반 읽었습구마. <-아, 세 반 읽었어, 음> 그러나 지금 쓰지 못합구마. <-음> 고레글이 이거 받침이 많잲~임두? <-으흠> 그거 오십가(ошибка)[150]라 하지. <-어허> 예, 그

---

146. 글쎄요
147. 마을회의
148. 마을회의 서기
149. 나는 정확히 모르겠습니다.

거 받침으 잘 하지 못해서. <-어> 그래서 쓰지 못합구마. <-으흠> 이르기는 이릅구마. <-음, 으흠>

- 그때 그 학, 핵교는 조선 사람만 모여 있는 핵교?

= 예, 우리 사는 데느 조선 사람만 <-어> 있었어. 로시아 사람 없었습구마.

- 학교 학생들 많았습두?

= 학생들 많앴습구마, 십년제비꺼지[151] 있다 나이.

- 아, 십년제로 있었어, 어, 그런데 그 짝은 촌인데.

= 조끔 가서 있지. <-아> 그러다 나이 에또 열하촌~ 댕기지. <-음> 우리 아무래 여길르 해므[152] 끼로미터르 트리(километра три)[153]나 갔습구마. 세 끼로미터느 걸어 갔스, 걸어 댕게 체고로[154]. <-음> 그래 먼 데 가 있었습구마. <-음>

- 거기는 또 하산이 아니고. 또 그 <=아니지> 작은 마을.

= 예, 아이지 하산. 하산 좀 먼 데 가 있었구마.

- 그, 아매 촌은 하산에 몇 킬로?

= 모르지.

- 아, 좀 멀리 떨어져 있고.

= 멀리 떨어져 있었구마. <-아>

- 그런데 아매 사는 데는 세 호만 모여 살고?

= 예, 고 친척이 세 호이 살고 그 담에 나마지느이 꼬호스 켰었구마. <-음> 좀 나가서. <-음> 거리 조끔 멀게, <-음> 그래 살았습구마.

- 학교 갈 때는 혼자 갔습두? 같이 갔습두?

---

150. 틀림, 잘못
151. 십년제비꺼지: 십년제 (학교)까지
152. 여길르 해므: 여기서부터 세어 보면
153. 3킬로미터
154. 정확한 뜻을 확인할 수 없다.

= 오제, 여러이 같이 가제. <- 어> 거 우리 가젱~이 그레, 학교 댕기는 같이 가제. <- 음>

- 누구누구 갔습두? 생각해 보며는.

= 생각해 보며, 누구인가 하이끄드나, 나는 내 한내 뿐입구마. 그래다 나이 사촌네, 사촌 헹~[155]이 둘이 <- 음> 그래 그 시장 큰 사촌헹~이느 심, 몇 살인가 하니 야든 여섯이고.

- 지금도 살아 계시고?

= 예, 어디로 갔는가 하이끄드 큰아들 집으로, 악튜빈스크(Актюбинск)[156], 악튜빈스크. 시방도 생존~해 있구마. <- 음> 야든 여섯이.

- 악주베스크.- <= 예> 어디 있습두?

= 카작스탄으르. <- 어> 큰아들 거이 있다 나이 거기 가서. <- 음>

- 사촌 헹~이?

= 예. <- 음> 그 헹~이 있었으며 말씀 잘 해 드리갰는데.

- 어, 한번 우리가 한번 찾아 가지요, 악주베스크에.

= 조선글으 십년제꺼지 읽었습구마. <- 아하> 게다 나이 잘 합구마, 말으. <- 음음>

- 그러며는 그 사촌헹~이 하나하고 또 하내이 더.

= 예, 하나느 우리 류바(Λюба). <- 응?> 예, 그 사촌헹~이느, 큰 헹~이느 일리나(Алина)고 작은 헹~이느 류바(Λюба).

- (조사원들끼리) 아, 둘 다 여자네. <-2 음, 일리나.>

= 음, 일리나느 조선 이름으 한아바지 머시라 졌는가 복순~이 일리, 복순이. <- 으흠> 그렇게 졌스그. <- 음> 아들이 없이 어 우로 딸으 서이 났지. <- 어허> 그 담에 막중~:로 아들 났습구마.

- 류바? 류바? <= 류바> 류바 <= 예, 두째> 류바는 조선 이름 있었습두?

155. 헹: 형

156. 도시 이름(카자흐스탄)

= 없었습구마. <-음>

- 러시아 이름으로.

= 예.

- 그럼 아매는 안나고.

= 예. <-음>

- 그렇게 세 세 명이서 <=예> 학교로.

= 예. 긔래 가메가메[157] 또 어 아이들으 만나지, 에, <-만나고, 오> 그래가 댕겠지[158].

- 그때는 이 뭐를 들고 갔습두? 학교 갈 때는? 보따리?

= 에, 무시기 그때 있습두? 이 헝겁을로 이렇게 중태르 이래 해서 책 그 안에 옇어 들고 댕겠지. 긔래 댕겠습구마. 신발두 무시기 있습두? 신발이 없지. <-음> 이 헝겇[159]으루 신으 재빌로 맨들어서, <-음> 어머이 재빌로 지어서 그래 신고 대녔어. <-어허>

- 신발은 헌겇으로 만들고.

= 헌겇으로 신을 맨들어 신으 맨들어 신고 댕겼어.

-2 책은 헝겁으로.

= 예, 중태로 해서 그 다 옇어서 이래 들고 댕겠지. <-음>

- 중태로 해서?

= 예. 그 머시기라 하는지? 로시아말로느 숨까(сумка)[160]라 하잲~임두? <-음> 우리 조선말로느 이거.

- 조선말로는 뭐?

= 중태지. <-음. 중태> (크게 웃음) 음허허허, 내 몹시 무식하게 말하오. 허허허.

- 아닙니다. 아니 아닙니다. 우리는 그런 말 배울려고 왔어요.

157. 가메가메: 가면서 가면서
158. 댕기다, 대니다: 다니다
159. 헝겇: 헝겊
160. 가방

= 예. 허허. <- 음>

-2 마을 친척 삼호가 누구누굼두?

= 예?

-2 마을에 그 친척.

= 친척, 친척이 시 세 가정~ 사는 게 누권가구? <- 으흠> 아, 맏아바이느, 누긴가 맏아바인 하이 큰아부지래, <- 음> 우리 아부지 형~이. 긔래 우리 아부지 형~이, 그 헹~이 부인이, 한아바지, 할머니, 그 담에 이 에또 음 세 딸이, 일리나, 류바, 쎄냐(Женя). <-2 음, 쎄 쎄냐?> 쎄냐, 이 맏집 딸이, 아나, 이십필연생~인지. 그래. 그 담에 마감을로 마감을로 삼십육연도에 아들이 한내, 플로리(Флор)라. <- 음>

- 플로리?

= 플로리, 어, 로시아 이름, 긔래 네 명. <- 음> 아이들이. <- 음>

- 그게 인제 맏아버지.

= 맏아버지 시, 시, 가정~이고, <- 가정이고> 예. 그 담에 다른 가정~이 누긴가 하이꺼더 우리 한아버지 동생~이 집이. <- 음> 한아버지 동생~이 집이느 사람이 작소. <- 음> 어 그 우리 여기 말로느 그, 작은 아바이라 <- 음으음> 예, 그, 작은 아바이, 작은 어머니, 그 담에 큰아들이, 아 그, 큰아들이[161] 부인이, 그 담에 그, 음, 아들이 동생~ 오 멩~ 살았어. 오 멩이.

- 큰아들이 동생?

= 예, 게다 둘째 아들이지. <- 으음음>

- 그리고 인제 아매 가정이 있고.

= 예 우리 가젱~이 있고.

- 음, 그런데 인제 이렇게 그, 실게올 때는 그, 맏아버이 가정하고

---

161. 이: 여기서는 관형격조사 '의'의 뜻. '큰아들이 부인'은 '큰아들의 부인'

아매 가정하고 두 가정이 실게왔습두?

= 그, 세 가정~이 다 실겠습지.

- 세 가정이 다.

= 다, 조선 사람들 한 집도 아이 내납습구마. <-음> 다 이주시겠지. <-음>

- 그런데 한 바고니에 앉은 가정은?

- 우리가 큰집이.

- 큰집, 맏아바이 가정. 어.

= 맏아바이 가정~이, <-아> 그런데 저짝 집에서느 모르겠습구마, 어떻게 왔는지 <-아> 어디로 앉았는지.

-2 작은 아바이네는 <-어드메 앉았는지> 아매보다 먼저 왔습두?

= 아니, 다 같이 오지. <-아, 다 같이> 다 한 시에 이주르 왔지, 한 촌~이.

-2 (조사원끼리 녹음 문제 논의. 다시 자료제공인에게) 작은 아바이네는 형제들 없었습두? 어, 아:들.

= 아:들, 두 아들이, <-2 음> 두 아들이고, 큰아들이 자식 없었어. <-2 어> 그래서 그, 두 아들이구, 어 메느리고, 아하, 어마이고, 그래.

- 그러먼 인제 학교는 셋이서 다니고, 학교 다닐 때. <= 예> 어, 근데 학교서는 책은 있었습두?

= 책이 있지 앦~고. <-어> 책으 노나 줬습구마[162].

- 무슨 책? 어떤 책?

= 조선 책들으 줬지. 예.

- 무슨 과목은 생각이 남두? 뭐 <= 다크(Так)[163]> 조선말이라든가, 수학이라든가.

---

162. 노나 줬습구마: 나누어 주었습니다.
163. 그럼

= 긔래 수학두 주고, 어 그 담에 그 무어시라 함다? 고레어 일 가크(или как)[164] 노시아말로 부크바르(букварь)[165]라 하지. 그런 것도 주구. 책 보브셈(в общем)[166] 노나 주왔구마. <- 어> 그래 거 가주고 그랬지.

- 학교 가면 아침 일찍 감두?

= 아침 일찌이 갔구마. 긔레머 <- 음> 어 또 할루느 네 시간이나, 아침, 그게 소핵고 다이[167] 할루에 네 시간씩 쳤드 모양~. <= 어> 긔레머 어 돌아오지, 점심 전에. <- 음>

- 거기는 아침에는 밥을 뭐 뭐를 먹었슴두?

= 보통 조선 사람 밥이, 장~이, 짐치, <- 음> 그래 먹었지. <- 음> 이 여기 에 가루 많다 나이 떡이지, <- 음> 우리인테 떡이 없었어. <- 음> 있지만 해도, 보통 밥으 먹었습구마, <- 음> 밥이, 장~이, 짐치, 그렇게 먹어.

- 학교 가서는 네 시간?

= 치고느 또 집으로 돌아오지.

- 공부하고 <= 예> 돌아 오고. 으음, 선생님도 다 조선사람?

= 조선사람.

- 학생도 다 조선사람?

= 조선 사람이야. 로시아 사람 없었습구마. <- 음음음>

- 학교 이름은 기억이 남두?

= 아이, 음, 못 기억합구마.

- 기억이 안 나고.

- 그때도 방학이라고 있었슴두?

= 있쟪~고, <- 음> 있쟪~고.

---

164. 아닌가?
165. 알파벳 배우는 책 이름
166. 대체로
167. 소핵고 다이: 소학교이다가 보니

- 얼마나? 언제?

= 음 이, 동짓달에 하구, 그 담에 섣달에 하구, <- 음> 그렇게 했어.

-2 여름에는?

= 여름에느 여름 방학에, 에또 석 달 동안~이지.

- 여름 방학은 석 달?

= 예. 그 담에 또 유월에 나온 네느 구월달에 또 핵고르 가지.

- 구월달에? <= 예> 유월?

= 유월에 학생들에 시험 치느, 높은 반으 시험 치잲~임두? 그래고 그 담에 구월달에 가. <- 음>

-2 그럼 구월부터 새, 높은 반이 시작됨두?

= 구월에는 다 같이 핵고로.

- (조사원들끼리 방학, 학기에 대해 논의 후 다시 자료제공인에게) 시험은 유월에 치늠두?

= 유월꺼지 시험 치머 다 치지. 오올[168] 스무날이머 이, 글으 필하잲~임두 이거? 그 담에 시험 치지. 그래 시험 치머 유월달이머 다 필하고 그래머 아이 다 방학이지. <- 으흠>

- 그러머는 맨 처음에 일학넌.

= 예, 이학넌, <- 이학> 삼학넌.

- 일학넌 갈 때는 구월에 감두? 삼월에?

= 구월에 가지. <- 구월에.> 이학넌~이나 십학넌~이나 다 구월에 가지, <- 으흠> 초하룻날.

- (조사원들끼리) 그래 구월 학기에 시작하는 모양이래. (다시 자료제공인에게) 일본말은 안했슴두?

= 모릅구마. <- 음> 우리 손네 일본글 읽었는데, <- 으흠> 내가 같이 있는 손네, 아 조선말로느 이 주르날리스트(журналист)[169],

---

168. 오올: 5월
169. 기자

기자으라느, 기자? 일리 까끄(или как)[170] 아나(она)[171] 주르날리스트카(журналистка)[172]. 그렌게 이 야뽄스끼(японский)[173] 읽었어.

-2 원동에 살 때 혹시 중국사람, 만난 적 없었습두?

= 중국사람두 봤갰지. 내 무스끄 제이르 그렇게 기억하는 가 하이끄드에 이 삼십칠연도에 우리 조끄마한 게 배 한번으 일본 배다, 이, 고기잡는 배 들어 파선됐다고 하면서리, 아, 그 사람들으 부뜨, 포로다, 포 까끄(как)[174], 쁘렌니끄(пленник)[175], 뭐시라 하오? 포로? 포로저? <- 포로, 음음> 그래 부뜰어 가는 거 봤어, 일본 사람들으.

- 음, 그거는 바다에서? 강에서?

= 예, 바다에 들어왔답드마. 그래 아무래 이 로시아 땅~으르 넘어왔드 모양~. <- 음> 긔래글레 그거 그 부뜰었지. <- 음> 긔래 그, 우리 집 앞으로 가는 걸으 봤습구마. 중국 사람들 원동~ 살었소. <- 음> 음.

-2 조선 사람이 많았습두? 중국 사람이 많습두?

= 어?

-2 조선 사람이 많았습두?

= 조선 사람 많지. 그, 전체르 조선 사람이지. <- 음>

- 그, 원동에 있을 적에 산에도 올라갔습두?

= 우린데 가깝게 큰 산으 없습구마. <- 음> 그리 높은 산으느. 그래 어째 우리 산으르 가는가 하이끄드나예, 나물 캐러. <- 음> 그래 산 밑으르 댕겠지. <- 음>

---

170. 아닌가?
171. 그녀가
172. 여성기자
173. 일본어
174. 뭐더라
175. 포로

- 멀구도 따 먹고?

= 멀구도 따 먹구 열구두 여기 열기두 있구. <-열기?> 열기라고예 가시 낭기[176] 이런데 이런 게 달게 있구마. 그래 그런거 따라 댕겠지. <-음>

- 나물은 어떤 나물 캤슴두?

= 나물은 내 스 잘 기억지 못합구마. 까끄 에또(как это)[177] 가시, 보또므(потом)[178], 무스 보선나물이라든지 그런 잎이 이런게 나. <-음> 그래 그저 어 이 전장~ 시기 무스 그저 뭐 뭐 풀은 다 캐 먹었었구마, 우리. 무슨들레[179], 이 셔투리, 무스 것두 똘꼬(только)[180] 아이 먹었갰슴두?

- 원동~에 있을 때?

= 여기 들어와서. <-여기 와서> 원동~서도 풀 캐 먹었지만 해도. 여기 들어와 이 전장~ 시기에 풀로 살았습구마. <-음>

- 그때 캐 먹은 게 무슨들레하고.

= 예, 무슨들레, 이 음 조 졸배, 셔투리, 무슨 풀으 똘꼬 아이 먹었갰슴드?

- 졸배?

= 졸배.

-2 졸배느 어떻게 생겼슴두?

= 졸배, 여게 레드끼(редко?)[181] 섬니[182], 에 게 리스티야(листья)[183], 잎이 조금 드리나바뜨예(длинноватые)[184] 가시 이래 있는 게, 끝에.

---

176. 낭기: 나무
177. 저기 뭐더라?
178. 그 다음
179. 무슨들레: 민들레
180. -만, -든지. '무슨 풀으 똘꼬'는 '무슨 풀이든지'의 뜻이다.
181. 가끔(추측), 여기서는 '드물게, 듬성듬성'의 뜻이다.
182. 섬니: 서 있는 것
183. 잎

-2 (조사원들끼리) 질경인가?

- 원동에서 있을 때는 사촌 사촌과 뭐하고 놀았습두?

= 그 무서 부모들 다 일하러 가며 우리 아이 들만 짓제[185], 집에. <-음> 궈래 그저게 산으르두 댕기고 여르매두 가 따 먹고. <-음> 그 담에 그 이, 원동~느 모도 그런 게 있었구마. 네 오제라(не озеро)[186], 아 이렇게 조끔 훙게 진 게 비 마이 오다 나이 물이 괘페이 그르로 모역하라두 가고, <-으으흠> 그래 댕겠스. <-으흠>

- 그기 인제 두만강 쪽으로는 안 갔지마는.

= 안 가지, 이짝에. 예

- 비가 와서 이렇게 궁게진 데.

= 예, 물이나 괘핀 데 댕기고. 그레고 그기 우리 원동~ 사는 데는 펭지[187] 아이었구마. 조끔 이렇게 조끔 산들이 있지. <-음> 높은 산~이 아이지만 해두. <-음> 모래 모래산들이 이래, <-음> 그래 그런 데두 댕기고. <-음>

- 그래서 물 괘핀 데서.

= 모욕도 하고 그저 <-모욕도 하고> 그래 장난했스. <-음>

- 그때 어시들은 일하러 가고.

= 일하러 가고, <-어> 아무 사람두 집에 없습구마. <-어> 자란들[188]으 <-음> 아이들마 지터[189]. <-음>

- 그때는 이제 농새는 아이 짓고?

= 우리?

---

184. 길다
185. 짓다: 남아 있다
186. 호수가 아니라
187. 펭지: 평지
188. 자란들: 자란이들, 즉 어른들
189. 아이들마 지터: 아이들만 지텨 두고, 남겨 두고

- 아이 어시들.

= 농새질 했습구마. <-음> 예. 어전.

- 그, 아바지는 인제 그, 세크라테리 하고. <=예> 응.

= 그래다 어머니느 그냥 일했습구마. 여기다 까끄 또(как то)[190] 법이 조금 책음자질하며 그 부인네 처음[191] 나가 일해야 됐구마. <-으흠> 예, 집에 모 앉아 있습구마. <-음> 긔래 우리 어머니 어째 돌아갔느 줄으[192] 심장 앓았지. 아으르페[193] 돌아가셌구마. 그때느 이사[194]도 없지, 촌에. <-음> 여기 들어와서.

- 여기 들어와서.

= 예, 사십육연도 <-아> 사십육연도 돌아가셌지. 사십오연도 전쟁~이 곰마 끝이[195] 났지. <-음> 그래 어느 때마 그짝으르 까작스탄 가머 보갰는지, 칠린스키(Чилинский)[196] 까날르(канал)[197]라고예, 사람 힘을로 일곱 미터라 깊이로 팠습구마. <-음> 전체 사람 힘을르. <-음> 긔래 거기 나가서 기냥 일하지, 게을에느 그거 파구, 아 에또 봄에부터느 발써[198] 이거 농새질했지. <-음> 그때느 이게 뜨락토르(трактор)[199]구 므스 마시나(машина)[200]고 없었습구마. 싹다 사람 힘을르. <-음>

- 아 근데, 여기서 여기 와서 말고 원동에서는?

= 예, 원동~서느 원동~에서느 일했스낍구마, 깍 에또 내 잘 기억지

---

190. 뭐더라?
191. 여기서는 '먼저', 즉 '솔선수범하여'의 뜻이다.
192. '줄을 아오?'의 뜻이다.
193. 정확한 뜻을 확인할 수 없다.
194. 이사: 의사
195. 끝이: 발음은 /끄치/가 아니고, /끄티/이다.
196. 수로 이름
197. 수로, 물길
198. 벌써
199. 트랙터
200. 차

못하구. <- 음> 그러나 아부지느 거기르 댕기며 일하지마[201], 어머이사 노력했지. <- 음>

\- 노력?

= 예, 이 나가서 이거 무스그 아무래 숨으고 이거 <- 음> 그랬갰습지. <- 음음>

\- 맏아버지는 뭐 무슨 일했슴두?

= 맏아버지느 꼬호스 일했습구마. <- 응?> 꼬호스에서 일 했습구마. <- 아, 꼬흐스에서.> 그 담에느 에또 멫 해르 무슨 일했는가 하이, 그런 아무래 기관~이 있었든 모양~. 이, 댕기면서르 그게 오리고 이음(и)[202] 이 짐승들으 잡아서 바치는 데 있었구마. 그래 그런 기관에서 일했스. 그래 사녕~[203] 댕겠지.

\- 뭐 댕게요?

= 우리 보통말로느 사녕~라 하오. 가서 무스기 그래는가 하이끄드너 이거 날짜짐승[204]두 싸서 잡구 그래 마이 잡아서너이 그거 잡아서 싹 털이 뽑아 싹 검지레[205] 감지메[206] 보이끄드랑 보치카(бочка)[207]로 이레 절고[208]. 그렌 녀느 거기서 와서 실어 가지. <- 음> 그래 글:러 해 월급으 타구 식뇨[209]르 타구 그랬어. <- 음> 마감에 그런 일했습구마. <- 음>

\- 원동에서?

= 예, 원동~서.

201. 일하지마: 일하지만
202. 접속사 "과/와"
203. 사녕: 사냥
204. 날짜짐승: 날아다니는 짐승
205. 검지레: 깨끗하게 다듬어
206. 감지메: 양념하여
207. 통
208. 절고: 절구고
209. 식뇨: 식료(품)

\- 월급을 타고 시뇨를 타고.

= 식뇨도 거기서 주고.

\- 시뇨가 뭡두?

= 식뇨 뭐시긴가 하이끄더느, 이게, 누나쁘에르(ну например)[210], 이게 쌀두 주고, 기름두 주고, <-음> 게 우리 보통 이거 뭐시라 하이까, 식뇨, 먹고 사는 거.

\- (조사원들끼리, '사녕~'에 대해 논의) 사녕~

= 사녕하, 사녕~. 사녕~ 무신가 하이꺼드너 가서 보이꺼드너 어 노루도 잡고 <-아> 승냥~이도 잡고 <-아> 아 에또 오리 기러기르 다 잡아오지. <-음>

\- 노루?

= 노루, 노루.

-2 오리.

= 오리, 기러, 무스기 있는 거 그런거 잡습디? <-음> 승냥이도 잡고. <-음>

\- 봤습두, 승냥이?

= 예 예, 그래 꺼풀으 바르지, <-음> 그래 꺼풀으 바치구 아 이, 날짜짐승들으느 오리나 기러기나 그느 그냥 싹 이레 보치카다 절굽:드마. 그래 와서 가져가. 낟맞이르[211] 아이 해 오고.

-2 꺼풀을 바침두?

= 승냥~이느 고기르 못 먹갢~이요? <-아> 그래 꺼풀으 바칩다. 가죽이로.

\- 고기 못 먹습두?

= 아이 먹습드마.

\- 맛이?

---

210. 예를 들어서

211. 낟맞이르: 나르맞이, 날마다

= 모르지.

-2 노루나 오리?

= 노루느 먹소. <-음> 으응.

- 그러면 총으로 잡습두?

= 총으로 잡지 앻고. 총으로 잡고 이 승냥~이나 우리인데 원동~ 범이도 있었습구마. 에, 그런 거 차쿠[212] 놓습드마. 무스 어거 에또 그 므 까끄 예고 나스바이체(это как его называется)[213], 비세스(песец)[214] 톨레(что ли)[215]? 그거 맨들어서 차퀴에다 놓으며 그 먹으며 죽으라 그래.

- 그러면 범이도 잡습두? 그렇게?

= 못 잡습드마. 있다 합드마. <-어>

- 그러면 차꼬 잡는 것은 무슨 짐승?

= 차쿠로 잡는 거는 그 에또 여호다 릴싸(лиса)[216]. <-으흠> 여호두 잡고 그 담에 이, 고레말로 무스기라 하는가 하이까더 산달피다[217] 합드마. 에따 산달피아 야 네 즈나유(это сандальпи я не знаю)[218]. 바르수크(барсук)[219]인지 미시긴지 모르갰어. 그런 것도 잡아서 <-음> 꺼풀이 바릅드마.

- 그러면 여호로 치면은 여호가 이렇게 걸어오다가 차꼬에 이레 <=차꼬에 맞은 모양~이> 차꼬에 맞아서.

= 예, 그래 꺼풀이 바르지. <-으흠>

- 여호도 고기는 안 먹습두?

---

212. 차쿠: 덫
213. 그의 이름이 무엇더라?
214. 북극여우, 흰여우
215. 아닌가?
216. 여우
217. 산달피: 검은단비, 또는 잘
218. 산달피인가 아닌가 모르겠습니다.
219. 오소리

= 안 먹습드.

- 노루는 먹고?

= 예. <-어>

- 산달피는?

= 산달피도 그저 꺼플 바릅드마. <-음> 까꼬 이따 음 조끔 어듭운 털이 이렇게 진게.

- 그거는 이렇게 차꼬 이렇게 하면은 가죽이 꺼풀이 이렇게 상할 텐데.

= 마 어찌는지 그래 잡습드. <-음>

-2 꺼풀을 발라서 바침두?

= 예, 꺼플으 발라서 그거 싹 말리와서 그 담에 바칩드. <-음>

- 꺼풀을 말리우는 거를 봤습두?

= 말리우는 거 어떻게 말리우는가 하이까드나 <-음> 처음에느 그 가죽이 뒈베[220] 놓고 소금 칩드마이. 그 담에 그 안에다서 이렇게 틀으 맨들어서 그다서 여 짚으 마이 이래 옇어서. ○○○○○○

- 짚으 마이 넣어서.

= 짚으 마이 이래 세와 옇어서 그래 그 가죽이 이래 쪽 페지게 긔래 걸어 말립드.

- 걸어서.

= 예.

- 음, 그 과정을 잘 모르겠는데.

조사 자료 (2)

-2 에, 아까 맏아바지, 맏아버지 사냥 <=음> 하던 이야기 좀 해 줍소.

---

220. 뒈베: 뒤집어

= 사냥~하던 애기르, 내 말 잘하려무 마이마이 말하갰소. 그랭게 말 잘허지 못해 내 긔래긔래지. <-2 음> 사냥하는 게 그런 아무래 기간~[221]이 있었느 모양~. <-2 음> 사냥~해서느 이거 음 날짜심승~ 오리든지 기러기든지 에 잡아서느 거기다 바치구. 긔래 거기서 어 월급두 타고 어 식뇨두 타고 긔래 살았갰지.

-2 음, 어떤 거 잡았슴두? 어떤 짐승 잡았슴두?

= 짐싱~이, 이 날짜짐싱~이, 누 무스그 본가. 내 기억하는가 하이, 오리나 기러기나 그 담 꼬이라고 있소.

-2 꼬이.

= 꼬이, 아, 뽀 루스키(по-русски)[222] 파산(фазан)[223], <-2 음> 그런 것두 잡았소.

-2 그런 거는 날아다는 새들?

= 나라댕기느 짐싱~이지. <-2 음> 어 날아댕기구.

-2 기어 다니는 것은?

= 그 담에 땅~에 댕기는 거느, 내 기억하는 거느, 노루두 잡구 여호두 잡고, 승냥이두 잡고, 그랬소. <-2 음> 그 담에 에또 음 까끄 예고 야 아딘 자블라(это, мм, как его, я один забыла)[224]. (4초 휴지) 산달피, 산달 산달피라구 또 그런 짐승 짐승이 있습디. <-2 음>

-2 산달피는 어떻게 생겼슴두?

= 산달피두야 이렇게 개처르[225] 생긴 게, 개마[226] 키 작소. 다리 짜르구 <-2 음> 오 기라구 더 길이 털 길구 이레 넙게 생깄지. 털이, 긴 털이.

---

221. 기간: 기관, 사무실
222. 러시아말로
223. 꿩
224. 뭐지, 음, 뭐라고 하지요, 나는 하나를 잊어 버렸습니다.
225. 개처르: 개처럼
226. 개마: 개보다

-2 음, 그러면 그런 짐 음 짐승들을 그대로 바쳤습두?

= 아이지. 꺼풀이르 발라서. <-2 음> 꺼풀이 발라 싹 말리와서, 그래서 바칩디.

-2 어떻게 꺼풀을 발라 바름두?

= 꺼풀이르 그 음 이렇게 달아 매고야 꼬리부터 꼬리부터 그, 골인데꺼지 내리 이래 바릅데.

-2 꼬리부터?

= 음. 그래 노이꺼드나 이거 배르 가리잲~이쿠 꺼풀이 이렇게 통개[227] 이래 나와. <- 음>

-2 그 짐승을 달아 놓고?

= 달아 놓고. <-2 어> 꼬리르 달아 놓고 이래 바릅데. <-2 어>

-2 꼬리를 위쪽으로 달아 놓고?

= 꼬리르 위쪽 우에다 다지. 그래 달아 놓고서르 거기서부터 이래 내리 바릅데.

-2 어, 그, 칼로?

= 칼로. 배르 가리잲~이쿠.

-2 어, 가르지 않고, 음.

= 응, 그래구서 바릅디. 이, 다리나 이래 베고, <-2 어> 족[228]으 베고.

-2 그럼 어떻게 말림두?

= 그거야 내 어저느 오라서 그러오. 이, 꺼풀[229]으 이래 뒈베 놓구서르 거다[230] 소금 칩데, <-2 음> 가죽에다. 그래 소금 쳐 놓구 그 에에맹한 도다서[231] 그 담 그거 고치 뒈베서, 뒈베서 그 아구리에

---

227. 통개: 통째로
228. 족: 짐승의 다리
229. 꺼풀: 껍질
230. 거다: 거기다가
231. 에에맹한 도다서: 얼마간 두었다가

다서 대가리꺼정 이런 껍지 쪽 바르지. 어 나물로 이렇게 틀해서 그 안에 아무래 입에다 그래 옇는 모양~이야. <-2 음> 이래 옇구서르 그 가죽에 안에다느 무스그 옇는가이꺼더 이그 짚이 생기갱~이요? <-2 예> 벳짚[232]이나 채미짚[233]이나 그래 고거 꼴뚝[234] 채와서 이래 페 놓습데.

-2 소금을 먼저 침두? 짚을 먼저?

= 소금으 먼저 치지. <-2 어> 그래구서르 이거 짚으 옇어서 그게 오로브노예(ровный)[235] 쫄 페지. 그 담에 달아 매 말리웁데. <-2 음>

-2 달으매?

= 아하, 그에 달아 놓지. 그게 마르겠어, 다. <-2 음> 아 그래 그 담에 어느 때 와서 아무래 모다 가지 가겠지. <-2 음>

-2 하루에 여러 마리씩 잡습두?

= 모르지. 그거 잘 기억 못하겠소. <-2 어어> 어흐.

-2 그러며는 (긴 휴지) 어, 꺼풀을 바치는 짐승? 여호.

= 음, 노루.

-2 노루.

= 산달피.

-2 산다피.

= 승냥이.

-2 승냥이. 고기는.

= 안 먹어, 노루는 먹소.

-2 음, 노루 고기는 바침두?

= 아이 바치. 재빌로 먹시오.

-2 아, 재빌로 먹고, <= 으음> 고기는.

---

232. 벳짚: 볏짚
233. 채미짚: (참)밀짚
234. 꼴뚝: 가득
235. 평평하다

= 고기느 재빌로 먹구 가죽만 바칩데. <-2 아아>

-2 어, 그, 맏아바지나 아 한, (긴 휴지) 한아바지는 뭐 뭐 했습두?

= 한아바지느 노력 아이 했소.

-2 예?

= 노력 아이 했소. <-2 아?> 집에 집에 있소.

-2 그냥 집에.

= 그냥 집에 있었소.

-2 그때 몇 살이나 됐었습두?

= 다끄 야 스까주 샤스 에또(Так, я скажу сейчас)[236] 까작스탄 들어왔으 직에 한아버지 일흔여섯에 돌아갔거든. <-2 어, 그> 일흔여셋에 돌아갔으이 나베르노(наверно)[237] 치씹 치씹 전~이였갰소 아무래.

-2 거 몇 년도에 돌아 돌아가셨습두?

= 에?

-2 몇 년도에.

= 멫 년도에? 따끄(Так)[238] 일천구백 (6초 휴지) 사십이년연에.

-2 사십이년?

= 사십이연 정월이요. <-2 음> 할머이도 그때 돌아갔소, 칠월에.

-2 그러며는, 음, 경상도.

= 경상도

-2 한아버지가 경상도에서 원동으로 왔습두?

= 온 지 오라갰지.

-2 한아바지 전에?

= 우리 원동~로, 모르지, 어느 때 들어왔는지. <-2 음> 아하 그전

---

236. 음, 내 지금 말씀드리겠습니다. 음.
237. 아마도
238. 그럼, 음

에는 이렇게 말이 없었어. <-2 음> 시아스(сейчас)[239] 이 서르서르 국경~이 열기잲~았소? 그 전에 여그 딱 맥히잲~이요? 게다나이 아무 소리두 모하지. <-2 음음>

-2 (혼자말로) 사십이년도에 칠십육 세. 엄, (다시 자료제공인에게) 한아바지나 할머니한테 옛날 이야기는 안 들었습두?

= 그거 들었음 내 아지, 아지.

-2 아니, 그, 옛날에 원동에 왔던 그런 이야기가, 옛날옛날에 어떤 뭐.

= 아이 하. 아이 하. 내 이거 똘끄(только)[240] 이게 들은 게 무시긴가 하이꺼더[241] 경산도에서 오셌다는 그 말만 들었소. <-2 음> 그래구 이상네 누이 있구 <-2 음> 그라고는 모르갰스. 우리 할머이두다 할머이두 이렇게 잘 사는 가정 딸이랍데. <-2 음> 그레이께 이름으 고려 이름 모르갰소. 성~이느 끼무.

-2 끼무.

= 할머니. <-2 할머니> 응, 성~이 끼무. (11초 휴지) 시장 그, 모제트(может)[242] 그 자식네 거기 기텼는지. <-2 (웃음)>

-2 어, 그러면 낮에 에, 아매가 한아버지나 할머니한테 놀러 가지 않았습두?

= 으으으. 우리 어어 그냥 아부지나 거, 한어머니나 한아버지 그냥 큰집에 계셌소. <-2 음> 우리 집에 아이 나왔스. 우찌 그랬는지. <-2 음> 그래다나이꺼드나 그렇게 이렇게 음 가깝게 아이 그랬스. <-2 음> 누 까끄-따 야(Ну, как-то я)[243] 한아버지 늘상 어렵아서 젙으르[244] 못 갔스. <-2 (웃음)> 우리 한아버지야 갓이 검정

---

239. 지금
240. 다만, 단지
241. 무시긴가 하이꺼더: 무엇이가 하니(까)
242. 아마
243. 저는 한 때 한번
244. 젙으로: 곁으로

이 갓이 있잲~임? 갓으 쓰구 노인들으 마이 모예서느 그, 한아버지 반~[245]이 하내 쪼끄만 게 있지 <-2 음> 거기서 이거 까끄 예고 나즈바예트사(как его называется)[246] 졸르트이(желтый)[247] 요롬 노란 쁠라스틴카(пластинка)[248]드르 글 쓴 거 그거 노상 놉디. 그게 무시긴지. <-2 아아> 음 까끄 까끄 예고(как, как его)[249].

-2 마작이라고 하지 않습두?

= 모르지. <-2 음> 무시기르 그걸 늘상 놉데. <-2 음> 그 에따(это)[250] 아버지 노인들으 모다서.

-2 노란 거 글 쓴 거.

= 응, 글씨 이래 썼습데. <-2 음> 그런 거 놉데.

-2 그 얼마나, 길이가 얼마 함두?

= 길이 나베르나(наверно)[251] 이막시[252] 컸소.

-2 어, 한 삼십 센티 정도.

= 야, 이렇게 가는 게. 그래 노인들으 모다서 이 지팽이르 짚구 모도 오지. 그래 반~ 문으로 드러가무 우리 그, 한아버지 반~으 못 들어갔소. <-2 아> 못 들어가우.

-2 할머니하고는 친하게 안 지냈습두?

= 할머니하구두, 할머니두 따르 산 게 어찌 그랬는지 내 모르갰스. 지장둔 내 생각해두다이[253]. <-2 음> 우리 어머니 이찍이 돌아갔지, 내 철이 없지 그래두 내 그, 오래(비) 동생~네 아부지르 내 건

---

245. 반~: 방
246. 뭐라고 하지요?
247. 노란
248. 음반 (이 경우 마작인 듯)
249. 뭐지, 뭐라고 하지요?
250. 음, 이것.
251. 아마 (-인 것 같다)
252. 이막시: 이만큼
253. 지장둔 내 생각해두다이: 지금두 내 생각해도

었소. <-2 음> 무스그 내 하 줄 아오? <-2 음> 방~에르 쩌서 방~에르 쩌서 (한숨) 그렇게 돌피오 그래서느 그기서 좋은 쌀으느 으음 바자르(базар)[254] 가 팔구.

-2 베 농사도 했습두?

= 베 어째 되잲~인지 베르 못 봤소, 우리. <-2 음> 그래서 좋은 거느 가서 팔구, <-2 음> 그래서 그거 가주구 무스그 집에 쓸 거 싸구[255]. <-2 음> 그래 그, 돌피르 짙어서느[256] 그거 가매에 쩌서 말리와서 이 발방~이다 정미소 없었소. <-2 어어> 발방~이다 조이[257] 이래 쪄서 그래 먹구 살았지. <-2 음>

-2 그, 어머이가 농새질 할 때 가서 보지 않았습두?

= 으음 으음 집에 있었어.

-2 그러면 그 집은 방이 몇 칸이나 됐습두?

= 반~이 집이 우리 집이 멫 칸~이까이꺼드나 아마 네 반~이껴.

-2 네 방?

= 네 반~이껴. <-2 음>

-2 집은 어떻게 생겼습두? 마당이 있었습두?

= 마당~이 있잲~고, 있잲~고? 그레 그, 이레 돌아가메 장제이[258] 막았습디. <-2 음> 그, 마당~ 걸레 가서느 터전~이. 원동~느 물 아이 대고 농새질하오. <-2 음> 그래 터전~이 있습디.

-2 어, 그럼 마당하고 이 바깥에 하고

= 가깝게두 있구 멀리 나가두 있구. <-2 음> 그렇게 있었어. 그렇잲~으머 세 호이 산 게 땅~이사 많지. <-2 음, 아아> 어, 그렇지?

-2 그러면 세 호가 이, 울타리라고 함두? 울타리? 울?

---

254. 시장

255. 싸다: 사다, 구입하다

256. 짙어서느: 찧어서는

257. 조이: 조

258. 장제이: 울타리

= 모르지.

-2 이, 우리 집하고 <= 어> 집 아닌 바깥 쪽하고 거, 세워 놓은 거? 여기서 <= 아> 이 안은 우리 집이다라고 하는 거.

= 아, 조금 새 떠[259], 긔래 울타리르 막았는지 <-2 에> 장제 에또 장제 싹 막고 있지.

-2 울타리라고 함두?

= 울타리라? 예, 장제이락 하오.

-2 장제?

= 다(Δa)[260]. <-2 어>

-2 그, 세 호가 한 장제 안에 있었슴두?

= 아이지, 제 집씩. <-2 아> 제 집씩 막았지.

-2 제 집씩 막았고. <= 음> 장제는 뭘로 만듬두?

= 널르두 하고. <-2 어> 원동~느 낭기 많잲~이요? <-2 어어어> 어, 널르두 하고. 어, 다른 거느 어떻게 했던지 모르갰어. <-2 음>

-2 아매네 집은 널로?

= 어, 장제르 하고. <-2 음>

-2 그, 장제 높이가 얼머나 됨두?

= 높이 아무래 도오 미터르 될기오.

-2 두어 미터로. <= 으음>

-2 어: 금, 들어가는 문이 있어?

= 문~이 있지.

-2 그, 문을 뭐러 함두?

= 문이? 문으, 장제문~이라 하제, 그저.

-2 장제문 <= 음> 음. 장제문 열고 들어가면?

= 열고 들어가며 닫구, 또 나오며 닫구. <-2 음>

---

259. 새 또: 사이가 떠 있어
260. 네

-2 장제문 열고 들어가며 바로 마당이 나옵두?

= 마댕~이 나오지. 그 담에 그 마달르 집으르 들어 가지. <-2 음> 그나 우리 원동~ 우리 원동~ 살 직에느야 이거 쇠로 잠금 줄으 몰았어. <-2 아> 없어. 밤나 문~이 열게 있어. 여기르 들오이 문~으 채고 채고 가지. <-2 으음음>

-2 그때 도득, 같은 거 없었어요?

= 없었어. 긔래글래 어 그냥 문으 열어 놓구 있었지. <-2 음음> 쇠르[261] 아이 잠구.

-2 그, 마당에 그, 달, 닭이나 이런

= 닭이. 닭이 있구, 개 있구, 소 있구, 도야지 있구.

-2 닭이 있고

= 개 있구

-2 개 있고

= 소

-2 소 있고

= 도야지

-2 도야지

-2 소는 묶어 났슴두?

= 응?

-2 소

= 소? 그, 소, 무시라? 소, 소라이요? 쇠. 뿔이 있는 쇠.

-2 예예, 쇠.

= 쇠, 여기 보통 말로느 쇠락 하오. <-2 어>

-2 할머니는 어렸을 때 쇠라고 했슴두? 소라고 했슴두?

= 쇠라 했지. <-2 쇠> 응, 시장~ 그래지.

---

261. 쇠: 열쇠

-2 쇠는 묶어 났습두, 끈으로, 바?

= 그래. 어, 묶어 아이 놓지. <-2 아> 그것두 이 이래 내다서 매지, 바 늘:에서[262] 풀이 많은 데다. <-2 음> 그래 멕이구 또 들에오구 했지.

-2 그, 바로 매지 않고?

= 바르 아이 맵디. <-2 어> 뿔으 맵디.

-2 예?

= 뿔으 매드라, 쇠뿔에다 바.

-2 아, 뿔에다 쇠, <= 어어, 바 안> 저 바를 바 매고.

= 그래, 음.

-2 몇 마리나 있었습두?

= 젖 짜는 쇠 있었으께 아무래. <-2 음> 멫 마린지 모르갰어.

-2 닭이는 몇 마리? 개는?

= 개느 하내이 아이며 둘이지. <-2 음>

-2 도야지는?

= 돼지 하나씩 치구. <-2 음>

-2 그, 도야지나 쇠를 잡아 먹기도 했습두?

= 잡아 먹지, 쇠느 아이 잡아 먹소.

-2 쇠는 아니 잡아 먹고.

= 쇠르 가지고서리 이거야 터전[263]어 어 음 그거 트락토루(трактор)[264] 없잲~이요? <-2 음> 그래다나이 밭 갈이르 합디. 땅~ 번지고[265]. 거기다서 곡석 심우.

-2 음, 그러면 마당에 들어 가면 닭이 있고 개가 있고 쇠가 있고 도야지가 있고.

---

262. 밧줄을 늘리어서
263. 터전: 텃밭
264. 트랙터
265. 번지고: 뒤엎고

= 음, 그게 싹다 제 그게 굴이 있지. 뇌야[266] 아이 있지. <-2 어> 쇠두 쇠굴이 있구 도야지 도야지 굴 있구. 그러챔므 우리 원동~느 몹시 칩소. <-2 음> 게다나이 싹 굴이 있지. <-2 음>

-2 굴은 따로 집을 지었습두?

= 아 그, 집 곁에다 긔래 짓지. 까끄 에또, 음, 깍 싸라이(как это, как сарай)[267] 쩌러[268]. <-2 음>

= (한참 후) 우리 여기르 삼십칠연도 이주해 올 적에야 닭이구 뭐시구 싹끄 노이야로[269] 왔어. <-2 아아> 음, 어디메 어디 가조 오갰어, 스프. <-2 어 에에> 어어 쇠수레르 한 채씨 주는 게. <-2 아아> 싣지 못하지. <-2 아아>

-2 그, 음 그, 굴이 굴이 왼쪽에 있었습두? 오른쪽에 있었습두?

= 모르지. <-2 음> 그 모르갰어.

-2 그러면, 음, 마당을 지나서 <= 음> 집안에 들어갈 때 신발을 벗고 이렇게 올라감두? 아니면 <= 긔래> 바로 들어감두?

= 구들으 신발으 바당~다 뻗고 들어가지. <-2 음>

-2 약, 높이가 어느 정도?

= 높이 높은 집두 있구 낮은 집두 있어.

-2 아매네 집은?

= 우리 집으 높으오. <-2 음> 어 긔래 신발으 그 아래다 뻗고 그담에 에따 구들집이 뭐신가? 점제[270] 깔르 점제르 틉디야[271]. <-2 음> 그래 점제르 펴오. <-2 음> 그 우로 올라가 거기다서 자리르 펴고 밤이며 자구 낮이며 거서 또

---

266. 뇌야: 놓아서, 방목하여
267. 광, 창고
268. 정확한 뜻을 확인할 수 없다.
269. 노이야로: 놓아둔 대로
270. 점제: (돗)자리
271. 깔르 점제르 틉디야: 갈(대)로 돗자리를 꼬아만든다

-2 신발 벗고 올라 가는 데를 구들이라 함두?

= 구들이라 하오. <-2 구들> 으음.

-2 구들, 구들을 올라가면 마루가 나옴두? <= 어?> 구들을 지나가면

= 구들으 지나가며 반~들이 있지. <-2 방들> 아아, 애또 식사하는 반~이 따고, 자는 반~이 따고.

-2 뭐하는 방?

= 식새하느 반~이 따지[272]. 거기서 끓이구 <-2 어 > 먹고. 그 담에 또 유하느 반이 있지. 밤이며 자는 반이 있잲~이요? <-2 예예> 그래 있지.

-2 마루는 없었슴두? <= 음?> 마루.

= 마리 없었습구마.

-2 마리는 없었고. <= 음>

-2 그러면 구, 구들을 넘어서 지나 바로 보면 방이

= 반들이 있어. 반들이 이래두 있구 이래두 있구. <-2 음> 으음.

-2 ('방'에 대한 발음에 대해 조사원들끼리 논의)

-2 음, 제사를 지냈슴두?

= 제사르 지내잲~구.

-2 일년에 몇 번이나 했었슴두?

= 일년에야 음, 모르갰소. 참, 그거 모르갰소마느. 어째 우리 그전에 조그만 기다리는가이 제사르야 <-2 어> 밤에 열두시브 지냅데.

-2 어 열두시에?

= 어, 열두시에 지내는 게, 그때느 맛있는 음식들으 많이 하지. <-2 어 허> 그래 <-2 어, 어> 그거 기다리지.

-2 어떤 음식들 했슴두?

= 아 애또, 차리라구 있었어여.

---

272. 식새하느 반~이 따지: 식사하는 방이 다르지(따로 있지).

-2 차르

= 이, 차리, 밥할 때 베느 오치니(очень)[273] 전에 거기서느 아이 심으느 모양~이 베르, 겨울에 베 그리 흔치 못하지. <-2 어> 마이 제사에느 그 새타얀 이팝 하압데. <-2 음> 지새밥. <-2 음>

-2 그러면 그, 저기 상이 있잖습두? 상.

= 산이 있지. <-2 음> 어, 아침이며 산에 가서 제새르 지내고 그렌데 어떻게 어, 밤에 열두시며 또 어찌 집에서 하는지 <-2 음> 그 모르갰어.

-2 그, 음식들을 올려 놓는 데를 뭐라 함두?

= 상~이. <-2 상~이> 어허, 우리 에따 한아버지 상~느야 도르반~이라 요런 게 있었어.

-2 도로방.

= 도리, 음, 도루반이랍디.

-2 도루반.

= 야, 옳는지 모르갰어, 내 말이. 긔래 고기다 채레서느 에또 아바이 칸으르 그거 들구 들어가서 놓구 <-2 음> 그래고서 나오며 문 닫구 <-2 음> 그 담에 아바이 그기 앉아 이래 상~ 물리라 게므[274] 들어가 그 상~ 내 오지. <-2 음> 게다나이 아바이 칸으느 그렇게 못 나드러. <-2 음>

-2 음, 그, 상~ 위에는 뭐 어떤 음식들 놈두?

= 어 에따, 우리 원동~느야, 이, 그, 시장~으 모르갰스, 뭐시기라 한두. 노, 놋식기야, 식기야 요런 <-2 으음> 밥그릇이, <-2 으음> 그 식기 더 깨.끗이 있소. <-2 음> 개 그 안에다 밥으 담구, 또 그기 대접에야 또 그결루 돌식그 따우 <-2 음> 그래 그기다서 국이나 물이나 긔래고 긔래고 무슨 반찬~이 있는 거 담아 들에

273. 아주, 매우
274. 게므: 하면

가지.

-2 반찬은 어떤 반찬을 했습두?

= 반찬이 첫째느 김치요. <-2 음> 김치구 그 담에 에또 무스그 하는가이꺼드나 물고길르 <-2 음> 물고길르 그르다 무르 여 나 긔래 또 반찬합:대. 긔래 장.

-2 물고기는 낚아왔습두?

= 물고기 (한숨) 어째 원동~느 흐 흔합데. <-2 어> 어떻게 어떻게 하는지. 흔합데.

-2 낚시는 안하고?

= 낚시지 누개 하갰소? <-2 음> 으흠.

-2 금, 그 물고기는 뭘로 잡는두?

= 아무래 굼물로 잡갰지. 뭘루 잡갰소.

-2 에?

= (한숨) 우리느 구물[275]이라 하오.

-2 궁물?

= 야, 이렇게 씨예뜨까(сетка)[276] 있잲~이오? <-2 아> 아하.

- (조사원들끼리, '구물'의 발음에 대하여) 엠은 한 개 같은데. <-2 예>

= 그래 그걸루 가서 잡어 오지. <-2 으흠>

-2 아:들도 가서 잡 잡는두?

= 내 아들이?

-2 아니, 그, 아 아이들, 아이들.

= 아이들이? 그리 큰 아들 없었지.

-2 음, 어른들이, 어시들이 가서.

= 긔래, 어디, 어른들으, 어디 가 긔래 잡아 오므. 그때는 우리 어

---

275. 구물: 그물

276. 그물

시장 아들은 예예이로 그전에느 우리 처도(Что-то)[277] 그렇지 못 했스. <-2 음>

-2 어, 짐치 놓고, 물고기 놓고, 밥 놓고, 국 놓고, 떡은 안 놨습두?

= 떡이, 드물게 드물게 먹소, 떡으 <-2 음> 조선 사람들이.

-2 그 제사 제사 상~ 상~.

= 아, 제사상~ 떡이 떡으호 못 봤소. <-2 아> 구비느 굽어 놓습디.

-2 에?

= 구비락 하오, 우리느.

-2 구비.

= 음.

-2 구비가 뭡두?

= 구비 뭔가 하이끄드나 챠입살[278] 갉을르 이릏게 굽갰~이요? <-2 에에에, 아아> 알아 이해했스? <-2 예예예> <- 으음음> 그거 구비라 하오. 지금 우리 산으르 가두야 <-2 어> 꼭 그 구비르 구워 가지고 가오. <-2 음> 밥으 하고 구비르 굽구, 물고기구, 채소구, 단게구. <-2 음> 어 애또.

-2 당게? <= 음?> 당게가 뭡두?

= 단게 뮈신가 하이, 깐페트(конфеты)[279], 뻬체니(печенье)[280].

-2 뭘로 만듬두?

= 오이, 에 까끄 까끄 밤 스까자띠(ээ, как Вам сказать?)[281]. (웃음) 단게 뮈시겐가이까이, 오 인보[282] 흠 깜짝 잊었지 뭐 내.

-2 예, 천천히.

---

277. 어쩐지, 뭔가
278. 챠입살: 찹쌀
279. 사탕
280. 쿠키
281. 어떻게 설명해 드려야 할까?
282. 오 인보: '오, 알다시피'의 뜻으로 짐작된다.

= 못 기억하오. (웃음) <-2 에> 어린 아이들 무스거 주오? 보통 그전에느 뭐시기 없어 엿이나 달였지야. <-2 예 에에에> 시장 엿이으 아이 달이고, 으사 상점에서 무스 거 파오? 가지각새르 <-2 으음> 그거 깐페트 <-2 으음> 뻬체니. <-2 아아아아아> 어데, 단똑[283]으느 뻬체니라고. <-2 에, 알았습니다 알았습니다.> 알았소?

-2 예. 빠느야드나 (웃음)

= 빠느야드나(понятно)[284] 보뜨 다끄(вот так)[285] (웃음) 음. 그래 그런 게나 놓구 괘실이 놓구.

-2 게식?

= 괘실이 뭐신가이, 사가나 <-2 음> 배나, 걔 그것두 가주가오. <-2 음음음음>

-2 그, 제사 상~에 에, 과일도 놨슴두? 과일?

= 과일?

-2 여르매, 여르매.

= 놓잲~이구 그래.

-2 어떤 궈 궈? 여르.

= 이 이, 여기 시장 바자르(базар)[286] 있잲~이요? <-2 예> 야블로꼬(яблоко)[287]나, 야블로꼬 뭐신가이 사과지?

-2 음, 사과.

= 아, 포도나.

-2 원동~에서도 놨슴두?

= 응?

283. 단똑: 단것
284. 이해했습니까?
285. 그래요.
286. 시장
287. 사과

- 원동에서도?

= 원동~에느 모르갰소. 무스거 놨는지. 원동~느 거저 내 무스거 기억하는가이끄 이거 밥 해 놓구. <-2 음> 닭 잡구.

-2 닭도 잡

= 닭으 잡구. <-2 음> 으흠. 긔래고 에 도야지 고기두 놓구.

-2 음, 도야지 고기?

= 아하(Ага)[288], 그런 거 똘꼬(только)[289] 다른 거 내 모르갰스. <-2 음>

-2 물고기는 구워서 놨습두?

= 굽어서 놓스.

-2 응, 굽어서 놓고 <- 으흠> 으음. 국에, 국은 뭘로 만듬두? 국물이.

= 국으? 보통 우리 여기서 어 배채르, 여름에느 그 배채다서.

-2 아니, 그, 원동에서 제사?

= 아, 제삿상~에 국 아이 놓지.

-2 아, 안 놔요? 아.

= 안 놓지, 음, 물으 떠놓습데.

-2 으흠. 물만.

= 물만 놓습데. <-2 어음>

-2 으아, 그러며는 밥, 물.

= 구비 거 <-2 구비> 무시기라 하오?

-2 도야지고기, 닭고기, 김치, 물고기.

= 김치, 김치르 아이 놓소.

-2 김치 안 놓

= 세삿상~ 아이 놓소. <-2 어어> 그저 채르 해 놓소. 채소. 채르,

---

288. 응, 네

289. 다만, 단지 (- 만)

어, 무스글르 채로.

-2 어떤 나물로 채를?

= 어떤 나물 아는가이 여기 므 보통 우리인테 염지. 그 무기시라 하는지 모르갰스. <- 염지> 우리느 염지라 하오. <-2 음>

-2 또?

= 긔래구서리 또 외[290]나 있으머 외나 가제 가구.

-2 외나?

= 외, 외, 아구르찌(огурцы)[291] <- 오이> <-2 오이, 음>

-2 음 어, 아구르찌를 외라고 함두?

= 야. 에, 외, 참외 아이고 어? <-2 음> 새 에따 새파래 요맥실한 게 걔 뭐시고? 그거 우리 외라 하오. <-2 음> 노시아말로느 아구르찌. <- 으음> 아아 에또 참외느 드나(дыня)[292]구, 이래 큰 거, <- 으음> 그거 참외락 하오. <- 으음>

- 다시 한번 러시아말 아구르찌가 뭐라고?

= 아구르찌느 요 새파란 거 요런 거 있쟪~임두? 외, <- 음> 그거 아구르찌라 노시아말 하구예. 참외느 우리 뭐시라 하는가이 드이냐. <- 음> 이룽게 큰 게 있쟪~임두? 그거 참외라 음.

- (조사원들끼리 발음에 대한 논의 후 다시 자료제공인에게) 어흠 어, 그러며는 장도 노 놓습두?

= 아이 놓소. <-2 장> 제사 장~ 아이 놓소. <- 음>

-2 그러면 채를 만드는 게, 염지?

= 염지, 어어, 원동~서느 내 모 못 기억하갰스. 여기서느 내 산으르 갈 직에므야 <-2 예> 쥐인 산으로 갈 제 무스기 해 가주 가는가 이끄더 밥 한 그릇씩, 그 다음에 또 구비르 한 그릇씩 굽구. <-2

290. 외: 오이
291. 오이
292. 참외

음> 그 그 다음에 어어 돼지 고기, 닭으 하나 사 사 삼구. <-2 음> 그 다음에 채느 무스거 하는가이끄더 이기 뮈시게 채소 많잲~이요? 긔래 그 짓[293]두 채르 두 가지르 하오. <-2 음> 긔래구 에또 사과나 포도나 <-2 음> 그런거 싸구, 그 다음에 단거 싸 가지구. <-2 음> 긔래 가오. 개 술이 한 핑제. 술이 술이 한 병. <-2 음>

- 술이 한 평제? 술이 술이 멫 개?

= 한나. 예.

- 한 핑제

= 한 핑쩨. 한 병~이 한 핑쩨지?

- 으음

= 그래 가져가.

-2 그, 채는 뭘로 만듬두? 어떤 나물로 만듬두?

= 채 여기서느야 내 무스글 하는가이, 이, 외두 싸다서, 그, 푸른 외 요막씨한 게 있잲~이요? <-2 어> 그걸르 채르 하구, 그다가 고기 옇자며 옇구 아이 옇자며 아이 옇구 그래 옇구. <-2 음> 그 담에 염지르 <-2 염지> 염지챌로 <-2 음> 음 긔래 가주 가지.

- 그, 제사는 누귀 집에서 지냄두?

= (한숨 쉬며) 제사 오브츠노(обычно)[294] 맏아드 집에서 지냈구마.

- 원동~에 있을 때.

= 예, 원동~에 있으 제 맏아드 집에서. 지금 여기 와서느 누(ну)[295] 마약에 내 쥐인~이 돌아갔으이 내 아들들이 데리구 가지. <-음> 긔래 우리집에서 지내지. <-음>

- 그라믄, 음, 맏아바이, 맏아바이 집에서만 지냄두? 제를 지낼 때?

---

293. 짓: 집. '그 짓두'는 '그 집도'

294. 보통

295. 구어체에서 쓰는 말.

= 그, 모다 가지. <-어> 동생~네나, <-음> 그래 <-다 모다> 지나기는 그 집에서 지내. <-음>

- 그, 원동에서는 명질이 어떤 날이 있었습두?

= 어, 새해, 그 담에 어 동지, 어, 그 담에 새해 설이지? <-음> 그래고 동지르 세고, 그 담에 오월 기렘[296] 셉더. <-음?> 오월 일일 셉더마. <-오월> 예.

-2 단오?

= 단오, 단오. <-2 음> 오올 일일.

- 음, 단오라고 함두? 단위라고 함두?

= 어어 어저느 사람들 아라스나(Разный)[297] 말합구마. 단위[298]라구두 하, 단위 이게 말이 아이 옳지? <-음> 그래 옳게 말하는 사람으 단오. <-음> 아: 따끄(а так)[299] 단위라. <-음> <-2 음>

- 옳은 말 없습두. 원래 쓰 그, 아매 쓰던 말, 그게 옳은 말이요.

= (웃음)

-2 아매는 원동에서 단위라 했습두?

= 그랬갰지, 머 아무래. <-음> 어, 도구이[300] 아이들인게 무슨. <-음>

- 음, 그러문 새해에는 뭘 함두?

= 설이라.

- 음, 설.

= 설.

- 그때는 옷 곱게 입고?

= 곱게 입구, 새 옷으 입구 노지. <-음> <-2 음>

---

296. 기렘: 기념일, 즉 명절, 생일 등. 오월 기렘은 단오를 말한다.
297. 여러가지로, 다르게
298. 단위: 단오
299. 보통
300. 도구이: 더구나

- 뭐하고 놈두?

= 휴, 무스, 어쨌던지 어째, 잘 모르갰습구마 내. <- 그>

- 윷꿔놀이도 하고?

= 응?

- 윷꾸놀이?

= 윷꾸놀이두 하구, 널뛰기두 하구. <- 음> 이, 구레두 뛰구, 굴, 굴에 다(да)[301]?

- 구리?

= 일리(или)[302] 굴귀, 일리 까끄(или как)[303].

- 으흠, 굴귀

= 아, 그것두 굴귀두 뛰구 널뛰기두 하구, 그거느 우줴(уже)[304], 아, 자란들이구. 우리느 아이들인게 무슨.

-2 굴리는 어떻게 하는 검두?

= 이릏게 낭기다 맵데 야. <-2 음> 바 두 줄 이레, 그 다음 그다 널으 놓구, 그래우 그기 올라 서서 둘이 뛰는 것두 있구 하내이 긔래는 것두 있구.

-2 으흠, 아매도 잘 했습두?

= 조끔 했소.

- (웃음) 이렇게 <= 예> ○○는 높이 높이

= 높이 높이 올라가 치매 펄렁펄렁 <- 음> 바름에.

-2 그때 하는 말 없습두?

= 응?

-2 자, 어, 잘한다 이런 말.

= 잘한다 하는 말이?

---

301. 그래요?
302. 혹은
303. 아니면 뭐지?
304. 벌써, 이미

- 높이 올라갔을 때, <-2 구 그 어 굴리> <= 야> ○면서 아.
= 아 모 어전이기 멫 해 지나가오 <-2 음> 기억지 못하갰소. <-2 음 음 음>
- 거, 여자들만 하는, 기렘두?
= 으 모 몰래, 어쨌던지.
- 남자도 뛰고?
= 기렘이므 돌아오므 기렘이 돌아오므예 남자구 여자구 다 모입구마. <-음> 걔 아무레 더 놀았갰지므. <-음>
- 그러믄 그, 새해 설에는 뭐 음식이 특별남두?
= 긔래. <-음> 특별합구마.
- 어떻게?
= 암, 에또, 떡두 하구 긔래 보브쎔(в общем)[305] 맛있는 음식들으 모도 그 갖추지.
- 음 <-2 음>
= 그래 원동~서느예 그전에 우리 할무니랑 설에 음식하므 어 에또 보름꺼지 먹어야 된다 <-음> <-2 아> 그랬대.
- 그러믄 음식을 많이?
= 마이 그예 하지.
- 떡은 어떻게 함두?
= 떡으 칩:더구마. <-음> 이런 데다 <-음> 구시에다 망치러 가지구. <-으음> 밥으 쩌서.
- 그 그거는 저기 어 멀 멀 베로 치늠두? 쌀 쌀로 치늠?
= 쓰 쓰 쌀으 밥으 쩌서 <-밥으 쩌서> 예 <-음> 그래서 떡 칩더만. 그, 원동~이, 긔 내 모르갰습구마. 요롷게 그 자담하게, 어 에또 찰이라고 노란 쌀으 시처뗜[306] <-2 음> 긔래 그거 쩌서 찰

305. 대체로
306. 정확한 뜻을 확인할 수 없다.

떡 칩더우. <- 음>

-2 그 찰이란 게. 아주

= 자담한[307] 게

-2 자담하고, 노랗고.

= 노랗고 한 게, 이런 이삭이 달기 있대[308]. <-2 음음음> 이룽게 이래 이삭이 달긴 게.

- (조사원끼리) 차조를 이야기하는 것 같죠?

-2 예. (다시 자료제공인에게) 그, 설날에 신, 신은 어떤 신발 신었슴두?

= 모르지, 어떤 거 신었던지. <-2 음> 어떤 거 신었던지 모르갰소. 보브세므(в общем)[309] 가난하게 살았소. <-2 음> 음.

- 그, 헝겊으로 만들은 신?

= 마약에 여기 갈로쉬(калоши)[310] 시장~이 있쟪~이요? 거 무슨 고무신 있쟪~이 <-2 음> 그게 뭐 좋은 신발이라 했소. <-2 음> 음.

- 집에서 재빌로 만들 때는 어떻게 만들었스 슴두?

= 집에서 고 나두 맨들었는데.

- 어 어떻게?

= 이 이 후 마약에 이복이 바지두 낡은 게 있쟪~임두? <- 음음> 그래 그거 종~이에다 이게 이게 슷 본으 뜨지. 그래 그처르 베서 마시나(машина)[311]다 대구 박아서 이 바댁[312]이느 어 그런거 점, 낡은 신발이 어디 그런 게나 그렇쟪~이므 음 이거○ 에또 바렌까(валенки)[313] 왈렌까 그거 베서 바댁이리라 노[314]르 잡아매서 한

307. 자담한: 조그마한
308. 달기 있대: 달려 있대.
309. 거반, 대체로
310. 오버슈즈, 덧신 (고무신과 비슷하다)
311. 차
312. 바댁: 바닥
313. 겨울용 장화

데다 붙에 그래 신구 댕기지. <-어흠> <-2 어흠>

- 그그 한번 만들먼 얼마나 신슴두?

= 한 한번 만들므 오래 신습구마.

- 일년?

= 일년으 아이 가지만애두 예 그 헝겇이 돼 놓이꺼드나.

- 그러면 비오면?

= 비오머 모르지 그래 젖으메 댕기갰지므. <-음>

- 댕기고. 그 다음에 그거를 동삼에도 신 신슴두?

= 동삼[315]에느 또 그거 어찐가이꺼 이거, 보선으 예 낡은 거 그 안에다 가뜩 옇어서 이마이 올라오게 또 하구. <-음음음> 그래서 그 갈로시에다 신구 댕기지. <-음>

- 그 그 안에 동삼에는 칩지 마라고 뭘 많이 넣슴두?

= 마이 넣구서르. <-뭐 긑은거> 헌 헌겇이나 스스 소캐[316]나 있으믄 거기다 옇구서르 마슨에다 대구 박아서. <-음> 긔래 하지. <-음>

-2 소캐? 소캐가 뭡두?

= 소캐? 소, 에 에또 이불에나 그전에 놓잲~이요? <-음> 뭐시게오? <-음> <-2 아아> 이불할 직에, <-2 어 에> 조선 사람들이 <-2 어어 에에에> 그 뭐시게라 하오?

- 흐흐흠 소캐라고 함 합니다.

= 스 소캐라구두 하 (웃음) 우린 소캐라우. <-2 음>

- 츠 소캐는 그, 만들어 봤슴두? <= 므오> 그냥 있는 소캐.

= 있는 게지므. 만드지 못 했소. <-어> 예 그거 상점에서 싸다나 그래 했갰지.

---

314. 노: 노이, 노끈
315. 동삼, 동샘: 겨울
316. 소캐: 솜

– 음 그러믄 이제 동삼에는 이렇게 여기까지 오는 거.

– 예.

– 그 이름이 뭐라 있습두?

= 그 우리느 거 거저 보손이라 했습구마. 소캐 보손~이라구.

– 소캐 보선? <= 예 그래 해 신었소.> 보선하고 신은 다른 거지?

= 신은 갈로시 신었지. <– 신은 갈로시> 갈로시 뭐시겜두? 그 에또 음 갈로시 에 에또 노시아말이. <– 으흠> 로시아말로 갈로시, 아 고려말로느 그 믜시긴지 모르갰스.

– 여, 이 여기까지 오는 거는 뭐 보손?

= 보손. <– 음> (10초 휴지) 여기 시장~ 에따 늙은 끼르끼스까[317] 드라 이거, 얇은 이거 그런거 가주구 이 이 이 이거 신구 그 우이다서 신쟁~입디? <– 음> 봤소 그런거? <– 으흠> 그게 갈로슈. <– 음> 그 우에다 신는 게. 그런 궤다서[318] 보손 신었스. <– 음>

-2 보손 안에는 아무 것도 안 신 안 신었습두?

= 없지앻~이쿠 그래야. 그전에 구차하게 살았소. 이복도 벌벌이 없소. <-2 음> 우 내 시대두 내 그렇게 살았소. 이 전장~ 후에예. <-2 음> 내 아: 서이지. 어, 내 남편~ 무슨 일하느까이 짐승들이사, 월급이 많쟇~지. 그래서느 아 아들이 밤에 잘 적엔 내 아들으 우티[319]르 베껴 씻쳤으니 가매목[320]에 말랴서[321] 아침에 닙했스. <-2 음> 내 시대두 그렇게 살았스. <-2 음>

-2 어렸을 때 명절날 그, 명절날 말고는 치마 이런 거 안 입었습두?

= 응?

-2 치, 치매

317. 끼르끼스까: 여성키르기스인.
318. 궤다서: 그것이 있는데
319. 우티: 옷
320. 가매목: 가마곁
321. 말랴서: 말려서

= 치매르? 까끄(как)[322] <-2 안그> <- 응> 내 모 이해했스, 무스?

-2 우티

= 우티? 우티르 우리 그전에느 이 조선 우티르 안 입었소. <-2 아> 싹다 로시아식을르 입었소.

-2 원동에서?

= 원동~에서 <-2 어> 조선 우티르 아이 입었소. 아 에또 우리 할머니느 조선 우티르 입습데. 베 있잲~임두? 베치매나, 아, 쏙옷이나, 벨르 싸 맨드[323]. 그래 조선 우티르. 우린 아이 입었스.

- 로시아식 우티는 어떻게 생겼습두?

= 러시아 우티 무시겐가이꺼드나 이게 조선 치매느 이릏게 마이 너르구 지잲~임두[324]? 이 로시아 치매느 짜르구 솔구[325]. 그 다음에 적샘이나 <-2 음> 저고리나 그래 입구 댕겠지. <-2 음, 솔고.>

- 동샘에, 이 장갑이.

= 수 수 수갑이. 수갑 맨들어 속엤습구마[326]. <- 음음>

- 어 어떻게 만들었습두?

= 허 헌겊을르 잇어서 한 소까락 딸[327] 나오 이건 다 한 데 들어가게. <- 음음> 맨들어 속엤스. <- 음>

- 다시 한번 그 수갑 만드는게?

= 예, 수갑 맨드든거 헌겁으르 으? 헌겁을르 이래 다만 이 엄지소까락만 하나 딸하고 이거 다 한드르 들어가게, 이래. <- 음음> 그래 했소. <- 음>

- (조사원들끼리, 손가락/소까락에 대해 논의)

---

322. 어떻게?
323. 벨르 싸 맨드: 베로 싹(=모두) 만들었다
324. 너르구 지잲~임두: 넓고 길지 않습니까
325. 솔구: 좁고
326. 속엤습구마: '속다'는 '(장갑을) 끼다'는 뜻이다.
327. 딸: 따로

= 이거 우리느 엄지소까락이라 하오. 음

-2 음 그러면 그 이건 뭐라 함두? 다시 한번?

= 엄지 엄지소까락이라구 하오.

- 음 이거는?

= 이건 그저 소까락이갰지므. 이게 새끼소까락이라구. <-2 음> 그 다음에 모르갰스. <- 음>

- 이건 뭐라고 함두?

= 바꼬락이 <- 으흠> 바꼬락이.

- 으음 (조사원에게) 역시 엘[l]이 없지요? <-2 음> (다시 자료제공인에게) 그렇게 헌겇으로 이렇게 만든 그게 수 수갭이?

= 예예 <- 음> 수갑 맨들았소. <- 음 수갑이> 그렇쟁~임 장갑이라.

- 장갑이라고. <= 응> 음. 그, 아매가 재빌로 만들었슴두? 어시가 만들어 줬슴두?

= 아무래 어시들 맨들었갰지, 그전에 우리 어린 게. <- 으음> 우리 어마이 여기와 돌아가다나이 그전에 우리과 같이 있다나이. <- 음>

-2 동짓때는 뭐 먹었슴두? <= 응?> 동짓때?

= 어 동지 동지에 퐃죽으 한답데. <-2 아> 파에다카 이어 차입쌀[328] 갉으 내서 거이다 팝 에따 파르 삼아서. <-2 어> 열콩~이 아이쿠 요 자담한 거 긔래 거긔다 여서 합데. <- 음> <-2 음>

- (조사원들끼리) 그니까 찹쌀은 차입쌀이라고 따로 있네. <-2 예예> 아까 찰은 차조고. <-2 네> (다시 자료제공인에게) 동지에 그, 먹는 게 팥죽?

= 퐃죽이라 합데. <-2 음>

---

328. 챠입쌀, 차입쌀, 차입쌀: 찹쌀

- (조사원들끼리) 팥죽할 때 그 지읒이 무슨 소린지 들어 봐요. (다시 자료제공인에게) 자, 동지때 먹는 거 다시한번?

= 퐃죽, 죽. <-음>

- (조사원들끼리 발음에 대한 논의. 다시 자료제공인에게) 그러면 이제 챠입쌀을 갉으 내서.

= 갉으 내서 <-내서> 그 담에 그거 쳐서 요롷게 오구래르 합더구마예. 부베서 <-음> 엄지 소까락을로 눌러 그게 파 삼으므 그 안에 들어가게 그래 그 파 삼은 물에다 그 옇어서 한데 끓입더. <-음>

- (조사원들끼리, '팥'의 받침에 대해 논의. 다시 자료제공인에게) 그, 치는 거를 뭐라고 함두?

= 채. <-채> 채. <-어> 치는 다듬는 기고 <-음 아아> 쌀으, 아, 채느 이 치는 게 갉으 치는 게. <-으음 음음>

- (조사원들끼리 발음에 대해 논의. 다시 자료제공인에게) 그러면 채를? 이렇게

= 갉으 쳐서. <-갉으 쳐서> 예 그 담에 거게 쌀이 기튼 거 또 고체 옇서 방~에다 쩌서 <-음> 그래 다 갉이 되 때꺼지. <-2 음>

- 갉이 이렇게 좀.

= 예, 그래, 가루 가루 바드로운, 보드라운 갉이 되 때까지.

- 보드라운 갉이 될 때까지. <=예> 이케 첨에 치며는 그게 보드랍지 않고 어떼?

= 그래도 그래 칩두마. <-어> 그래 쳐서 그 담에 또 그거 어 짓는 거 채 짓는 거 또 방~에다 고체 여 더 쩌서.

- (조사원들끼리, 발음에 대한 논의. 다시 자료제공인에게) 자 이제 그 챠입쌀으 갉으르 내서. 그, 다시 한번 <-2 웃음> 우리 잘 몰라서.

= 예예. 챠입쌀으 어 첨에느 씾어서 그게 다 어저느 퍼 퍼졌지 쌀

이. <- 으흠> 그렌거 방~에다 쪄서 방~이다 찌민서리 그 가리 나오는 거 채다 쳐서 그 담에 채 또 스 체 갉이 아이 된 거 짙으며 방~에다 고체 옇서 그레 쩌 다 가루 되 때꺼지. 쪄서 그 담에 그거 가주고 하오.

- (조사원끼리 구개음에 대한 논의. 다시 자료제공인에게) 그래서, 그거를 쪄서.

= 쪄서

- 오그래를

= 예, 물에다 이게서 그래 이게 학 하낙씩 이래서 오그래르 합드마. 오그래르 이래. 어 엄지소까락으로 눌러서 어찌 그렌지. <- 어>

- (한참 후) 그서 오그래를 해서 <= 어, 그> 그, 엄지소까락으로

= 눌러서 <- 눌러서> 그 담에 그 가마 가매서 어저나, 그 퐃이 끓지[329]? <- 음> 그렌데다 거 이래 옇어서 끓립드. <- 음>

- 그러먼 음, 그렇게 끓이는 뭐?

= 그래 그거 퐃죽이라합드.

- 아, 팥죽이라고. <= 음> 그러먼 거기 오그래는 나이대로 먹습두? 그냥 한 그릇 한 그릇씩 펴서 먹습두?

= 한 그릇씩 펴서 제시[330] 이레 주지. <- 음> 매.

- 음, 제시 주고. 여기 에 한국에 <= 예> 남한에서는 그 오그래를 <= 예> 열두 살이면 열두 개.

= 아아, 우리느 아이 그래. <- 아> 아이 그래. 그저 이레 <- 그냥 그대로> 담는 대로 주오.

- 어, 음음 (조사원들끼리, 발음에 대한 논의. 다시 자료제공인에게) 그으, 동짓날에는 그렇게 꼭 그, 팥죽을 해 놓습두?

= 퐃죽 해 먹구, 다른 음식도 있지.

---

329. 끓다: 끓다
330. 제시: 제식, 제각각

- 음, 다른 음식 어떤 거?
= 그러나 예 제일 그런 거는 아무래 퐃죽인 모양입드. <- 으흠 으음> 그래 하.
- 음, 그러며는 인제 우리가 서울에서 와서 잘 말을 못 알아들었는데 <= 예> 아매 한번만 더 말해 줍소. <= 예> 자, 팥죽 끓이는 법.
= 퐃죽 끓이는 법? (모두 웃음)
- 그거 많이 공부해 가야 돼. 한국서 그래 끓이게. (웃음)
= 첨에 퐃으 씻어서예 <- 음> 가매 옇지
- 첨에 퐃으 씻어서
= 가매 옇지. <- 음> 긔래 그 끓이지. <- 음음> 걔 어저느 그게 거이 끓여지지. <- 음음> 그랠 직에 이거 쌀로 오그래르 해서예 <- 음> 그 안에 이래 옇습드마. <- 음> 긔래 한데 더 끓이지. <- 으흠> 그게 익을 때꺼지.
- (조사원들끼리, '팥으' 발음에 대한 논의)
= 긔래 어떤 집에서느 그기다서 입쌀도 씻어 옇습구마. <- 음> <-2 아> 아, 어떤 집에서느 맹 오그래만 하구.
- 오그래는 큼두? 짝슴두?
= 요렇게 됐갰구마.
- 아아, 그렇게 되고.
= 예. 아하, 요론 데다서 이레 스, 그 가운데다서 이레 이레 꾹 누릅데. <-2 어> 그거느 긔래 가운데 퐃이 드가라고 그레는 거. <- 음음 흠>
- 그러먼 동그란데 가운데가 꾹 눌른 거.
= 예. <- 아> 그래 삼습드마. <- 으흠 음>
- 그, 동지 때 그 팥으 이렇게 문에다 이렇게 바르고 그런 거 안 했슴두?
= 어찌 내 모르갰습구마, 그거느.

– 어, 먹기만 하고.

= 먹으 먹는 거느 내 압구마.

– 기력나는데. <= 예> 음. 그러머 인제 동지 지나고 쪼금 있으면 인제 설이 되고.

= 설이 되이.

– 음, 설 음식은 설날 전에

= 미루하지.

– 어, 미루하지. 음, 그때 식구들 다 모여서 함두?

= 어, 매일 지 식구 모이지. <– 음>

– 그때 인제 설에 어떤 음식을 만듬두?

= 설에 찰떡하든지, 여기서느 잘 모르갰습구마. <– 음> 그랜네느 에또 어 큰집 우리 맏아바이 집으 큰집이라 하서, <– 음> 긔래 큰집으로 모다 가지. 긔래 모다 갈 지 빈 게 아이 가오[331]. 또 무스기 그래 가져 가져 갑드마.

– 음. 무스그 가지고 가고.

= 예.

– 그날은 인제 아침에 모여 다 같이.

= 다 같이 식새르 하구 노지.

– 아, 절은 안하고?

= 절하는 법이 없습구마. <– 아> 이에 에따 설날에 이거, 어, 이상들[332] 앞에 절하는 게 없었구마. <– 음음> 그거 몰랐습구마, 우리. <– 음으음>

– 그럼 다 같이 모여서 식새를 하고

= 식새르 하구 그저 노지.

---

331. 큰집으로 모다 가지. 모다 갈 지 빈 게 아이 가오: 큰집으로 모두 가지. 모두 갈 때 빈 손으로 안 가오

332. 이상: 손위(사람)

- 어, 머하고 놈두?
= 머머 무스그 어떻게 놀았든지 그저 그날은 일 아이하구. <- 음>
- 근데 거기서는 원동에서는 요렇게 이상 사람 만나면, 이케 길 가다가 만나면 어떻게 인사함두?
= 원동~서 길 갈 마
- 길, 학교, 학교 가다가 어른을 이상 사람 만냈다. <= 예> 어시들 만냈다 하면 <= 예> 인사를?
= 그저 안녕하심 알령하심두 여그 안녕하심두 <- 어> 알령하심두 하지.
- 알렴하심 알렴 알렴하심두?
= 예. 알령하심두 하지. 여기로 로시아식으르 싹 손 잡고 인사하쟪~임드? <- 으음음> 손.
- 거기는 무슨 밥 먹었슴두 그렇게 인사 아이 하오?
= 아이 그랬구마.
- 아, 그냥 알령 알령하심두.
= 예. 그저 안녕하심드. <- 음>
- 그러면 설에는 인제 일 아이 하고 <= 예> 할리를 놀았슴두? 메칠 계속 놀았슴두?
= 설에 사흘으 노든지 내 잊었습구마. <- 음> 예. 단오느 겡장~하게 놉구마. <- 음> 덥은 때다나이크나. 어 굴기두 매 놓구 널뛰기도 하구. <- 음> 음.
- 덥은 데다 덥은 데니까.
= 예. <- 음> 오올 단온게 날이 덥쟪~임두? <- 으흠> 게을에느 칩지. <- 음>
- 그러면 설에는 이, 어시들이 이렇게 아이들게 무슨 뭐 돈이나 이런 주는 것도 없었슴두?
= 돈이나 주는 거 모르스갰구마마는 새 옷은 해 좠구마. <- 음>

에, 돈이나 이런 거느 내 모르갰습구마. <- 음>

- 새 옷 해 주고.

= 예, 그래고서르 음식 갖아 멕이지. <- 으흠>

- 거러면 그때 설에는 그때 먹든 게, 떡이고? 또?

= 예, 긔래 거기 무스기 또 무슨 마이 채소나 뭐 고기나 있었갰지. <- 으흠>

- 밥은 쌀밥? 이, 이팝?

= 이팝이 없었구마.

- 음, 설에도?

= 설에느 뭐 이팝 했갰지만, 보통 이, 돌피밥 먹었습구마, 우리. <-2 음>

- 돌피밥?

= 예.

- 그 무슨, 어떤 밥임두?

= 돌피, 어떻게 말하게 말했으므 좋갰는지 모르갰습구마. <- 음> 긔에 그저 밥이 없어 그럽아 먹는 게지, 맛이 없는 겝구마. <- 으흠> 그런게. 이게 시장도 이레 여기나 댕기며 보머 어 물가격[333]에 그런 거 자랍구마. <- 음> 돌피.

- 아아, 쪼그마한 거.

= 자담:한 알이 이레.

- 어, 자다만하고. <= 예> 알, 그.

= 아 알이 작

- 새 색깔은? <= 히?> 빛깔은?

= 빛깔으 쌀으느 쪼끔 휩구마. 그, 끄풀이 싹 그러네느. <- 음>

-2 돌피는?

---

333. 물가격: 물가녘

= 돌피르

-2 돌피는 색이요, 무슨 색?

= 색이 어둡소. <-음> 이 색이 나오. 지 바지 색이 나오. <-바지 색이> 으흠. <-음>

- 돌피. <= 예> 음. 그 돌피밥을 쭉 먹었습두?

= 예.

- 감재나 이런 거 안 먹구?

= 감재두 있구, 옥수꾸두 있구. <-음> 그래 먹지. <-음>

- 이팝은 한번도 못 먹어 봤고?

= 이팝으 먹습구마. 그러나 혹 <-음>

- 어떤 날에? 제사?

= 제사날에나. <-어> 긔레 아무래 기렘일에 했갰지. <-음> 그래 종종 못 먹습구마, 이팝. <-음>

- 그러면 원동에 있을 때는 기렴일이 어떤날 어떤날 있었습두?

= 원동~ 있을 직에 내 생각킨 날은 무신가이끄드 새해 설에 쇠고 <-음> 그 담에 에또 오올 단오 쇠고 <-음> 그래고 이, 동지에 <-음> 긔래고느 모르갰습구마. <-음>

- (조사원들끼리) 음, 그 세 개가 주 그거였구나.

-2 그기, 취섹이 취섹이는 어

= 추석 아이 쇠오. <-음> 똘꼬 한석 추석 산으로 가는 거만 내 아오.

-2 예?

= 산으로 에또 <-음> 모[334]르 가는 것밖에 모른데. 지세[335] 지내로 가는거 모르. <-2 음> 추석 한석 산에 가 지세르 제.

-2 한석은 언제?

---

334. 모: 뫼
335. 지세: 제사

= 한석이? 한석이 어느땐가이꺼드나 어, 오올 초닷세날 이. 우리 이 시장~ 로시아 역시느, 음, 가만~이 있어. 어어, 음력이 므스기오? 음력으 무스그 음력이라 하오? 우리 말하는 게.

- 음, 음력도 음력이라 함

= 음력이, 조선이? 조선을로지? 그레므 양력을로 오오[336] 초닷셋날. <-으흠> 그게 에또 한석날입구마. <-으흠> 추석으느 팔월 열이렛날으 이렇게 잠근[337] 날이 베께서 구월달두 가구. <-음 으흠 음>

- 그, 한석에는 산으로 갈 때 뭐를 가져감두?

= 산은 내 갔 직에느 무스그 내 가져 가는가이끄드느 술이 한 핑제구 <-음> 닭으 한 마리 잡구 <-음> 그 담에 에또 도야지고기르 한내고 한 석 첨[338] 해구. <-음> 그 담에 채소르 뒤 가지 하구 <-음> 또 그그 밥으 한 그륵씈 하구 <-음> 그 담에 이거 챠입쌀 갉을로예 구비르 굽습구마. <-음> 그 구비르 굽구. 긔래 고서레 이 괴실이나 단거 긔레 가주 갔그. <-음>

- 음, 게시 게시?

= 괴실이 뮈신가이끄드 이게 사과나 포도나 이거 괴실이라 합:구마. 예.

- 아, <=예> 괴실. (7초 휴지) 괴실이나 단거 <=어 단거> 단거는 어떤거?

= 단거 어떤가 하이끄드 내 조선말 모르갰습구마. <-음> 에, 상점에서 파잲~임두? 예 아라즈늬(разный)[339] 단떡이나 <-으흠> 얇은 거 두껍은 거. <-음> 그 담에 에 깜페트리 조선말로 무시기라 하는지므 <-으흠> 깜페트이 <-으음> 상점으 가머 긔래 많잲~임

336. 오오: 오월
337. 잠근: 종종, 자주
338. 첨: 접시
339. 여러 가지, 다양한

두? <-으흠음> 라즈늬 아라즈늬. <-으흠> 깜페트 뮈시기라 하는드 내 그 손녜게서 들었는데 잊어 버렜어. <-어허허허>

-2 사탕?

= 사탕~으나, 응. (한숨 쉬며)

- 그러먼 한석에는 누구 모이로 감두?

= 모이루?

- 누구 모, 누구 모, 모, 저기.

= 죄인~ 모로 가지. <-어> 아들으느. 내 아부지 돌아간 지 오랍구마. <-음> 아들가 메느리느 시아바이 산으르 가지. <-음> 그러나 나느 아이 갔구마. <-음> 아이 가구 다만 내 남펜 모로 갔구마. <-음> 아:들 데리구. <-음>

- 원동에 있을 직에는?

= 원동~에 있을 직에느 어찌 했는지 모르갰습구마. 우, 부모들이 댕겠지 우리 모릅구마, 그건. <-아아>

- 그럼 아매는 산에 가 본 적은 없고. <-2 원동에서>

= 원동~서 가 본 직 없습구므. <-아>

- 말만 듣고 <= 예> 부모들 어시들 가는 거 보기만 했고. <= 예, 예> 아. 그때 음식을 이런 거 마련을 해서. 음. 그, 설날에 그, 떡으 할, 할 때 그, 어디다가 찜두?

= 보톤 에또 원동~느 가매 큰 거 가매드르 있쟪~임두? 솥이[340] 일리까끄(или как)[341] 이르 큰 가매다 <-음> 게 그다 시루르 놓구 찝두마. <-음> 그레 발써 그, 떡으 치는 기 <-음> 널르 맨든 구시 들리느이(длинный)[342] 이런 게 있었구마. <-음> 그레 둘서 이레 망치르 가주구 낭그로 맨든 망치르 앞두에서 칩두마. 지금

340. /소티/로 발음된다.
341. 아닌가, 뭐라고 하지요?
342. 길다

여기서느 아이 치오. 기타이(Китай)[343]에서 이, 저리 갉이 들어오 재ᇦ~이오? 챠입쌀 갉이. <-음> 그, 갉으 그거 쪄서 <-음> 떡으 떡으 맨드.

-2 낭기로 만드 맹근 망치를 뭐라고 함두?

= 떡망치지.

-2 떡망치. <-음>

- 그러면 거, 시루를 놓고?

= 예, 시르 시르르 놓고 거다서 쌀으 찌지. <-음> 쌀으 쪄서.

- 시루는 뭘로 만들었슴두?

= 시를르 에또 낭글러 맨든 것두 있구. <-음> 그 담에 고 에또 이런 너 있습고이. 에라 군이[344] 소담한 씨예뜨까(сетка)[345]절에[346] 그런 걸도 오래하고. <-음>

- 그, 시루는 밑에 다리가 있슴두?

= 그거 다리라 하지. <-어> 예. 그거 그거 저레 다리[347].

- 그거 시루라 함두? 다리라 함두? 시릿다리라 함두?

= 시릿다리라고도 하구. <-어> 어, 어떤 사람으 시리라도 하구. <-음> 보통 시릿다리락 하구. <-으흠음>

- (조사원들 끼리, '시루/시리' 발음 논의. 다시 자료제공인에게) 그, 시릿다리 놓고. 그 위에다 뭐 폄두?

= 보 피지. <-어> 보 피고 그 담에 쌀으 놓지. <-음>

- 그거는 챠입쌀로 함두?

= 챠입쌀로. <-음>

- 챠입쌀은 밥으 안해 먹슴두?

---

343. 중국
344. 군이: '구멍'인 듯
345. 그물
346. 절에: 처럼
347. 저레다리: 시릿다리. '저레'는 국자와 비슷하다.

= 챠입쌀이 지금으 흔치 못하다나이 종족[348] 밥으 못합구마. <-음> 매쌀으. 지금 그래두 기타이 쌀이 마이 들어오이 그래임두? <-음> 여기 입쌀 없지, 베르 아이 짓지. <-음> 그래다나이 기타이 쌀으 그, 싸 먹소. <-음>

- 그건 인제 여기와서 이야기고, 우리 지금 원동 원동에서.

= 예, 원동~서 원동~서도 아이 짓습구마. 베 없습구마. 우리 사는 데 베 없습구마. <-음> 그래다나이 어디서 아무래 가져오갰지. <-음으흠>

- 그러면 <= 개다이> 어, 베도 없고 보리도 없습두?

= 보리 스 있었갰구마, 아무래. <-음> 꼬호슨 게. <-음> 채밀두 있고. <-음>

-2 채밀?

= 채밀, 쁘세니차(пшеница)[349], 가루르 내잲~이요? <-음> 밀까르 게 치, 채밀르 하지. <-음>

- 채밀로 가루를 내면 무슨 가루?

= 어, 미깕입지[350]? <-어> 채밀깔기. <-음> 우리 미깔기라 합구마.

- (조사원들 끼리, '밀가루' 발음 논의. 다시 자료제공인에게) 그러면 콜호스에서 보리도?

= 아무 숨었갰습지.

- 어, 숨고.

= 그래.

- 그 담에 채밀도

= 채밀두 숨으고 옥수꾸두 있었구마.

- 옥수꾸도 있었고. <= 에>

---

348. 종족: 그냥, 자주

349. 밀

350. 미깔깁지: 밀가루지요

– 그, 채밀을 채밀을 방~에다 찌었어? 어데다 찌었어? 갉은 어떻게 만듬두?

= 우리인데 정미소 없었습구마. <– 음> 그래 모르지, 어디서 어떻게 했는지. <– 음> 근 내 모르갰습그. <– 음>

– 그렇게 만드면 뽀얀?

= 예, 가루 나옷.

– 그 가루 이름이 뭐?

= 채미갈기라 합지. <– 음>

-2 응?

= 채미갈기, 채미가루.

– (조사원들 끼리, '밀가루' 발음 논의. 다시 자료제공인에게) 그거는 어, 빛깔이 뽀얗습두? 힙두? 채밀깔그?

= 희지. <– 어> 힙구마. <– 음>

– 그 가주고 그, 국시도 해 먹습두?

= 국시두 해 먹구, 우리느 만티(манты)[351]라 합구마. <– 음> 이래 맨들어서 시리다리에 쪄 먹는 거. <– 음>

– 원동에서?

= 예. 마티두 해 먹구 깔레두 굽어 먹구.

– 깔레?

= 깔레 무신가[352] 하이끄드이[353] 이래 맨들어서 가매에다 굽지, 기름이 없이.

– 음, 깔레 굽는 법 좀 알레 줍소. <-2 으으음>

= 갉으 시 우리느 에따 쉬운다[354] 합구마. <– 어> 쳐서이 <– 어> 그, 갉이 어쩐 셋이 이레 올라왔지? 이렇게 어정 부푸났지? <– 아

351. 만두
352. 무신가: 무엇인가
353. 하이끄드이: 하니까
354. 쉬우다: 부풀어오르게 하다

아아> 쉬우다나이 쉬우며 쉬우다나이. 그래 그, 갉이 부픈난 거 부픈난 거 요롷게 맨드었구마, 자그막시. <-음> 그래 그거 지름 없이 가매 조금 단 데다 이래 부쳐나 굽어 그거 깔레라 합구므. <-음>

- (조사진행 방법 논의)

조사 자료 (3)

- 그, 아매, 그, 깔레 만드는 거 다시 한번 말해 줍소.
= 예. <-어> 처음에 가루르 치지. <-으음> 우리느 숨이라 합구마. <-음> 그 한테 숨으 옇어서 그래야 어 그 갉이 부푸 올라오지. <-으음> 그래 그게 다 올라온 녜느에[355] 갉이 어저느 다 올라왔지. <-음> 그래 올라온 녜느 구 에레[356] 조고막시 떼서 깔레르 요롷게 맨드지. <-으음> 이래 맨들어서 가매 지름 아이 붗습구마. <-음> 가매 다지. 그 이레 부체서 <-음> 어어 그게 보며 그 담에 에 한짝에 익으며 또 번지나 그래가 다 굽으며 그내 놓으며 <-음> 그거 깔레라 하지. <-으흠 음>
- 숨은 무시기로 만듬두?
= 숨으 무스글루 맨드느가이끄드나 이거 그런게 여기느 그게 드로슈(дрожжи)[357]라 합구마. <-음> 드로슈라. <-음>
- 드로슈라 하고.
= 예. (4초 휴지) 그래 한번 해서느 그것도 그냥 떼라[358] 쉬운 갉이 요막시[359] 떼 내 놓습드마. <-음> 내일 또 할 거. 그래 그거 그냥 대로 물에 펴부랴선 또 갉으 치구 치구 한번 그래서. <-음>

---

355. 때에는
356. 그 이렇게
357. 이스트
358. 떼라: 떼서
359. 요막시: 요만큼

음, 아무래 귀찮~이 그렇갰지. 지름두 아이 놓구 그저. <-음> 맨 가매에다 굽었어. <-으흠>

- 그것도 밥 대신 먹습두?

= 그르잲~구 그래. <-음> 무슨 에또[360] 국이나 한데 해서. <-으흠> 긔래 먹지.

- 반찬은?

= 반찬~이나. 장물[361]이라 하구 여기서느 <-음> 그래 장물 끓이서 <-음> 그 떡에다 묵지므. <-음> 긔래 때르 먹습구마. <-음>

- 그러면 그, 그, 숨을 할 때는 시간이 많이 걸림두?

= 세 시간 지나가며 그게 올라옵구마.

- 아: 세 시간 지나가면?

= 예. <-음> 그래머 그게 발써 다 개지[362]. <-음>

- 그게 그러면 그, 채밀갉으 이렇게 처음 할 때 숨으 같이 넣어서.

= 예. 물에다 숨으 풀어져.

- 아하. 물에다가.

= 긔래 그래 게 고루 가지. <-아하, 으음> 그래 거그다 소곰도 조끔 제 옇구. <-음음>

- 그러면 숨은 상점에서 사오는 검두? 집에서 만드는 검두?

= 그전에느 아무래 원동~서 집에서 만들었습갰구마. <-으흠>

- 뭘로 만드는지 모르고?

= 모릅구마. 여기서느 우리 으 싸지.

- 러시아말로는 드로쉬라 하고.

= 드로슈락고.

- 어, 드로슈라고.

---

360. 그것
361. 장물: 국
362. 개다, 괘다: 쉬워 부풀어올라가다

-2 (조사원들끼리) 소단가?

- 응? <-2 소단가요?>
- 아니, 그거야. 그거 저 뭐라 그라노. 싹누룩이야 싹누룩. <= 2 음> 누룩 종류, 아니 술은 아닌데, 이 뭐야, 부풀갠데. <-2 소, 소다 종류?>

= 싹누룩이요. <- 음>

- 싹누룩?

= 다 쁘라빌나(Да, правильно)[363] 싹느륵. 싹누룩 가지구 우리 감지[364]나 했는데. <- 음>

-2 (조사원들끼리) 다른 얘기지요? <- 음, 그건 다른 얘기고.>

= 보리 싹으 내서.

- 음. 고거는 또 조금 있다가 우리가 배우고. 그러며는 그, 채밀갉으르 그기 물에 풀어서 숨도 풀어서 <= 예> 어떻게?

= 예, 치지.

- 치고.

= 예. 그래 한 등지 되게. <- 음> 긔래 쳐서 그거 놓습구마. <- 음> 긔래 고거 따따산 데 놓으며 어어 덮어서 이레 놓으며 세 시간~이 지나가며 걔 다 올라오구. <- 음>

- 그거를 이렇게 물에 이렇게 해서 그 담에?

= 가루르 옇지.

- 가루 옇고.

= 예. 그래 쳐서 <- 쳐서> 쳐서 그 담에 그게 이렇게 해서느 한 등지 되지않~있슴두? <- 음음> 걔 그거 그릇에 담고 <- 음> 우 덮어서 <- 음> 그다 놓지.

- 그런데 그거를 이르케 가루로 된 걸 손으로 이렇게 해야지?

---

363. 네, 맞아요.
364. 감지: 감주

= 거래, 손을르 치지.

- 어, 손으로 어떻게?

= 손을르 이래 칩지.

- 어, 손으로 친다고?

= 예. 그래 그게 하 합해 되 한 등지 되야 되지. <- 으음, 음>

- (조사원들끼리) 지금 친다는 게 계속 그, 손으로 친다는 거였구나. (조사원들끼리 계속 '치다' 의미 논의)

= 아, 손을르 친다고두 하구, 이겐다구두 하구. <- 아하> 음.

- (조사원들끼리, '치다'의 의미 논의) 걔, 이런 거는 잘못 해 놓으며는 완전히 엉 엉터리로 하는 거야.

- 그러면 그렇게 해서 만드 게, 인제 고렷말은 뭔지는 모르지만, 러시아말임두, 깔레?

= 고레말이으 깔레라 하오.

- 아, 고레말임두? (크게 웃음)

= 러시아말 아입구마.

- 나 러시아말인 줄 알았는데.

= 로시아말으 리뾰오스까(лепешка)[365].

- 아, 아, 이런. 쯔쯔쯔쯔.

-2 리뾰오스까.

= 리뾰오스까.

- 야, ○, 완전히 그냥.

= 그 모르지 무슨 말인지 깔레라 합:드마. <- 아하 음>

- 깔레는 여러 가지 종류가 있슴두? 한 가지밖에 없슴두?

= 한 가지밖에 없습지므. <- 어어> 그럼 그, 무슨 말인지 모르갰스므. 깔레락 하이 깔렌가. <- 으으음>

---

365. 빵 종류

- 원동에 있을 때부터 깔레라고 했습두?
= 원동~서부터 깔레라. 여기 와서느 마 그런 말 하는지.
- 그럼 고려말이 확실하네. 아, 신 청. 그, 맛이 맛이 어떻습두?
= 맛이 보통 그저 떡 맛입구마. <- 아> 그저 떡맛이. <- 음>
- 딱딱한 함두? 보드라움두?
= 보도랍게두 할 수 있구 <- 어> 조끔 마르기두 할 수 있구 <- 음> 그 굳기에 달렸지. <- 으음 음>
- 음, 그, 채밀깕으로[366] 인제 만들 수 있는 게 그, 깔레 만들고. <-2 만티>
= 만티(манты)[367]도 만들고.
- 만티 만들고. 자, 만티 만드는 법 가르쳐 줍소.
= 만티두 그렇게 쳐서이.
- 어, 손으로 쳐서.
= 이게 이게서, 손을르 이게서 <- 어, 이게서> 예, 그것두 에또 올라오게 기, <- 음음> 모지 부푸게예. <- 음> 긔래서 나느 어떻게 하는가이 그게 어전 다 궑이 올라왔습지. <- 음> 올라온 거 이렇게 맨드구마, 요막시 떼서. <- 음> 걔 그 한 시 또안 놔 두머 또 요롷게 올라와. <- 음> 그 담에 그, 삼십부 또안 찌 녜느 어드(вот)[368] 만티. <- 으흠>
- 안에 뭘 넣습두? 안 넣숨두?
= 안에다 옇는 거느 에또 무시라 하는가이 우리느 배고제라 합:구마. <- 으흠> 긔래 아이 옇는 거느는 그저 만티라고. <- 아하>
- (조사원끼리, '배고제'에 대한 논의. 다시 자료제공인에게) 아이 넣는 거는 만티고?

366. 채밀깕: 참밀가루
367. 만두
368. 즉, 그것은

= 만티구.

- 넣는 거는?

= 배고제 그라도 하구 어떤 사람으 밴시라고도 하구.

- (조사원에게) 같은 말인가 밴시하고. (다시 자료제공인에게) 그, 배고제 안에는 어떤 거 넣습두?

= 다드바채[369]에다 고기르 옇습그. <- 으흠> 고기 들어가. 그래 거기다 양념 옇어. <- 음> 파두 옇구 마늘두 옇구. <- 음> 어, 그런 거. 고초두 조금 옇구, 그래 하지.

- 고채?

= 예. 고치, 고치.

- 어, 고치

= 고초 다(ʌa?)[370] <- 으흠>

- 두부는 아이 넣습두?

= 예?

- 두부?

= 두부두 하지.

- 음음 아 그 아 이 <-2 만티 안에> 한국에서는 <= 예> 배고제 안에 <= 아:> 두부도 옇습니다.

= 아이 옇습구마. 아이, 두부느 두부 대르.

- 아하 으흠, 두부는 두부 대로 하고. 그러면 그 배고제 안에는 다드배채?

= 고기가, 예, 다드바채.

- 고기는 도야지고기.

= 도야지고기. 그라그느 소고기두 할 수 있지므. <- 으흠> 그래 양념 옇어서. <- 음> 그래 합구마.

---

369. 다드바채: 양배추

370. 네? (-(이)지요?)

- 그래서 시리다리에 넣서?
= 실다리 옣어 찌지.
- 찌고.
= 예. <- 으흠> 아, 배고제 안에 두비도 옇슴두?
- 아, 네, 남한, 한국에서는 <= 음> 두비도 넣습드. 자, 그러머는 채미깕으로 만들 수 있는 게 인제 깔레. (조사원들끼리) 안 적어 놓으면 몰라요. 잊어 버리고. (다시 자료제공인에게) 깔레하고, 배고제, 만티. 만티는 큼두? 작슴두?
= 지 손으로[371] 하지, 나는 잘게 합구마. <- 음>
- 잘게 하고. <= 예>
- 그 담에 배고제도 또 이것도 크게나 작게나?
= 그곤 마침[372] 예 지 손대로 하지. <- 음 으흠>
- 그렇게 하고. 그러면 인제 채밀깕으로 국시도 만듬두? <= 국시, 예> 어, 국시 어떻게 만듬두?
= 국시르 그전에느 음, 재빌루 눌렀습구마. <- 음> 틀으 그렇게 맨들었드마. <- 으흠> 이런 낭기 지담한 데다 에 그 쇠짱 찔린 드로 어디메서 그런 겐지 이렇게 이레 둥그랗게 이마이 높으옵드마. <- 으흠> 긔레 그 낭게다 그거 에또 만들었드마에. <- 으흠> 긔래고서리 그 우에다 그거 내리 누르는 것도 어 이런 쇠쨍~이습드마. <- 음> 이마:한 게 그 저 음, 쇠통~이 들어가 맞을 만한 <- 으흠> 그런 게 그거 어 낭기다서 그거 또제(тоже)[373] <- 으흠> 그럭 어떻게 맨들었어. <- 음> 그 담에 그거 이래 맞차 놓구서레 누 누르 채르 누릅드. <- 음> 걩 그 밑을르 국시 나와. <- 음 으흠>

371. 손으로, 손대로, 손대르: 소원대로, 원하는 대로
372. 마침: 맞침맞게
373. -도, 역시

- 밑에는 물이?

= 가매. 예.

- 가매에.

= 물이 있지. <-아> 그래 그 끓으미서느 그게 내려오 <-으흠> 그래 국시래저. <-으으흠>

- 그러면 그거 이름을 뭐라 함두?

= 국시틀이라 하으.

- 국시틀. <= 예> 국시분틀이란 말 들어 봤슴두?

= 국시부틀이라구두 하고. <-음> 예, 분틀.

- 분틀이라도 하고 <= 예> 국시틀이라도 하고. <= 국시틀이라두.>

- (조사원들끼리) 말을 많이 잊어 버려 가주고. 분틀인지 틀인지 이 분 고유 언어는 지금 알 수 없어. 완전 물어서 나온 거니까. (다시 자료제공인에게) 그러면 채밀 채밀깕으로 이렇게 또 물에다가 반죽을 해서 물에 다가 <= 예, 예> 어 <-2 이게서> 물에 어떻게?

= 물이다 그 이기지, 국시르 하는 거 그런? <-어어어> 어, 물이다 이기지. <-으흠> 그래 이게서 고 틀에 맞이마이 요래 떼서 옇습드. <-음> 긔래구 누르.

- 옇고, 위에서 누르.

= 내리 누르, 예. <-흠>

- 이렇게 한 손, 두 손으로 눌름두? 아니면 기계로 이렇게 옆에서 눌름두?

= 기게 없이. 이 분틀이 이렇게 가멘 내우라이[374] 하고예 이 끝에다서 채르 맞추라리[375] 맨들었습드마. <-으흠 음> 긔래 이 체 들리늬(длинный)[376]지. 기지. <-으음> 긔렌데 그 사람이 메달기

374. 내우라이: 맞추어서
375. 맞추라리: 맞추게 해서
376. 길다

이래 내리 누르지.

- 음, 이렇게 채가 이렇게 있어, 이렇게.

= 예, 이렇게 끝에서 이래 내리 누리며 이 끝으느 그게 발써 맥히잲~이슴두? <-그렇지> 여기다 <-음> 맨들었습두마. <-음음음> 그게 빠지지 말게. <-음음> 그랜 녜그 에또 가운데 이런 쇠쨍~이 있잲~임두? <-으흠> 고게고게 맞아서 다 내려가며 <-그렇지> 국시 다 내려가지. <-음 음>

- 그런데 그 채밀갉으는 뽀얐슴두? 좀 누르스럼함두, 채밀갉으?

= 채밀갉으 그게 어 갉이 달리갰습구마. 조끔 노리치르한 것도 있구 샛하얀[377] 것도 있고. <-으흠> 그래서 뻬리(Первый)[378] 부시이 솔트(высшийсорт)[379]라 하잲~임두? 제일이 높은 거느 보드랍구 <-어음> 더 희구. <-으흠> 쪼금 이게야 낮은 거느 좀 누루구 셰구. <-으흠 음>

- 그러면 제일 높은 거 그게 제일 맛있슴두?

= 음식이 더 맛이 더 있지만 더 보기두 좋구.

- 아하 (웃음) 샛하야니까.

= 샛하얀 게.

- 에, 그럼 국시를 이렇게 국시분틀에 눌러서 나오면 국수 이게 굵음두? 가늠두?

= 가, 그 마음대로 합두마.

- 어, 어떻게?

= 그레 굶잲~게[380]. 그 밑에 고게요 구녱~[381]에 그, 많지므. <-음> 그래 그 구녱~ 그게 너르잲~입구마. <-음> 게다나 고마 채밀

377. /새타얀/으로 발음하였다.
378. 첫번째로
379. 최고급
380. 굶다: 굵다
381. 구녱~: 구멍

나오지. <- 으흠> 개 그 밑에서 가매서 물으 끓으며 <- 으흠> 삼기지. <- 음 으흠>

-2 아매는 가는 거 먹었습두? 아

= 어?

-2 거 국시, 국시 가는 거 먹었습두?

= 까끄(как)[382]? 가는 거.

- (조사원들끼리) 음, 국시, 이, 그니까 굵기는 똑 같았다는 얘기라.

-2 아니

= 아, 인베로[383] 굵은 거 말이오?

-2 어, 굴,

= 굵은 거구?

- (어형 '굵다'에 대한 논의. 다시 자료제공인에게) 그러면 이, 국시는 분틀에 따라서 가 <= 그 밑이 밑이 에> 어, 가는 것도 있고.

= 가는 것도 있구 조금 굵은 것두 있구. <- 어> 보통 그렇게 굵쟁~엤구마. <- 음음>

- 그러면 그 국시는

-2 만티하고 배고제는 삼아서 먹습두? 굽어서 먹습두?

= 쪄서 먹소.

-2 쪄서. <= 으흠>

- (조사원들끼리, '쪄서'의 발음 논의. 다시 자료제공인에게) 그러면 이것도 이거 때로 먹은 검두? 그

= 때로 때로 먹쟁~고. <- 어> 아침이나 정심이나 지녁이나 <- 음> 때로 먹지.

- 참으로 먹는 게 아니고?

= 아이.

---

382. 어떻게?
383. 인베로: 얼마나

- (조사원들끼리, 내용 논의. 다시 자료제공인에게) 그러면 밥으 먹을 때는 밥으 어 그, 입쌀 밥이 없으니까, 돌피?
= 밥이고.
- 돌피밥 먹고.
= 그게 원동~서
- 어, 원동에서 돌피밥 먹고. 그 담에 인제 또 배고제나 만티나 국시나 <= 예> 먹고. 음. 국시는 그 이제 이렇게 가매에 있는 거 껀져다가
= 껀져다가 싳어서.
- 어, 싳어서.
= 냉처다[384] 싳어서. 긔레 그 담에 국시물으 보통 조선사람 무스그 하오? 시장 여기서느 많애 여러가지 합:구마. <- 으흠> 고기두 마이 옇고 <- 음> 그저 간장물에다 지렝~이 있잲~임두? <- 으흠> 그 간장물에다서 <- 음> 국시물하구 <- 음> 긔래고서 그, 추미로 무슨 채솔 옇고서 그래하갰지. <- 음> 여기서느 국시르 각기하 추미 여라가지르. <- 음 으흠>
- 그기 추미는 인제 채소 같은 거로 함두?
= 예, 채소 같은 거 그저 <- 음> 채래[385].
- 아까 거 염지 같은 거? 어떤 거?
= 예, 보통 그거 무스그로 하는가이끄드느 원동~서느 이게 다드바채나 그래 이렇게 많잲~이습구마. <- 으흠> 배채 <- 음> 거반 배채르 가주구. 배채 줄기나 그렇잲으며 무나. <- 음> 긔래 가주고.
= 무나. <= 예> 음, 그 추미를 위에 놓고 그, 지렁물로 <= 예> 간을 해서.

---

384. 냉처다: 냉수에다
385. 채: 채소

= 물해서이 <-물해서> 귀래, 귀래 먹습구므. <-음>

- 그거를 그, 지금 여기서는 여기서는 국시는 이렇게 기렘일 기렘일 좋을 때 먹는 거 아님두?

= 좋을 때도 먹구 까그다(когда)[386] 에또 노 먹구 싶을 직에 하지. <-음> 어째 그런가이 시장~느 다 맨든 거 파잲~임두? <-으흠> 걔다나이 아무 때나 나가 쐚아 놨구마.

- 원동에서는?

= 원동~서느 그렇지 못하지. <-음> 예, 매 시끼 다 그립었습구마. <-흠> 여기느 무스 바사르(базар) 나가며 돈만 있으며 무스그 못 사갰습드? 고기 흔하지. <-음>

- (조사원들끼리, '그립다' 의미 논의. 다시 자료제공인에게) 그게 무슨 뜻임두? 매 시끼마다 그립어 <=이?> 그립다고.

= 그립다고 이게 음 이게 으미있는 말인데 내 그저 이렇게 합구마에. <-으흠> 그립다는 게 모셰트(может)[387] 어느 동생들으 없어 보지 못해 그립다는 것도 또 그립다고 하지? <-으흠흠 음> 그렌데 이거느 그립다는 거 미신가 하이끄드 음, 미시그 흔치 못하다는 거 으미르 말하는 겝구마. <-으흐흠 음> 예. <-음 어> <-2 반대네?>

- 흔치 못하다. 아니, 흔하지 못하니까.

-2 고기가 그립다는 무슨 뜻입니까? 고기가 그립다?

= 고기가 그립다는 거느 고기 어 많지 못하다는 걸 의미오. <-으흠> 종종 먹지 못하지? <-음> 없어서. <-음> 걔다나이 그립다 하지. <-흠>

- (조사원들끼리, '그립다' 의미 논의. 다시 자료제공인에게) 돈이 기렵다. 돈이 기렵, 그렵, 돈이 기렵어서.

---

386. 언제, -(으)ㄹ 때

387. 아마

= 예, 돈이 그립어서 어거 너우[388] 펜펜~이 사지 못하갰다 하나. <- 으흠 음>

- (조사원들끼리, '그립다' 의미 논의. 다시 자료제공인에게) 그러면 인제 먹든 그, 음식이, 이거는 채밀갉으로, 채밀깎으로 또 딴 거는 만들어 먹지 않습두? 어떤 거?

= 딴거 무스그 또 하는지? <- 음>

- 그러면 그 구비는 그, 챠입쌀로 하고

= 챠입쌀로 하구

- 맵쌀로는 안하고?

= 매쌀로 안 모합구마. <- 아> 마약에 시장~에 로시아말로 미신가 이 블린치끼(блинчики)[389]. <- 으흠> 블린치끼 고 얍대맥게 구비르 굽잲~임두? <- 으흠> 그거 블린치끼라 하압구마. <- 음> 그 거느 이 밀깕으르 할 수 있습구마. <- 음> 채밀깕을르. <- 으흠>

- 그런데 원동에서는 채밀깕으로는 그렇게는 못하고

- (조사원들끼리, '맵쌀, 채밀깕' 논의. 다시 자료제공인에게) 챠입쌀? 맵쌀로는, 맵쌀로는 뭘?

= 매쌀루 매쌀이 아이 되갰구마.

- 아, 맵쌀이 없고?

= 매쌀이 거기사 없지므. 여기사 있지만 해도. 매쌀 아이 합드마.

- 맵쌀하고 매쌀하고 입, 입쌀하고 다름두?

= 매쌀이 어째 매쌀이라 하는가이끄드 챠입쌀가 차이지. <- 음> 저짝 거느 풀있는 쌀으 챠입쌀 하구, 이건 매쌀라. <- 으흠>

- 입쌀으는?

= 이, 보통 쌀으 입싸라 합구마. <- 음음> 챠입쌀이나 매쌀이나 입쌀이라.

---

388. 너우: 너무

389. 팬케이크

– 아하 (조사원들끼리, '맵쌀' 논의. 다시 자료제공인에게) 음, 챠입쌀은 풀이 있는 거?

= 풀이 있는 게 챠입쌀이. <–아하 음>

– 자 그러면은 인제

– 이팝은 맵쌀로 함두?

= 이팝으 이팝으 챠입쌀로도 하고 매쌀로도 하고.

– (조사원들끼리, '이팝' 논의. 다시 자료제공인에게) 그런데 인자 이팝은 인자 제사 때나 있고?

= 예. 무스 일이 있을 때게고요.

– 일이 있을 때게

= 그럽다나이께네 기렜갰습지.

– 그럽다나이. 보리로는 안 해 먹었습두?

= 보리로느 아이 해 먹었습구마. <–음> 보리느 똘꼬(только)[390] 이거 전에 그거 하드마. 아휴. 감지르 할 때 그 뮈시기라 함다? <–아> 내 누루기 아(не нуруги а)[391], 아 싹 잊어 삐린거 브[392].

-2 감지할 때?

= 감지나 여스 할 직에 거기다 여 싹누룩으 <–으흠흠> 보리르 싹누루으 하압드. <–으흠흠, 음> 아 모르지, 혹 먹었는지 그건 모르갰스. <–으흠, 음>

– 음, 그러먼 감지나 엿으르 할, 엿으 할 때 인제

= 그거 싹누룩 맨듭드마.

– 어, 싹누룩. 싹누룩 어떻게 만듬두?

= 싹누룩으, 그 보리르 이레 펴주아서 <–으흠> 그 담에 그, 물에서 겅제서 <–음> 에또 음 한 사날 두머 쌕이[393] 올라오는 거

390. 다만, 단지, 오직
391. 누룩 말고 저...
392. 잊어 삐린거 브: 잊어 버린가 봐
393. 쌕: 싹

<- 으흠> 긔래 그거 말리와서 그 담에 그거 마른 거 그, 갉으 냅드마. <- 음> 긔래 갉으 내 그거 쳐 그게 싹누룩이
- 그러먼 버리는 안 까고 그대로?
= 아이 긔래, 껍지 채르.
- 껍지 채르
= 예, 퍼부려서.
- 어, 퍼부려서?
= 예, 물에 퍼지
- 음, 물에 퍼지와서. <= 예> 자, 자, 보리를 갖고 이케 물에 퍼주어서
= 겅제서
- 건제서
= 그 담에 놓고 덮어 놓머 그 쌕이 올라옵구마. <- 음 으흠>
- 그, 쌕이 올러오면 그거를 쪄서?
= 예, 그거 말리와서 쪄서 쳴르 치지. <- 아> 쳴르 치머 그 밑에 가루 나오잲˜임두? <- 으흠> 그거 싹누룩이. <- 으흠>
- 쌕이 나온 거를
= 그 그 보리 쌕이 나온 대로 막 쩧습구마. <- 쩧> 다. 예, 쪄야 되지 <- 으흠> 개 그 가루 되지.
- 어디 구시다 놓고 찜두?
= 아이. <- 웃음> 우리 원동˜느 발방˜이 있구마, 방˜에다. <- 아하> 방˜이 구경˜이 못했갰지. 그 방˜이 옇어 쩧습구마. <- 아> 긔래 쩧서 그거 쳐서 <- 음> 긔 갉이 나오는 게 싹누룩입구마. <- 으흠> 시장˜ 여기느 그, 꼬피 모꺼 있잲˜이? 꼬피 모꺼다 가지. 꼬피르 갉으 내잲˜이오? 그기다 <-2 꼬피?> 여서 <-2 꼬피?> <- 으흠 음>
= 꼬피르 <-2 꼬피르> 아 갉은 내잲˜이오? 그 나즈바챠 꼬피몰까

(называется кофемолка)[394]. 긔래 거기다 옇어서 어이 전기르 굴리칠하머[395] 그게 돌아가머 갉이 나잖~이? <-으음> 긔래 갉으 내어. 여기느 방~에 없습구마. <-음>

- (조사원들끼리 발음 논의. 다시 자료제공인에게) 자 이제 다시 한 번 하면 보리를, 이렇게

= 펴주와서 물에 다. <-어> 물에 펴주와서

- 물에 펴좌서

= 그게 음 보리 어전 다 펴졌습지? <-음음음> 그거 물에서 경제서 <-음> 그릇에 담고 <-음> 그 담에 우 덮어서 <-음> 긔래 이틀 지나가머 그게 <-음> 새파란 쌕이 올라옵그. <-으흐흠> 긔래 그 쌕이 어쩐 다 났습지. <-음> 그다 그거 말리와서 방~에 찧습구마. 그래 찜 게 가루 나오머 <-으으흠>

- (조사원들끼리 발음 논의. 다시 자료제공인에게) 그게 인제 그게 싹누룩임두?

= 싹누룩이, 그 갉으 싹누룩이라 하압구마. <-으흠 으흠> 긔래 그거 아무 데두 다 옇습구마. <-음> 엿으 할 직에도 옇구. <-음> 음, 감지 할 직에두 옇구. <-으흠 음> 보통 우리 원동~서으 그때 술두 골씁더마[396]. 토지[397]루 골치? <-음> 그러나 이, 감지두 합:드. <-으흠흠>

- 그, 감지 하는 법 좀 가르켜 줍소.

= 감지하는 거느 내 잘 모르갰습구마. <-음> 나느 여기서 감지르 어떻게 했는가이 <-으> 입쌀 있잲~임두? <-음> 그거 밥으 끓에서. <-음> 밥으 끓에서 그게 밥이 시 어전 식었습지. <-음> 긔래 식은 뒤에다서 이 싹누룩으 <-음> 그 밥에 에메만에 맞게

394. 그것을 꼬피몰까(커피 빻는 기구)라고 합니다.
395. 굴리칠하머: 꼽으면
396. 골다: 담그다
397. 토지: 재비로(=스스로) 만드는 술

싹누룩으 옇어서 조끔 따갑은 물에 옇이 젓어서 <-음> 갸 이레어 그릇에 담아 이레 놔두머 그게 개지. <-음> 그 개, 한 사날 갭구마. 긔래 가녀느 그거 채에다 밭아서 그게 나오는 게 감집구마. <-음>

–2 입쌀로 밥을 끓여서

= 밥으 끓여서 <-음>

-2 밥이

= 밥이 조금 식음으 다(да)[398] <-2 음> 그다 싹누룩으 옇어 그거 밥이 에매마이 크기 맞게 싹누룩으 옇어야 되오. 허키.

– 밥에 밥에 에매마이?

= 아, 밥에 마약에 음, 한 낄롤로 밥으 했으머 그다 아무래 싹누룩으 두 술은 옇어야 될 기오. <-음> 긔래 옇어서 그거 젓어서 조끔 따따사한 물이 옇어서 한 데 젓어서 덮어 놓소. 덮어 노머 긔 개지. <-으흠> 긔래 한 사날 개네느 보브쎄므(в общем)[399] 그거 이거 증펜 할 직에느 그게 한 주일이 개욱구마. <-으흠> 긔레 그거 밭아서 그게 감지오. <-음>

– 채에다 밭아서?

= 채다 밭아서. <-음> 그래 그게 나오는 게 긔 감지. <-음>

– 근 맛이 어떻슴두?

= 맛이 맛이 있습구마. 또끔[400] 다달도 하구 <-어허> 시쿠무리두 하구. <-으흠으흠> 그런 맛이 있구마. <-음>

– 그러면 그거는 여기 와서 해 먹는 방법이고?

= 원동~서도 했습구마, <-어> 어시들이 어떻게 한 거느 내 모르지만. <-으으음>

---

398. 그지요

399. 대체로, 대개, 일반적으로

400. 또끔 : 조금

– 먹기는 먹었고?

= 예.

– 맛은 비스함두?

= 예. <– 아하 음>

– 그 감지는 특별히 어떻게 해 먹는 날이 있었습두? <= 아 없> 아무 때나?

= 아무 때나. 없습구마. 날이 없습구마.

– 아무 때나 먹 <= 예> 먹고 싶을 때?

= 예. <– 음>

– 싹누룩으로 감지 만들고?

= 감지 만드. 엿두 만들구. <– 어>

– 엿 만드는 법은 <= 엿으 만> 아오? 엿 만드느 법?

= 엿으 나느 무스그르 했는가이끄느 이, 밀깕을르 채미갉이 있잲~ 임두? <– 으흠> 채미깕으 끓에서예 <– 음> 채미깕으 끓에서 그게 조끔 물이 넉넉하게 끓에서 그 담에 이이 그게 좀 식으네느 <– 음> 싹누루에르 젓어서 <– 으흠> 그다 그래 저서 놓이꺼드나 말갛게 깔아앉습구마. <– 음> 긔래, 긔랜 그 웃물으 째서[401] 오래: 끓였습구마. <– 으흠> 그 엿으 되 때꺼지. <– 으으음> 긔래 엿으 맨들었습그.

-2 채밀깕으르 끓에서

= 끓에서, 싹누룩으 쳐서 싹누룩으 놔서 <– 음> 음 <– 으음> 그게 그 싹 깔아앉으 네에느 어 졸토바트이(желтоватый)[402] 어 노르치리한 물이 깔아 <– 음> 우에 나와 개 고거 사르르 찌와서 <– 음> 개 그거 불으 에에 그, 세게 떼지 말구 <– 음> 널널 때며 오래 끓이머 그게 엿이 되오. <– 음>

---

401. 찌우다: 내용물은 쏟어지지 않게 물만 나오게 붓다
402. 노르스름하다

- 그, 그, 웃물으 쩨서

= 웃물으 찌와서 <-찌와서> 끓입구마.

- 웃물을 어떻게 한다? 찌운다?

= 웃물으 그 나느 그저 사르르 찌왔습구마. <-음> 보톰 그 밑에 또 그런 게 있잲~이슴두? <-음> 그거느에.

- 그 안 나오게?

= 안 나오게. <-음> 안 나오게 그게 나오게 하자머 이런 거 헌겇이 조끔 그게 나아 아이 가는 헌겇을르예 <-음> 조만질해서 그 안에 옇어 놓어. 그 안에 옇어서 그거 가만 놔 두머 물이 나오잲~임두? <-으흠> 그 물으 받구 깡칭~ 가만 내 버려. <-음>

- 그러며는 이렇게 그, 웃물으 쩨서

= 찌와서

- 찌와서 <= 예> 찌와서, 찌우는 게 어떤 검두? 웃물으

= 웃물으 찌운다는 게 <-(웃음)> 그 우에 물으 다른 그릇에다 찌우잲~임두?

- (웃음) 그게 찌우는 검두?

= 쏟느 일리(или)[403] 쏟는다 말임드 <-어어> 일리 까끄(или как)[404]. <-으음>

-2 사르른, 조금씩

= 아하, 쪼금쪼금 여게 그 밑에 사르르 밑에 깡치[405]이 일어나지 말게. <-음> 어.

- 그레 웃물으 다른 그릇에 찌와서

= 찌와서. <-어> 괴래 그거 달입구마. <-음>

- 그을[406] 이으, 약간 불에 오랫 동안.

---

403. 아니면, 혹은

404. 아닌가, 뭐라고 하지요?

405. 깡치: 비지

406. 그을: 그것을

= 예, 그래 끓이며 보며 아지. 그게 어전으 걸어지는 게. <- 음 으음>

- 얼마 동안? 오:랫 동안? 하루?

= 하루느 아이 끓있구마. <- 아> 걔 끓이메 이레 음 봄므 젓으메 보며 알깁구마. 우쉬. <- 으흠> 예흐 굳어지는 게 엿이. <- 음 음>

- 엿은 맛이 어떰두?

= 맛이 달구 맛있지. <- 어어어>

- 색깔은? 빛깔은?

= 빛깔으느 이 삐뚜룸합구마. <- 아하> 오래 끓이다나이. <- 으흐 흠흠>

- (조사원끼리: 그래 그기 엿이 조청이지, 조청? 음) (다시 자료제공인에게) 그, 흰 빛깔에 엿은 없습두?

= 없습구마.

- 흰색 없고

= 이거 끓이다나이

- 어, 노르스럼한 거

= 예, 더 어둡은 색이며 어둡지. <- 으흠 음>

- 이렇게 그게 이렇게 이렇게 좀 풀이 있습두?

= 풀이 있잲~고 이레 째니르(Тянуть)[407]합구마. <- 아 흠> 그게 이에 조끔 식은 녜느 이렇게 째닐할 만 합구마. <- 음>

-2 딱딱하지 않고?

= 딱따하지. 그러나 그렇게 딱따 아이오.

- 좀 식으며 째니드(тянуть)?

= 째니드. 예, 그거 <- 아> 늗들구만합구마[408]. 태엿[409]으 한다는 게

407. 당기다
408. 늗들구만합구마: 늘릴만 합니다

어떻게 함두? <-음> 그 이레 늘군 거 태엿이라 하지. <-으음>

- 그, 쩨닛 쩨닐은 너시아말?

= 쩬느로 한다는 거느 이게 노시아말입구마. <-아아> 이게 고레말로 바라 하자머 이, 당긴다는 말입구므.

- (조사원끼리 조사진행에 대한 논의, 그리고 조사자-자료제공인 조사진행에 대한 논의)

조사 자료 (4)

- 자, 아까 쁜에, 멀 했나 하며는 <-2 엿 만드는 거> 어. 엿 엿 엿으 만드는거. <=예> 어, 예. 그게 그거는 이렇게 딱딱하게 해서 먹습두? 그냥 물렁물렁할 때도 먹습두?

= 그게 끓이기에 달렜지. <-음> 좀 오래 끓이무: 쫌 굳어지구 더. <-음> 아 오래 아이 끓이무 물렁물렁하지.

- 음, 그거는 그, 어떻게 음식에 넣어서도 먹습두? 아니무

= 음식에 아이 녛습그마.

- 그냥 그거만?

= 그거마 떡에다 찍어 먹을 수도 있. 이 사탕 대신에 먹을 수 있구. <-어> 어린 아:이들두 그래 줄구[410] 먹고. <-으음> 그렇지. <-으흠> 긔래구 우리 여기서느예 이 무스 항갑[411]에 회라든지 무스 이래 잔체[412]라든지 가줄[413] 합:구마. <-음> 에 그 가줄 우에 다두 바르구 <-으흠> 긔래 그 우에다서 깨르 뿌리. <-으흠>

- 음, 여기서도?

= 여기서 합구마. <-으흠 음>

---

409. 태엿: 늘린 엿
410. 줄구: 줄곳
411. 항갑: 환갑, 회갑
412. 잔체: 잔치
413. 가줄: 과줄

- 그러먼 여기에서도 그, 원동에서처럼 똑 같이 그렇게 엿으 만들어서?
= 네. 그래. 여, 지금으 벨르[414] 엿으 맨드는 깉잲~입구마. 싸하르(caxap)[415] 녹입구마 <- 아> 사탕~. 사탕~ 녹에가주구. <- 아, 사탕 녹에가주고> 예 <- 음음> 긔래합:구마. <- 음>
- 그러면 이거 엿은 그르께 그냥 따로 그건만 먹는 게 아니고 <= 아이고> 떡을 찍어 먹고.
= 떡을 찍어두 먹구, 차이(чай)[416] 마실 수두 있구.
- 차이 마실 때도 넣서 먹고 <= 어, 그래> 아, 사하르 대신에.
= 싸하르 대신에 <- 어>
- 그때 사하르는 상점에서
= 상점에 있었습지. <- 음> 있지.
- 그런데 비싸서, 돈이?
= 긔래, 긔래 아무래. 그러나 이거 엿두 자주르 모합구마. <- 음> 음, 무스 일이 있으며 하지. <- 으흠 음 흠>
- (조사진행 논의)
- 그 그, 기렘일. 기넘일도 기렘일도 있고 생진날도 있습두? 생질날도 잘 차려, 잘 먹습두?
= 예. 생진날두 채립구마. <- 어> 어재 그런가 하무 친척들으 모이지 친구들두 모이지. <- 음> 긔래 채리지.
- 원동에서?
= 원동~서 모르갰습구마. 어쨌던지. 우리 고 세 호이 산 게, <- 음음> 여기 와서. <- 아> 에 여그 원동~서느 세 호이 산 게 그르지 내 어리지 마이 기억지 못하갰습그. <- 으으흠 음 음>

---

414. 벨르: 별로
415. 설탕
416. 차

- 그, 아이가 났을 때, 한 살 때.
= 한 살 때 <-어> 돌으 채리지. <-어> 생~이지, 생진. <-생진> 예 <-돌> 돌. <-어>
- 어디 원동에서 여기서?
= 원동~두 채리구 여기서두 채리지므. <-음음음 어> 그러나 여기서느 특벨하게 채리지 원동~서느 그렇게 아이 채렜습구마. <-으음>
- 원동에서는 그냥 간단하게?
= 예. 간단하게 채래. 재비 친척이나 모에서. <-음> 여기서느 시장 까페(кафе)[417]나 레스뜨란(ресторан)[418] 채리잲~임두? <-으음 흠 흠 예>
- 어 그거 저 어, 밥이나 어 그, 돌피나 그, 밥을 하며는 밑에 이케 솥에 가 가매다 눉지 않습두?
= 눉지.
- 어, 그러머 그, 그거 보라고 뭐?
= 그그다서 물으 부어서 <-어허> 그래 먹지.
- 그거 보고 뭐라고 함두?
= 가마치.
- 가마치? <=응> 으음. 무슨 밥으 할 때 그 열콩~ 밑에다 놓고 그래 하지 않았습두?
= 열콩~[419]두 밑에 놓습구마, 옥수꾸두 놓구.
- 옥스꾸도 놓고. <=예> 음, 그럼 그런 거는 그, 무슨 밥이라고 함두?
= 모르지. 무슨 밥이라 했든지. <-음> 쌀이 적다나이 아무래 무스

417. 카페, 식당
418. 레스토랑
419. 열콩~: 열콩(콩의 일종)

그 마이 영구 했갰지.

- 음음. 쌀이 <= 음> 적 <= 음> 적으니까 <= 음> 예. 그, 옥수꾸도 그 숨었스? <= 숨었스.> 어, 숨었고?

= 예, <- 음> 옥수꾸두 숨었습구마.

- 옥수꾸는 그, 떡은 안 해 먹습두?

= 찰옥쏠루 <- 음> 찰옥쏠루 떡하구 <- 찰옥수구떡?> 예, <- 음> 매수꿀르느 아니하오. <- 음>

- 거느 저기, 찰옥, 찰옥수구?

= 찰옥수.

- (혼자말로) 찰옥수? (다시 자료제공인에게) 그건 떡을 어떻게 함두?

= 아 그것두 그거 그거하자머 어 그, 옥수끼 꺼풀이 있잲~임두? <- 음> 그래서 방~에다서 그거 찧지? <- 음> 긔래 몇 번 찧머 그 꺼풀이 싹 나와서. 그 담에 그거 물에 펴부랴서 갉으내서 <- 음> 그래 떡 합:구. <- 으음>

- 물에 퍼부랴서?

= 물에 퍼부랴서 그 담에 떡으 하. 거, 갉으 내서. 그 갉으 찌지.

- 물에 퍼부랴서가 뭐 어떻게 하는 검두?

= 물에 퍼부랴 옥시끼 물에 퍼진 녜에느예 <- 음> 그거 경제서 또 방~에다 찧지, 갉이 나라고 <- 음> 긔래 그 갉으 쳐서 <- 음> 그 담에 떡으 찝구므. <- 음>

- 그 떡은 가매다가?

= 가매에 시리 놓구. 싯다르 놓구서르 <- 싯다리 놓고서> 예. <- 음>

- 그건 맛이 어떻습두?

= 맛이 좀 옥순내[420] 나꼬예 떡으느 질기나 <- 떡은?> 떡으느 이렇

420. 옥순내: 옥수수 냄새

게 찹쌀 갉을르 한 떡 같읐지만 해두 <-음> 옥수꾸내 나. <-으흠음음>

- 옥수꾸는 떡으 해 먹고 또 뭘 해 먹습두?
= 옥수꾸느 그저 우리 거거 이래 느머서[421] 밥 밑에다두 놔 먹구. 거저 옥수 죽두 쒀 먹구. <-음> 열콩~ 놓구. <-으흠 음>
- 또 또 다른 떡은 어떤 거 있습두? 지금 어, 차입쌀로 하는 떡.
= 찰라[422] 하는 게 있구. <-어>
- 찰로 하는 게 있고. <=예>
= 그 담에 그 에또 찰옥수꿀두 하지.
- 찰옥수꾸르 하고, 매옥수꾸는 안되고. 또 봄에 쑥 같은 걸로는 안 만들고?
= 아이, 원동~ 있으 직 쑥떡 해 먹었습구마. <-으흠흠> 쑥으 오올 달에 캐서 콩~: 닦아서 그거 콩~ 곰물 내서 그 쑥이 한데 쳐서 떡 해 먹었습구마. <-으음흠> 그러나 여기 와선 아이 <-음 음>
- 어떻게 쑥으 캐서
= 쑥으 캐서 거다서 갉으 옇어 한테 했는지 모르갰습구므. <-으흠> 그래 그 콩~: 닦아서 곰물 해서 그다 찍어 먹었습구므. <-으흠 음>
- 그게 쑥떡이고 그, 쑥떡?
= 쑥떡.
- 어, 쑥떡이고 어 원동에 있을 때. <=예> 쑥떡 해 먹고. 어, 또 또 수꾸떡이라곤 안 해 먹었습두? 옥수꾸떡 말고 수꾸떡?
= 수꾸떡? <-음> 수꾸떡인 게 애이라 에또 밥수끼랍드마. <-아하아> 이렇게 이 비 자라잲~임두? 비, 이 장판으 쓰는 비. <-으흠> 그런 비처리 자라서 곡때기 올라가 요렇게 <-음> 알이 가

421. 느머서: 찧어서
422. 찰라: 찹쌀로

뜨 배이 그거 밥수끼랍드마. <- 아하> 그런 거 먹었습구마.

\- 아하하 그거 밥수끄. <= 예> 그, 밥수뀌는 그건 떡으 해 먹습두?

= 떡두 해 먹구 그거 우리 밥두 해 먹구 <- 아> 그랬습구마. <- 음>

\- 색깔이 어 빛깔이 어떠습두?

= 빛깔이 그게 음: 무슨 빛깔이 나는가이, 까끄(как)[423] 재새. 재색 빛깔이 나는지. <- 재색?> 에따 이거 연필 체르닐라(чернила)[424] 있쟪~임두? 까끄 그런 빛이 날갰구마.

\- (조사원들끼리) 음, 수수떡이 회색이 나나? 좀 좀 붉으죽죽한.

= 이런 색도 아입구마. <-(조사원들끼리) 자주색 나는거 아니야?> 이런 색도 아이구. <- 음> 더 얕은 색이껩구마. <- 으흠> 어. <- 음 으흠> <=2 (조사원들끼리) 연필심이면 까만 색깔 아니예요? - 연필심? -2 아까 연필심이라 하셨는데.> 연피 안에 그게 체리닐라 있쟪~임? <- 으흠> 그게 그런 색 비뚜룸할[425] 게입구마. 이거 푸른 색이 아이고. <- 으흠 음>

-2 연필의 요런

= 체리닐라 그게 있쟪~이우? <- 음> 그게 푸른 게 말구 <- 음> 검정 것두 아이구 <- 음> 그런 색이 날끼오. <- 음>

\- (조사원들끼리 조사방법 논의, 혼자말로) 그래, 밥수끼가 있었구나, 밥수끼떡.

\- 그러고 그, 김치 김치는 저기 인제 겨울이 오기 전에 어떻게 김치를 많이 만들거나 그렇게는 하지 않습두?

= 그렇게 합:지. <- 어허> 음.

\- 그거는 뭐죠? 김치는?

= 뱁 배챌 <- 어 배채를> 배챌르 예 <- 어> 김치 담구. 그렇쟪~이

---

423. - 처럼
424. 잉크
425. 비뚜룸할: 비슷할

우? 그 배채 보똠(потом)[426] 무 그래 김치르 담읍드마. <-으흠>
- 근데 인제 겨울 될 때는 많이 담궈서.
= 마이 담아서 그 겨울에 먹지. <-어> 봄까지. <-음>
- 그거를 어디다가?
= 어 요, 조선말로 내 모르갰습구마. 이렇게 나물르 맨든, 보츠카(бочка)[427] 있잲~임두? <-음> 그 뭐시기라 하? 퉁예 일리 까끄(или как)[428]. <-음> 그런 데다서 담구지. 매 한 대여서비 메드로(ведро)[429]씩 물이 드는 그런 거 있잲~임두? 이레 <-음> 보치카 <-으흠> 그런 데 담으지. <-음> 그래 원동~서느 거반 그 질그릇이 있드마예. <-어흠> 에 질그르 까끄 에또(как это)[430] 오이 동이[431]라든지 그래 이런으 넣어 <-어> 그그다 담어 <-음> 장~이나. <- 어>
- 거기다 담아 가주고 땅 속에 묻숨두? 그냥 밖에 놔 둠두?
= 아에 그런 칸~이 있습더우마, 딸르. 방이. <-아아> 그래 그그다 이래 장치해 놓구서리. <-아아 흐흠>
- 김치 굴이 안 만들고?
= 굴 아이 맨들었습드마. 똘꼬(только)[432] 감제르 굴에다 옇습구마. <-아하> 땅~ 파고. <-으음 음>
- 그거를 김치를 이렇게 많이 하는 거. <=예> 그거 보고 뭐라고 따로 이름이 없습두?
= 다름 일:[433] 뭐 없습구마. <-음> 거저 김치: 담군다구 하지.

---

426. 그 다음
427. 통, 퉁예(桶子)
428. 아닌가요, 뭐지요?
429. 물통
430. 뭐더라
431. 동이: 물동이
432. 다만, 단지, 오직
433. 이름

- 김치 담군다. <= 예> 김장이나 그런 말은 없고?

= 없습구마. <- 아아> 나는 못 들었습구마. <- 아하 예 예>

- 거기에 에 콩~을로 가지고는 콩~, 콩~ <= 예, 콩~ 가주구> 콩~ 가주고 뭐뭐 하지요?

= 장~ 하고, 두브르 해 먹지.

- 아, 두비 해 먹고. <= 예> 아까 숙떡 같으면 고물해 먹고?

= 고물 해 먹구. 거, 닥아서. <- 으흠> 예.

- 콩~도 여러 중류가 있습두?

= 콩~이 이게 에또 한 가지느 미시긴가이까드 질금 넣갰~임두? <- 으흠> 그 질금 넣은 콩~두 있고. <- 으흠> 그거 장~하는 드비나[434] 장~하는 콩~이 있고. <- 음>

-2 드비라고 하지. 드비?

= 드비.

- (조사원들끼리) 음. 드빈가? 비, 뷘인가? 브인가 빈가, 그냥?

-2 빈 거 같은데 <=응?> 드비 <= 드비>

- 음, 드비, 드비는 어떻게 만둡두?

= 드비르두 그 에또 콩~ 불거서 갈아서 <- 음> 콩~ 불거 갈아서 그래서 그거 아 에따 물에다 옇어 젓어서 <- 음> 그 물으 받지. <- 음> 콩물으. <- 으흠> 그래 그 물을 받아서 암, 가매 큰 데다서 하네[435] 어 십일 리트르(литр)[436] 되게 그런 가매다 붓고서리 이래 끓이멘서레 초르 치지. <- 아> 거이 끓을 찍에 거이 끓을 찍에 거기 초르 쳐서. 가매다 아이 칩구마 그게 어전어 다 콩~물이 끓어서 어전어 거이거이 된다 할 직에 그, 우리느 그, 맷돌에다예 드비르 가는 게 마 한국은 미시긴지 모르갰스. <- 으흠>

---

434. 드비: 두부

435. 하네: 하나에

436. 리터

맷돌에다 가압구마예. 그래 가는데 그 매옷이라구 낭글로 맨든 게 큰 게 있습구마. <-으흠> 그래 그다 보 페고서레 그 가매서 이서느 드비 금 끓는 거 퍼서 그 조만지에 옇지. <-음> 그래 그다 놓고서르 우 기달레[437] 놓으머 물이 다 나가머 그게 드비 되지. <-음>

- 초는 뭘로 만둠두?

= 여기 시초 있잲~임두, 시양[438]? <-음음> 파는 게. 그거 어 에또 짐치물에다 타서. <-음> 아하(Ara)[439] 물으 타서. <-어허> 그래 아따메이(А там)[440] 이 초느 신초지 <-아하> 그래하.

- 콩~ 끓여서 거기다가 초로 타서. 음. <=메> 어.

= 그 조만지 어전으 그래 옇어서 이래, 싹 여물구[441] 놓구서르 우에다 므스 조끔 지달거 노머 물이 다 내레가제? <-음> 그래 그거 보 훌 페머 드비지. <-음> 그, 모[442] 맨드 모 맨드르. <-음>

- 그, 그 밑에 물 내레가는 큰, 통.

= 우리느 매옷이락 합구마, 그거. 그 매옷이다 놓구서리 매옷이다 맷돌 놓구 가지, 콩~. <-음> 그래 그거 가네느 그게 매옷이 어떻게 생겠는가 이렇게 생겼습구마. 이래. 그래 이게 맷돌 안에서 갈아 나온 게 여길르 이레 흐르머 그 밑에다 그릇으 놓지. <-음> 그 글르 물이 흘러가. <-음>

- 맷돌이 있고.

= 매옷이 있구.

- 매옷 매옷이 있고.

---

437. 기달레 놓다, 지달거 놓다, 지달궈 놓다: 눌러 놓다
438. 시양: 시방, 지금
439. 예예
440. 아니면, 그러나 거기서
441. 여물구: 조금 짜서
442. 모: 두부모

= 예.

- 그러머 이, 콩~ 갈먼?

= 그 글르 내레가 그래, 에.

- 그리로 내려가고.

- (조사원들끼리, 맷돌과 맷옷 발음 논의)

= 시장~느 맷돌이 없습그. 그 돌로 맨드꺼예. <-음> 돌로 이레 이렇게 두리둘싹해서[443]. 긔래 거기다서 공구[444] 둘 빼지. 어, 한나 요리 뺀 데느 그기다서 떠 옇지 콩~. <-음> 이짝에다느 어 그 음, 낭그 이만하게 이래 그거 쥐고 이래 돌구지. <-으흠> 긔레머 그게 돌아가멘서레 이렇게 갈깁구마. <-으흠흠흠>

- 그러먼 맷 맷돌을 이렇게 돌과서?

= 예, 돌과서 그거 다 갈아서.

- 음, 다 갈아서. 그게 인제 매옷에 나가고?

= 에, 매옷에 나가. 그 담에 그거 모다서 <-음> 그거 모다서 큰 그릇에 놓구서 물으 붓지. <-음>

- 끓여 끓여서 끓이지 않고?

= 아이 끓이구, 생거. 그 이래서 따땃안 물에다 그거 붓어서 그거에또 또세(это тоже)[445] 조만지에 짜았구마. <-음> 그 물이 흘러 내려가느 긔래 그 짜서 그 물이 나가는 거 가매다 끓이지. <-음> 그거 가매다 끓에서 <-음> 긔래 어전으 이게 거이거이 됐다 할 직에 퍼서이 매옷에 발써 이렇게 펴 놓스 그런데 에또 조만지 있습구마. <-음> 긔래 촛물이 이래 치지. <-아하> 촛물이 치네느 그게 발써 바리잡습구마[446]. 드비 모이. 드비 이렇게 바리 잡을 직에 그 싸서 우 놓구 조금 지달궈 놓으머 물이 싹 빠

443. 두리둘싹해서: 빙둘러서
444. 공구: 구멍
445. 이것도
446. 바리잡다: 오물오물몰려들다

지머 드비 가또바(готово)[447]. <- 드비 가또바.> 가또바.

- (웃음) 두부가 준비되었다. 가또바.
- (조사원들끼리 과정에 대해 논의) 알겠어요 그 과정을? <-2 그냥 대충> 매옷이의 역할이 콩을 담는 큰 통인 것 같은데. <-2 밑에를 담는 게 아니고?> 밑에 그렇게 콩이 담기는 통. <-2 아, 그렇지. 내려가는 거> 응.
- (다시 자료제공인에게) 그거를 다시 끓이지 않고?

= 끓이잲~구 따땃안 물에다 옇어 젓어서 <- 어> 그 간 거 <- 어> 어전으 콩~이 이레 맷돌에 갈아서 나오잲~이습두? <- 으으흠어> 긔래 그거 모다서 <- 음> 모다서 그으 큰 그릇에 놓구 더운 물로 이레 젓어서 <- 음> 그거 젓어서 그 담에 조만지에 옇서 그 물으 짭:구마. <- 음> 그래머 강친으[448] 조만지 깃구[449] <- 음> 물은 나가지. 그 물으 끓입구마. <- 으흠> 그기서 드비 나오지. <- 으흠>

- (조사원들끼리 두부 만드는 과정 이야기. 다시 자료제공인에게) 근데 그, 뭘을 보고 매옷이라 하는 거지요? <= 예, 매옷이> 어, 뭐가 매옷이지요? <= 매옷이라 합:구마.> 매옷이 <= 예> 어.

= 그, 매옷이느 어찌 매옷인가 그 매옷이다 놓구 그 낭글르 만든 겝구마. <- 음> 그기다 맷돌으 놓지. <- 아하> <-2 매옷이 안에다> 아, 안에다서. <- 음> 그게 아무레 깊이 이렇게 됐기오. <- 음흠> 아, 그 안에다 놓구서리 가지. <- 음> 긔레머 그게 아무 데 헤치 아이 지오[450]. <- 그렇지, 음>

- 그르니까 매옷이에 담아서 맷돌을 매옷이에 맷돌을 담아서 갈아서, 어 <= 응> 그, 콩, 가루가 나오며는 글 그대로 옮겨서 따사

---

447. 준비되었어요
448. 강치: 남은 찌꺼기
449. 깃구: 남았구
450. 헤치 아이 지오: 헤처지지, 흩어지지 아니하오

따땃안 물에다 넣어서 <= 물에다 옇어서, 예> 어, 식, <= 그담> 초에 붓고.

= 예. 조만지에 짜야 되지.

\- 어, 짜고. 짜서 물이 나오면

= 긔래 그게 깡치 많지. 그래길래 조만지에 옇어 짜서 <- 음> 그담에 그 물이 나오는 거 <- 음> 까끄 에또 음 여기서 머라먼 몰로꼬(молоко)[451] 같습구므 크다맣게 아하 <- 음음> 긔래 그거 에또 가매 끓이지. <- 음> 그 가매 끓이서 어전으 거이거이거이 된다 할 직에 에 그 매옷에다 조만지 놓습구마. <- 음> 그다 퍼옇지므. <- 으흠> 퍼옇구 내놓구 촛물으 주읎구마. <- 아 음>

-2 그러먼 그 콩 콩갉으 콩갉으는 버리늠두?

= 버지지.

\- 깡치?

= 깡치느 버리.

\- 아, 그거는 짐승~이 먹슴두?

= 짐승~이 먹습구마.

\- 음, 사람은 안 먹고?

= 사람이 아이 먹습구마. 어떤 집에서느 그거 이레 고체[452] 콩~ 조금 옇어서 어스 매:[453] 띠와서 간장~ 한답드. <- 으흠>

\- 그, 한국에서는 그, 먹느데.

= 그거 깡치르? <- 음> 예. 그게 무스 다 어전으 빠진 게 그 무스기 있갰습드?

\- 그래도 맛이 맛있습니다. <= (신기한듯) 예에, 예에> 비지라고 비지. <= 예에>

---

451. 우유
452. 고체: 다시, 다르게 해서
453. 매우, 잘, 매매

= 내느 내스 낸 콩~느 갈아서 내 조 장~ 조끔 옇고 끓어 먹었습구마. <-음음> 그저 콩~ 펴부랴서 이레 갈아.

- 음, 그거 맛있는데. (모두 웃음) 그러면 근 인제 드비 만드는 법이고. <= 예> 드비 만드. 드비는 어떻게 먹습두? 그냥 그, 장물에 넣서 먹습두? 그냥 그대로 먹습두 생걸루?

= 그건 재비 생각 대르. <-음> 재비 생각 대르 어 거저 먹잠으며 발써 한짝에다 우리느 긔랬구마. 한짝 솥에다느 가매라 합구마 우리인데느. <-으흠> 어, 에또 도야지 고그르 조꿈 옇구 장~ 옇구 끓입구마. 긔래 긔 어전으 그또브지 이으 다 됐지. <-음음> 개 소인[454] 사람으 드비르 한 목씩 그릇에 담아 주며 그거 낳아서 이래 떠 먹습그. <-음> 아 그렇잲~으며 그, 장물에두 옇어 먹구 닦아두 먹구 손대르. <-음>

- 그, 드비는 요롷게 모양이 있습두? 아니면 이렇게 흔들흔들

= 흔들흔들 아이 합구마. 긔래 물이 빠지잲~임두? <-어> 우에다 이거 지달구지. <-음> 긔래 지달굼 그 물이 빠지나갑구마. <-으흠> 긔래녜느 고거 모 요레 하지.

- 아아, 두부는 모를 이렇게 짤라서.

= 예.

-2 지달구지 지달구지 뭐?

= 눌리운단 말이오. <-음> 므 그 우에다 므스그 놓는단 말이 <-음> 지달군다가.

- 그러면 그 저 할 때 초르 안 넣으머는 아이 넣으머는 물렁물렁해지지 않습두?

= 발이 아이 잡지. 초르 아이 옇으며 드비 아이 되갰구마. <-음>

- (조사원들끼리) 그거 안 넣은 것이 순두부 아니야? <-2 그렇지

---

454. 소인: 소요하는, 먹고 싶은

요.> 그렇지.

-2 (다시 자료제공인에게) 그런데 그, 아매가 직접 만들어 봤습두?

= 아매느 만들어 직접 아이 해 봤어. 우리 그 회 하는데 갔다 왔어. <-2 아> 우리 회 드빌 해 팔았어.

– 어디 여기 원동 여기서?

= 여기서 여기서.

– 여기서. 원동에서는?

= 원동~에서는 모르갰습구마 어찌 핸지. 그기두 했갰지 무스.

– 어릴 때니까. 음.

= 예. 여기서느 내 회 하는 거 <–음> 그 집에서 해서 팔았습그. <–음> 그래 그게 한 조반지인 제느 스물 네 모이 나오. <–음>

– 여기서 회하는 거?

= 예? 회.

– 회. 므슨 회?

= 물고기 회라 그람두? <–아> 바자르(базар)서 파는 거. <–아하> 바자르서 에 물고길르 회래 팝그래. <–음> 그러나 우리 여기 사람들으 물고길 좋아하오. <–으흠> 므스그 맨드든지. <–음> 예.

– (조사원끼리 조사진행 논의)

-2 김치물:

= 초르 옇고. 초르 섞어야 돼.

– 고려사람들이?

= 고레사람들이. 어전 므스이 끼르기스(кыргыз)[455], 루시끼(русский)[456] 다 먹는데 므스. <–으흠> 다 먹스.

-2 원래 드비는 골 고레사람들이

= 고레사람들 하지. 고레사람들 하고 여기 중국 사람들 있어. <–음>

---

455. 키르기스인

456. 러시아인

그 사람이 해. 바잘에 내다 파. <- 으흠>

= 긔래 우 마약에 내 무스 집에 일이 있으머야 이 어 스삐자~(специально)[457] 하는 사람이 있어, 시장. 드비 찰떡이 증편이 가주리 가서 자카스(заказ)[458]르 하지. 아무날 날에 에메 해 달라구. <- 으흠> 긔래 돈을 주므 그 사람들 하구. <- 음> 게다나이 돈 마이 있으머 므스 <- 으흠> 다 쌉:구마.

- 안 만들어도. <= 예> 음.

-2 드비, 찰떡이, <= 증편이> 증편이 <- 아, 가주리> 가주리?

= 가주리. 우리느 가주리라 하오. <- 으흠> 이거 가주리 미신가 하이꺼드나 찹쌀 갉으 으 찹쌀 갉으 쪄서 지름에다 튀워서 이래 이 막시 크게 해서. <- 음> 시장~ 여서 아이하오. 싸하르 녹여서 사탕~이 있제? 그거 녹여 우에다 바르구서르 깨르 뿌레. <- 으흠음> 긔래 그거 가주라 하.

- 그건 원동에서?

= 아이 여기서. <- 여기서?> 예.

-2 고려사람들이?

= 고려사람들이 싸지. 잔~치나 므스 한갑이나 아: 생진~나. (3초 휴지) 원동~서 내 잘 아이 알깁구마. <- 음> 그렇지 내 어리지 내 먼 데로 아이 댕기지. 고 세 호 동네서 벌써 세 집이 산 게. 마이 므스그 볼 수 없지므. <- 으흠>

- (조사원들끼리 조사진행 논의)

- 그, 원동 있을 때 열두 살이었는데 <= 예> 많이 생각이 많이 날 텐데.

= 우드[459] 내 그런지 어째 마이 생각 안 나.

---

457. 전문적으로
458. 주문
459. 우드: 우둔해서

- (조사원들끼리 조사진행 논의, 자료제공인과 조사진행 논의)
- 그러머 콩~로 거 인제 된장 장 <= 된장, 간장> 간장 그 어떻게 만듬두?
= 장~ 하는 거?
- 으흠, 장~ 하는 거.
= 나느 이렇게 합:구마. 콩~ 삼아서 <-음> 콩~ 삼아서 시장 그, 아 에또 조선말으 내 모르갰소. 이거 고기나 가는 메스룝까(мясорубка)[460] 있잲임두? <-음> <-2 고기> 고기르 가는 메스롭까 거기는 있는지 모르갰어. <-음음, 고기 가는 거> 예, 메스롭까라고 여기 팝:구마예. <-음음> 이래 그거 상~이다[461] 이래 물게 놓구서레[462] 그거 <-2 아> 돌구지. <-음> 그렘 그 안에다 우에 요로 요매한 데 있는데 술[463]르 잠그 콩~ 떠 옇지. <-음> 그래 내 이거 어 잠그 돌구네느 그, 갉으 나옵구마.
- 아 그거는 맷돌 대신에?
= 맷돌 대, 맷돌이 거 삼으 콩~ 어찌 갈갰습드? <-음, 아> 원동~서느 내 우리 부모들이 장~ 어떻게 하는가이 <-음> 콩~ 삼아서 <-음> 콩~ 삼아서 커우데에 옇어나 그렇잲~으머 그, 떡 치는 거 에따, 아후, 떡 치는 거 무시라 하다? <-아까> 떡꾸시 <-떡구시> 떡꾸시 이래 지담한 데다예 <-음> 콩~ 가뜩 담구서레 그, 떡으 치느 그 떡밀르이랩두마. <-음> 그래서 그 담에 그거 움케서[464] 이렇게 크게 해 둘씩 깔으[465] 깔으 그거 에또 점재르 그런거 점재르 짜는 거처르 그 까르 이래 늘궈서 그거 앞두에 이

460. 고기를 잘게 썰어는 기계
461. 상~이다: 상에다
462. 물게 놓구서레: (서로) 물리게 해 놓고
463. 술: 숟가락
464. 정확한 뜻을 확인할 수 없다.
465. 깔: 갈대

래 매서 둘 한데 매서 <-음> 이, 옆방에다서 몯으[466] 치구 이래 꼽스드마. <-음> 걸어 놓습드마. <-음> 긔래 그게 다 뜨머 다 뜨머 그거 내라서 싹 씻쳐 장~하고 간장~하고. <-음> 그나 여기서 우리느 그렇게 아이했구마. <-으흐흠> 그, 콩~ 갈아서 삼아서 매스롭까 갈아서 <-으흠> 긔래 자다막케 쬐게서[467] <-으흠> 긔래 그게 다 띠녜느 뜨머 그래 장~. <-음> 원동~서느 그렜드므.

- 자담하게?

= 예. 자롬자롬하게 이렇게 맨드지 <-음>

- 자담하게 징 징에서?

= 예, 요롷게, 쥐 쬐게서

- 쬐게서

= 예, 잘게 요래 쬐게서 <-음> 그 담에 그거 그게 긔래다나 매지지. <-으음음> 매지르 어또 (3초 휴지) 종~이 이런 아 어[468] 꼬롭까(коробка)[469]나 그기다 옇구서리 이래 옇구서리 덮어서 해빝에 띠우지. <-음>

- 예, 자담하게 <=쬐게서> 쬐게서, 어.

= 예. <-어> 그래 그거 이레 쌍치지[470]. 원동~서느 아이 긔랩두마. 이래 여기다 용말게다 몯으 박구서레 둘씩 긔래 겁:두마.

- 음, 그까 자담하게 쬐게서. 삼친다고 삼치지?

= 쬐게서 <-어, 쬐게서> 예, 그래 삼친단 게 아이라 쌍친담 <-쌍친다> 요기 요롷게 놓는단 말입구마. <-음:> 이렇게 조르르 그 우에다 <-으흠> 그래그나느 쌍친다 하잲~임두?

466. 몯: 못
467. 쬐게서: 두손으로 눌러 짜서
468. 종~이 이런 아 어: 종이나 이런
469. 박스, 상자
470. 쌍치지: 쌓아 놓지

- 그거를 그렇게 놓는 거를 쌍친다?

= 예. 그 이래 여기다 하나이 놓구 <-음> 또 여기다 이래 놓지. <-아하하하 아하> 이래. <-아하> 그래 어전으 다 났지 <-음> 다 쌍치 났지 <-으흠> 그 담에 그 덮지. <-음>

- (조사원들끼리 '쌍치다' 논의. 다시 자료제공인에게) 그게 매지고?

= 그게 매지으.

- 매지를 원동에서는, 이

= 에, 용막엠 몯으 치구 답:드마. <-어> 이레 크기 맨들어서. 크게 맨들어 그거 이레 이짝에 한나 이짝에 한나 이레 둘으 마주 매서 <-음> 몯에다 이레 겹두마.

- 몯에 다가. <=예> 음. 그러먼 내 나지 않습두?

= 뜬 내 나지.

- 아하. 뜬 내 어떻습두?

= 뜬 내, 뜬 내 그리 좋은 내 아입구마. (모두 웃음) <-음> 음.

- 겨울 내내. <=예?> 그 언제 언제 만듬두?

= 나는 긔래 어느 때 하는가 오올 달에 합구마. <-오월달에?> 밖에다 놓습구마.

- 아, 여기서는?

= 예, 우리 손네 당쵀 흐흐 <-음, 냄새 내 나서> 집에서 내 나게 나게. <-음> 긔래 밖에다 나 놓습구마. 오올 달이머 여기 날이 덥잲~임두? <-으흠흠> 원동~서느 어 원동~ 집으 싹다 이 구들이 앦~임두? <-음> 구들이 집이 높으옵구마. <-음> 높이 긔래 용마르대에 몯으 치고 겹두마. 긔래도 어디서 그랜지 냄새르 몰랐습구마.

- 바깥이니 용마르대에 놓고 음. 그래서 그거를 인제 이렇게 묶을 때는 깔이나 <=까, 예, 그 무스 아무래> 점재나

= 깔이나 깔이 그, 깔르 점재르 트잲~임두? <-음> 긔래 그 까르

요롱게 마습드마[471]. 납죽하게 되라고예. 까르 그런 에 몽치르 가주 이래 눌러 놓으며 쓰 납찍하게 돼지. <-으음> 그래 그걸 가주 이레 맵두마. <-음> 네 굳에. <-음> 그러나 다 그때느 므스기 없어 그랬겠지. <-음>

- 지금도 한국에 시골에 가면 그렇게 합니다. <= 그렇게 함?> 음. <= 예> 똑 같이 이렇게 큼직하게 만들어 가지고 <= 큼직하게 이> 이렇게 이렇게 몬에다 걸어 놓고. <= 어:>
- (조사원들끼리 장담기에 대해 논의. 다시 자료제공인에게) 그러면 그 매지가 다 트면 뜨며는 <= 뜨메는> 으, 그 담에

= 내롸서 싹 검즐하지[472]. 긔래서 그 몇 번 싹 싯쳐서, 싯쳐서 그 방˜에다 쩧습드마. <-음> 긔래 방˜에다 쪄서 긔래 장˜ 마지[473]. <-음> 그 그거두 덥은 물에다 끓는 물에다 소금 옇구 그 물으 젓어서 긔래 그 여다 쳐서 긔레 그, 장 그릇에다 <-음> 옇습드마. 원동˜서느 장˜ 마이 합드마. <-음> 일 년 먹게 아무래 하는 모양˜.

- 원동˜서도 그거 오월에 합니까?

= 아니 겨울에. <-겨울에> 예. 겨울에 해서 집에 이런 데 겁드마. <-음>

- 그거는 장˜ 끓은다고 함두? 매지를 이렇게 검줄을 해서

= 끓인다 아이하지. <-음> 장˜ 만든다 하지. <-장˜ 만든다> 예. 매지르 매지지 <-어> 매지르 맨든다 하지.

- 아, 매지를 만드고 난 다음에

= 매지르 맨들어 하 난 다음에 <-음> 장˜ 만다 합:구마. <-장˜ 만다> 예, 장˜ 마지. 어전으 물으 여서 쳐서. 긔런데 뻐치무또

---

471. 마수다, 마스다: 부수다
472. 검즐하다: 깨끗하게 다듬다
473. 장˜ 말다: 으게서 장을 만들다

(Почему-то)[474] 여기서느 그거 장~ 어전으 매지 다 가또바(готово) 되지. 다 어전으 됐지. 떠서. 그래 그거 이래 쳐서 맨든 거 장~ 맨든다 하지. <-음>

- 여기서는 장~ 맨든다 그러고 거기서는 장~ 만다 그러고. <=예> 장~ 만다 음. 장~ 말 장~를 장~ 말면은 그, 이, 매지를 이렇게 싯쳐서 담에

= 방~에 쪄서 <-방~에 쪄서> 예. 그 갉이 나온 거 <-어> 가주 구서리 소음 물에다 쳐서 장~ 마지.

- 그 그께 물을 끓에서

= 끓에서 소금 옇어서 <-음>

- 그, 그때도 저 내 남 남두?

= 그때느 빌르 내 아이 나오. 그러나 장 내사 그냥 나지. <-음> 장 내 나 뜬 내 아이 나지. <-음음> 장 내 나. <-장 내 나고> 예.

- 그러면 인제 그게 그케 만든 게 장~?

= 그게 어전 장~이 다 된 게지. <-어허>

- 그거 지렁이라고 함두?

= 지렁~느 딸로 맨들지. <-아하> 그거느 장~이구 된장~이구 <-아아, 된장이고> 예. 그 담에 여기서느 시장~ 간장~ 어떻게 하는 줄 암두? <-음> 그, 장~에 여름에 <-음> 장~ 여름에 해 몹시 삐 비 어저저 뜨겁을 직에 장~ 이래 뜯어내 밖에서 말리웁구마. 그래 그, 마른 장~ <-음> 마른 장~ 그것도 이 조만지 이 므시기 나: 아이 가게[475] 그저 물만 셀러리[476] 이런 조만지 안에다 옇어서 물으 누 에따 무스 스물 리뜨라단지 에메단지 그르 물으 마이 붓구 그 조만지르 그 물 안에 옇지. <-음> 그 독이르 안에

---

474. 왠지
475. 나가지 않게
476. 셀러리: 세어나가게 하기 위하여

다시 <-음> 까끼 에또 오이시 어찌 이래 말도 이렇게 아이 나가 (모두 웃음) 그래 그 안에 옇어서 그게 펴 어저 싹 펴지지. 파지 펴지녜느 이래 또 이짝을 사르르 번제 놓구. <-음> 그레 저짝으 사르르 번제 나 그래며 그게 지렁물이 검은검은 물이 나옵구마. <-으흠>. 그래 그 물으 또 찌와서 그 물으 찌와서 <-음> 또 고치 끓입구마. <-으흠> 그거느 나베르노(наверно)[477] 음 반 날에느 끓에야 되갰구마. <-으흠> 지러 한 열아름 리터르 하자며 <-으흠> 그래 끓이며 그게 간쟁~이 나옵구마. <-으흠>

- 어, 장~이라도 하고 된장~이라도 함두?

= 예. 장~이라두 하구 된장~라. 보톤 여기 사람 장~이라. <-어 장~이라 하고> 예. <-음>

- 그, 장~을 이렇게 끓여서 인제 거므스럼하게 만든 그 물 그게 인제 지렁?

= 예. <-음>

- 그러면 그, 된장은 어떻게 먹습두? 장~으?

= 장~느 그거 시장 보통으르 어떻게 먹는가이꺼드 그 약간 에또 지름으 옇구서레 스 에또 닦습구마. <-음> 에 거기다서 어 제 손대르 <-음> 제 무스 요구된 대르 양념으 옇어서 <-음> 고초두 옇구 마늘두 옇구 에또 여기 사람들으 상채두 먹구 <-음> 그 후초두 옇구. 그래 옇어서 이래 젓어서 그릇에 담아 놓구 상~이다 놓구. 때마다. <-음, 끓여서> 그게 닦다 나이끄드나 <-음> 다져느[478] <-닦아서> 닦아서 다나이 먹으 먹게 된 게 있구. 그래 그결루 어음, 한국 사람들으 국으 국이 다(да)[479]? <-으흠> 우리느 장물이라 합구마. <-으흠> 그래 장물으 끓일 직에 그저 장~이 떠

477. 아마
478. 다져느: 닦어서
479. 네?

옇고 끓입지. <- 음>

- 그러먼 그, 장~은 이렇게 저, 여름이 되며는 여름이 되면 거기 뭐가 막 생기지 않습두?

= 긔래서 조만질에 옇습지. 거저 못 놓지. <- 음> 조만질해서 그 안에 매지르 이래 옇구서레 <- 음> 아구릴 꿕 매서 <- 음> 그 담에 우 덮어 놓지. <- 음>

- 조만질에?

- 예. 조만질해서, 이레 <- 으음> 꽉 매, 그러쟪~임 파리 들어 가지. <- 으흠 음>

- 그러먼 (조사원들끼리) 조만질이 주머니? <-2 음> 주머니? <-2 음, 만드는 게 아니고요?>

= 조만지 뭐시긴지 아오?

- (모두 웃음) 우리는 그것도 모르오. (모두 웃음)

= 긔래 내 말하쟪~임두? 우리말이 옛날옛날 말이 되서 (조사원들 웃음) 에또 음 (조사원들 웃음) 감자나 옇는 거 뭐시라 하오? 마대락 하오? <- 으음> 그렇게 맨든닥 말이요. <- 으음> 헌겁을르. <- 으음> 그거 조만지라 하오. <- 으음>

- (조사원들끼리) 아까도 몇 번 나왔어.

- 그 그, 조만지에 뭐를 넣습두?

= 매지르 옇지. 맨드 거.

- 아, 매지를 넣고.

= 예. 그레고 <- 그레고> 꽉 매서 <- 어> 그 담에 요 어데 햇빝에 다 놓지. 놓구서 우 조끔 덮어 놓구. <- 음> 개머 그거 절로 뜨는 게.

- 그래, 간장에 (혼잣말로) 지금 간장 애긴가 된장 애긴가? (다시 자료제공인에게) 지금하는 게 된장임두 간장임두? <-2 간장>

= 된장~이지.

- 된장?

= 예. <- 음> 그걸로 간장두 할 수 있구 <- 음> 매지 다나예[480] <- 음> 매지르 다 띠와서 <- 음> 예, 간장두 할 수 있구 된장두 할 수 있구 <- 음>

- 그러면 어 매지를 조만지에 넣습두?

= 예.

- 어떻게 몬에다 걸 때?

= 아이 걸:구마. <- 어 아이고> 우리느 어디다 아이 그리구서리. 내이 나느 어떻게 하는가이끄더나 우리 땅~이 집[481]입구마. <- 음> 땅~이 집인데 그, 집에서 물이 나오는 게 이 있잲~임두? <- 으음> 그게 이렇게 마이 이렇게 높은데 그기다서 아들이 이거 우: 덮었습지. <- 음> 권데 그짝에 해 삐치이[482] 그 우에다 내 놓습구마. 그 조만지에 옇어서. <- 음, 조만지> 조만지에 옇어서 그 우에다 놓구 우 덮어 놓구. <- 음> 그래 띠웁구. <- 음>

- 아, 여기서 매지 띠울 때

= 예. 여기서느 그래 그렇게 띠웠구마.

- 으음 저기서는 겨울이니까

= 즈 겨울이 집으 <- 모두 달고> 어쩨 거반에예 게 집에서 합두마. <- 으흠>

- (조사자들끼리) 그니까 여기 꺼하고 저기 꺼하고 인제 섞여 있으니까 좀 헷갈렸다. (다시 자료제공인에게) 콩~로 만드는 거는 드비 그 담에 <= 장~> 된장 장~ <= 예, 간장~ 그래> 장~ 만들고 <= 장~, 간장~> 음 간장 만들고 <= 예> 간장 간장 만들고, 음.

= 간쟁~라 하는게 이레 지링~이라 합고예.

---

480. 다나예: 다니까
481. 땅~이 집: 땅의 집, 이 때 '이'는 '의'에 해당한다.
482. 해 삐치이: 해가 비치니

- 으흠, 지리라 하고 음 <-2 지레?> <= 지레> 지리.
- 또 콩~으 또 어떻게 먹는 게 없습두?
= 그래고느 있는 같잲~입구마 콩~.
- 콩~ 닦아서 먹고?
= 아이 닦습구마. <-아> 아이, 우리 원동~서느 그게 아무래 무스기 머으 께 없어 그랬갰지. <-음> 콩~ 닦아 먹었습구마. <-으흠> 콩두 닦고 옥수꾸두 닦고. <-음 으흠> 여기서느 뭐시기 없어서 그거 닦아 먹갰어?
- 아 여기는 많고. 음.
- 그 콩~으 그 인제 에 삶을 때 <= 예> 그때도 콩 먹지 않습두 아이들은?
= 아이 먹습구마. <-아> 우리느 원동~서 먹었습구마. <-어어> 아 에따 부모들이 욕하며 가만가만 가서. <웃음> 그 가매서 떠서느 이런 에 에또 용막에다서 낭게다 꼽아서 조끔 언 네느[483] <-어> 그렇게 먹었습구마. <-그께 꼬채이에 꽂아서> 예. 먹는다고 어시들이 욕하지 뭐. <-음> 어 여기서 아들이 무스그 콩~ 먹갰습두? <-음>
- (혼잣말로) 그레며는 인제 과일 보자 야채들은 다했나? 그쪽에 아까 머였지? (다시 자료제공인에게) 그쪽에 원동에 그, 먹을 만한 괴실도 많이 있었습두?
= 괴실이 우리집에느 무스기 있었는가이끄드나 에따 우리집이 아입구마. 우리 그 음, 한아바지 동생~이 집에느 하 음 까끄 예고 나즈바예트사(как его называется)[484] 웨:지라든지 요른 여르매 <-으음> 낭게 달겠습드마. <-으음> 그런게 있습드마. <-웨지> 예, 그래고느 어 다른 괴실 없었습구마. <-으음> 그저 우

483. 언 네느: 식은 후에는
484. 그것을 뭐라고 하더라?

리 산으르 댕기멘서르 <-음> 뜯어 먹었지. <-음 으흠>

- 산에는 어떤 괴실, 여르매 있 있고 있었습두?

= 여르매 에 뭐시기라 하이까에 이 낭기 시장 여기느 그게 체료무하(черемуха)[485]랍드마예. <-음> 구르미라구. 새까만 여르매들으 낭게 달게. 그래 우리 그 나무에 올라가선 그것 뜯지. <-음> 그 담에 알고배라든지 그런게 또 이런게 여르매들이 있습드마. 걔 열기두 따 먹구. <-음> <-2 구르미?> 구르미. 구르미 채레무 하오. 노시아말로. <-으음>

- 구르미도 러시아말임두?

= 구르미 고레말이 우리말이고 <-구르미 고레말이고> 체레무 하느 노시아말이구. <-음>

-2 알고배?

= 알고배 질고배 하는 게 요런 여르매들이 낭게 달겠습데. <-음> 그래고 이 이 이런 모새[486]판에 므시긴가이끄데 그게.

-2 알고배 질고배는 어떻게 다름두?

= 낭기 높은데 달기오. 큰 나무에. 큰나무에 요런 여르매들이 있습데. <-○○> 아 그래 그게 알고배고 또 조끔 딴 거느 그건 질구비 질구배랍데. 그 이기 내 어려서 들은 말이오 <-음> 옳은지 아이 옳은지 모르갰소. <-음음음> 그래 그러나 에 이렇게 모새 이렇게 산도 아이지. <-음> 조끔 이런, 음 데 그, 멀기들이 있었구마. <-음> 그래 멀기두 따 먹구 <-음> <-2 열기도 따 먹고> 열기두 따 먹구.

- 멀기는 맛이 어떻습두?

= 멀기 보통 조끔 시쿠지리 해두 일 없었드마. <-음> 단맛이 있었구마. <-으흠>예.

---

485. 벚나무 (bird cherry)
486. 모새: 모래

-2 시쿠지르?

= 조끔 시구.

- 음, 여기로 치면 포도하고 비슷함두?

= 포도? 어 여기느 그게 포도지? <-음> 긔래 여기느 맛이 어떤가 그램두? 일리(или)[487]

- 음, 여기 맛하고 거기 원동의 멀기하고 비교하면

= 따 따지 <-어> 따잲~구 긔래. <-어> 조끔 이렇게 이런, 뜰에서 자란 게 되 그런지 조끔 쉬구 좀 작구마. 그런 게 다 <-음>

- 그게 멀기고. <= 멀기그> 어, 빛깔은?

= 빛깔으 그, 조끔 푸르므리 한 것두 있구 <-음> 이렇게 어어 어듭운 것두 <-음> 검스레한 것두 있고. <-음음, 머르기 있고> 예.

- 그 담에 여르기도 따 먹고

= 예. 여르기느 요롱게 요롱게 달긼구마. 긔래 그 낭그느 전체 가시 냉깁구마. <-음> 가시냉기 그런데 달기지. <-음> 긔래 달기어 그거 거저 어 그저 따서 못 먹지. <-음> 그거 따서 이래 띠머 그 안에 자담한 씨들으 가뜩합구마. <-아> 그래 그 씨르 털어 디디구[488] 먹지. <-아하>

- 음, 그 씨를 털어 <= 털어 디디구 그 담에 그 먹습구마.> 으흠. 맛은 어떻습두?

= 맛이 좋습구마. <-음> 예, 달쿠므리한 게. <-음> <-2 달쿰데한 게>

- (조사원들끼리) 가만 있어. 씨를 씨를 다 버리는 그런 열매가 뭐가 있을까? 뭔지 모르겠네. 열기라고 알아요?

-2 저는 제주도 방언에 열음. 물어 볼까요? (다시 자료제공인에게) 열기느 어떻게 먹늠두?

---

487. 아니면, 혹은

488. 디디구: 떨어뜨려 버리고

= 내 귀랬잲~이오? 열기르 그 따서 그 낭그느 가시냉기오 전체 가시오. <-음> 그렌데 거 올라가 여지. 그래 그거 ○○○따서 <-음> ㄲ내서 그거 ㄲ내서 이래 짝개머 안에 샛하얀 씨 가뜩하오. <-음> 그래 그 씨르 털어 디디구 이 꺼풀으 먹지. <-음. 꺼풀을 먹고> 음. <-음>

-2 맛은?

= 맛으 내 귀랬잲~이오? 달쿠무레이하다구. <-음> 음. <-2 ○○○> 내 그런 여르기르 못 봤어. <-음> 아라시아(Россия)[489]도 없어, <-음> 우리 원동~느 그게 있어. <-으흠>

-2 재빌로 이렇게 벌어지기도 함두?

= 어 그게 열매? <-어> 재빌로 아이 벌어지오. 응.

- 그, 빛갈은 어떻습두?

= 빛깔이 어 재빨갛습구마. 익은 게. <-어> 아이 익은 거느 푸르고. <-아하> 익으머 재빨간 게.

- 크기는?

= 크기 아이 크구마. 요러

- 아, 고만한 게. <= 예> 음.

- 여르기 있고 또 어떤거 어떤 열매 있습두?

= 귀래고느 내 무스그 다른 열매느 ○○○ <-2 구르미 알고배 질고배> 질고배 아아, 포 <-2 여르기 멀기> 멀:기. 그래고느 내 모르갰습구마.

- 재빨간 거 딸이라고는 없습두?

= 딸이라우?

- 어, 딸, 딸기.

= 우리인데 없었구마. 딸기 <-아아 그건 없고> 음.

489. 러시아

– 여기는 있고?

= 여기두 있는 같잲~입구마. <– 음> 그게 아라시아나 있을 겝구마. <– 러시아에> 이, 산 속에. <– 으흠 음>

-2 알고배하고 질고배 맛이 어떻습두?

= 어, 맛이 그게 조끔 시쿠무지리하오. 그래 그게 익으며 그 뮈시기 먹 게 없어 그런 거 따 먹었갰지. 큰나무서 자르는 게오. 나무 높으오. <-2 알고배가?> 아하. 그런 데서 그게 자라오. 이게 벌판에서 그저 자라는 게. <– 음>

– 그거는 큼두?

= 아이 큰게. 요런 게 있구마. <– 아하>

– 알고배 질고배? 뭔지 모르겠다. (조사원들끼리 알고배 – 질고배 논의. 다시 자료제공인에게) -2 알고배 질고배?

= 으음 그게 라즈느예(разные)[490]. 한 가지 앦~이오. <– 음> 근데 내 옳게 말하는지 모르갰소. 그전에 우리 아: 때 그 뜯어 먹지 그랬대. <– 으흠, 들은 대로 음>

-2 감 이런거 없었습두? <= 응?> 감?

= 감 없소. <– 어> 없스.

– (조사원들끼리) 음 <-2 감은 남쪽에서 나지> 남쪽에서 나지 추풍령 이남에. (다시 자료제공인에게) 거 원동에 있을 직에 꽃, 은 어떤 꽃이 있었습두?

= 아, 꽃이? 한바꽃이랍두마. 한바꽃이, 부들꽃이. 쳰지꽃이. <– 으흐흠> 그런거 우리 뜯으러 댕겼습구마. <– 음>

– 부들꽃이?

= 예. 부들꽃이랍두마. 에따 피알레또브이(фиолетовый)[491] 이레 피는 게. <– 음>

---

490. 다양하다, 여러 가지
491. 보라색

- 함박꽂이는 빛깔이 어떻습두?
= 함박꽂이 조금 붉은 빛이갰구마. <-어허> 어 <-으 꽂이 크고> 꽂이 크고. <-음> 이 첸지꽂이느 꽂이 작구마. 그 낭기 많는 데서 이래 높갰~인지 그런데서 자랍드마.
- 금, 빛깔이?
= 빛깔이 어떻든지 아이 생각납구마. <-음음> 그저 이렇게 많은 그 무들기그 큰 무들기에서 <-음음> 자랍드마. 높으든지 앦고. <-음음>
- 부드꽂은 어떻게 생겼습두?
= 부드꽂으느 에 까끄 에따 시레니브이 츠베트(как это, сиреневый цвет)[492] 나는 게 이래 올레 폅두마. 이레 올레 피는게 밑이 조끔 대 질고 잎이나 이래 조끔 질:게 이래 높은 게. <-음>
- 그 다 봄에 핌두?
= 봄에 피는 것두 있구 여름에 피는 것두 있구. <-으흠> 예. 우리 사는 데 거반 이게 모새없구마. <-으흠> 예. 그런 뜰이.
- 모새에 잘 나는 거
= 예, 모새 거반 모새들 있구마. <-음> 모래지? <-으흠> 모새아 모래. <-음음>
- 거기에 인제 아까는 보자 짐승 예기를 했는데, 어떻게 새들도 많았습두?
= 새들 많갰~고 그럼.
- 어, 어떤 새들?
= 새 이거 보통 이거 새 있갰~임두? <-음> 그런 새두 있구 까치두 있구 가머귀두 있구. <-가머귀?> 예. <-또?>
= 그래고 아암 에따 필린 까끄 에따(это, филин, как это)[493] 부영~

492. 뭐지, 엷은 자색
493. 저...부엉이, 뭐라고 하지?

이[494]라든가? <-음> 부영~이 부영이 일리 까끄 <-아아> 밤에 소리 치잲~이요? 눈이 둥그런게 그런 것두 있구. <-음 음>

-2 부영?

= 예. 부영.

- 또 이렇게 이게, 닭새끼? 닭으 새끼 보고 뭐라고 함두?

= 베오리[495]? <-베오리?> 예, 벵아리지? <-어> 베오리라 압두.

- 어 베오리. <=음> 그 베오리 채 가는 새도 있지 않슴두?

= 예, 닥수리[496]드 <-닥수리> 예. <-어허, 음>

- 베오리? 베우리?

= 베오리. 닥수리 매 그게 베오리 차 가지. <-음>

- 닥수리 매?

= 예, 닥수리두 베오리 차 가지, 매두 차 가잲~임두? <-음음> 엄, 그 마 무스 무시기라 한 지 모르갰습구마. 우리느 매락 하오. <-음음> 그, 베오리 부뜰어 가는 거. <-음음>

- 어 닥수리가 큼두? 매가 큼두?

= 닥수리 크지, 매 작구. <-으흠, 매 작고>

- 매도 여러 종류가 있슴두?

= 아, 그렇갰습지 아무래. <-음> 한 종류사 아이갰지. <-으음>

- 그, 닥수리는 쫌 더 큰 짐승도 채 감두?

= 마 우쨌든지. 허, 우리 집에 아이 있고 그냥 이래 당기다나이 어시들이 그래지, <-음> 닭으 보잲~이[497] 베오리 다 붙들어 갔다구. <-음> 음. <-음>

- 금, 저기 어린 어린아이 때는 그 닭으 같은 거 이렇게 먹이는 거 다 어린아이 아이가 하는 일인데.

---

494. 부영~이: 부엉이

495. 베오리: 병아리

496. 닥수리: 독수리

497. 보잲~이: 보지 않아서, 즉 지키지 않아서

= 아이가 하는 일인데 어찌 되어 <-아> 우리 아이 했습구마. <-아> 아이 알갰구마. <-음> 우리 어머이 다 했드 모양˜. <-음>

- 어 닭은 뭐 이렇게 이렇게 닥 닥우리에 닥구리?

= 닥구리 있습구마.

- 닥구리에 넣어서 키왔슴두? 아이머 밖에 마당에.

= 마당˜에 아이 자랐구마. 닥구리 이래 그 올라가 앉는 그그 다리르 놨습드마. <-음> 그레 그 우에 올라가 잡드. <-으음흠>

-2 그걸 뭐라 함두?

= 달구 층대락 하지. <-음> 어. 그 청˜에 올라가 자. <-음>

-2 달그

= 어 저 닭으 청˜ 매지. 그래 그 청대 올라가 잔다.

-2 청대

= 예

- 그, 닭은, 알 낳는 닭.

= 알 낳는 닭. <-음> 예.

- 그, 머시기라 함두?

= 뭐 닭이 알 낳는닥 하지. <-음> 알 낳는 닭이락 하지. <-음>

- 여자 닭 남자 닭

= 암탉, 수탉 <-어>

- 암탉

= 수탉 <-어 암탉이> 음 < 알 낳는다.> 알 낳는다.

- 그 알 보고 뭐라고 함두?

= 달갈이라 합구마.

- 달갈

= 예. <-음> 그 닭에 알[498]이란 말이갰습지 아무래. (모두 웃음)

-2 그 수탉의 머리 위에 있는 거 뭐라?

= 어 아 머리 위에 어 그리베쇼크 다(гребешок, да)[499] 에따 뭐시라 하는가이끄드나 베시. <-음> 베시. <-음>

- 닭은 어떻게 움두?

= 닭으, 어 수탉으느 어 꽥꽥꽥 하구 우지. <-음음음> 암탉으느 알만 낳아머 꼭꼬댁 꼭꼬댁 하구 소리 지르 (웃음) <-음음음 음, 으음음>

- 그, 수탉이 언제 욺두?

= 수탉이 이른 새복[500]으머 욺더구마.

- 어아, 이른 새복에. <=예> 몇 시쯤?

= 아무래, 어떨 적에느 긔 아무래 네 시나 됐갰습구마. <-으음> 그래 욺더. <-음>

- 어, 아매는 그 원동에 있을 때 집에서 어시들이 닭으 많이 쳤습두?

= 마이 아이 쳤습구마. <-어> 그저 재빌로 머어 꺼. <-음> 긔래 고 돼지 있구 개 있구. <-음, 돼지 있고 개 있고> 예, 마이 아이 쳤습구마. 그 빌르 아무래 요구 아이 됐갰지. <-음> 여기 이줄해 들올 임시에느 어 우리 세[501] 빠빠(папа)[502] 예 <-음> 아부지이 <-음> 또제(тоже)[503] 이거 즘승 잡는 그런 기관에서 일했습구마. <-음> 걔다나이 이, 즘승 마이 잡지. <-음> 걔 그시 그 기두 <-음> 계혁[504] 있갰지? 쁘란느(план) 이메르 대라는 거[505] <-음> 한 달에 <-음> 걔두 집에서 소롬노(Все равно)[506] 먹

---

498. 닭에 알: 닭의 알. 여기서 '에'는 '의'의 뜻이다.
499. 계관이지요?
500. 새복: 새벽
501. 세: '시장'인 듯
502. 아빠
503. -도
504. 계혁, 쁘란느(план): 계획
505. 이메르 대라는 거: 얼마를 대라는 것
506. 어쨌든, 뭐라고 해도, 그럼에도 불구하고, 반대해도 그냥

었지. <-음>

- 소롬노?

= 소롬노란 게 까끄 에따 번역 어떻게 하갰는지? 어떻게 말했으머 옳게 말하갰는지? (크게 웃음) <-아 음 음>

- 많이? <= 예?> 많이? <= 말이> 많이 많이 먹었어? 그 소 소롬노 먹었어? 짐승?

= 예. 그 소롬노란 게 암만 말게두[507] 먹는다느 그 으미 있구마. <-음> 소롬노 내 먹는다구. <-으음> 예, 그 으미 있구마.

- (조사원들끼리, '소롬노'에 대한 의미 '충분히, 마구' 등의 뜻으로 논의하고, 다시 자료제공인에게) -2 고레말임두?

= 고레말? 로시아말이오. <-(웃음)> 고레말로느 그게 만약에 번역하며 이러오. 니 암만 말해두 내 먹는다 그 으미오. 내 말한 게, 소롬노란 말이. <-음> 어 암만 말게두 내 그거 노릇 내 할 노릇을 한다는 그 으미오. <-2 어 말게도> 아 말게두 먹는다구.

- 소롬노? 어 러시아말 로 소롬노? <= 소롬노> 소로, 사람?

= 소-로-븐-노

- 소로븐노. (조사원들끼리, 사전을 찾으며) 나오질 않네. 러시아사전에, 음. (조사원들끼리 조사방법에 대해 논의)

= 이거 보통말임 보통말입구마. <-음>

- 그러면 그 금, 닭을 이렇게 구리에 넣어서 치며는 이케 닭을 뭘 멕이를 조야지요?

= 긔래 이 요 요르 준닥 하지.

- 요.

= 예. 닭으 먹이르 주는 거 요르 준닥 하지.

- 어, 요를 준다 <= 예> 으흠. 거 그 주로 어떤 검두? 요는?

---

507. 암만 말게두: 아무리 말려도

= 아 어뜨 옥수끾나 채밀이나 <-음> 그런 게 멕입드마.

- (조사원들끼리 '소롬노' 논의, 다시 자료제공인에게) 옥수귀나 채밀이나. 요를 요를 줄 때 어떤 소리 냄두? 그냥, 가만이 줌두?

= 가만~이 아이 주지. <-어> 어찌는지 암두? 쭈주주주주주주주 이레구 부릅구마. <-음음> (웃으며) 그러머 닭들이 달아 온 네느그 뿌리지.

- 음음. 쭈주주주주 <=예> 음, 지금 한국서도 그렇게 합구마. <=그렘두?> 주주주주 합구마. (모두 웃음)

조사 자료 (5)

- 아매 그러먼 그, 닭으도 치고 그 담에 돼지도 치고 <=치구> 어. <=개도 치구> 개도 치고 <=응> 그, 돼지는 뭐를 먹였슴두?

= 돼지르 보통 그런 거 으 이런 거 에따(это)[508] 뭐시기 감지도 모쓸 게 나가며 그런 것두 멕이구 <-음> 게두 멕이구. 제 제 다 일리(да или)[509] 케. 방~에르 찧으며 그거 쌀에서 나오는 게 일레제? 일레 케? <-으흠> 그런 것두 멕이구. <-음> 그래 멕였. <-음>

- 그기 방~에다 찌며 나오는 거 그게 게?

= 제 제라 합구마. <-제?> 예. 그라. 옳은 말은 어떤지 마 <-음> 우리느 제. <-으음>

- 그, 돼지도 돼지구리에 넣어서.

= 구리다 넣어서 <-음> 그래 치구.

- 돼지한테 이렇게 줄 때 뭐라고 하면서 줌두?

= 뭐라 아이 합구마. 발써 어 주구 가주나가며 거서 구리서 소리치는 게 그래 구시에다 그저 부러 놓지 부서 놓지. <-으으흠 흠>

---

508. 그것
509. -(이)ㄴ지 아닌지

- 그거 그게 큰 거는 돼지? 도야지? <= 도야지> 큰거, 작은 거는?

= 도야지새끼 <- 음, 도야지새끼> 음.

- 개는 뭘 먹임두?

= 개는 이래 사리[510] 먹구 길은[511] 거 멕이지. 국이나 먹구 질으머. <- 음> 그래 그 어전 나는 거. <- 음 으흠>

- 개는 또 큰 거는 개?

= 개

- 작은 거는?

= 작은 거느 개:지. <- 개:지, 음>

- 몇 마리씩 쳤습두? 원동에 있을 직에.

= 개 한내이 아이구 둘입구마. <- 음> 더 못 못 치구. <- 으흠>

- 그리고 돼지는?

= 돼지느 하나 치지.

- 돼지는 하나.

= 예. 그래서느 어 어떨 적에느 그거 새끼르 내옵드마. <- 음> 음, 그래 새끼느 팔구. 큰에미느 제루와서 잡아 먹구.

- 큰 거는 저리워서 <= 잡아 먹지> 잡아 먹고.

= 예, 촌에 그, 어드메르 어 없습구마. 쌀라 가는 바자르(базар)두 없지. <- 으흠> 그래 노이 그도 그그저 제루와서 잡어 먹구. <- 음>

- 작은 거는?

= 작은 거는 또 제루와서 새끼를 팔기두 하구. <- 으흠>

- 닭으느 몇 마리 쳤습두?

= 닭두 마이 아이 치었구마. 한 열암 마리씩 <- 음> 그래 치 <- 여람 마리씩, 음> 예. <- 음>

- 그, 원동에서 떠나올 때 그 다

---

510. 사리: 사람(이)

511. 길은 거, 질으머: 남은 것, 남으면

= 닭으 제 뿌리구[512] 왔습구마. 어찌 제 뿌리고 왔는가이끄드나 으이 <-음> 우리르 불시르 이주시켔습구마. <-으음> 긔래다나이 미처 어찌 새 없지. <-음> 어 내 생각 아이 나지만 돼지느 어찌 했는지 모르갰, 잡았는지 <-음> 어찌 했는지. 아, 쇠 있는 거느 국가르 받치고 왔스. <-으흠> 국가르 주고 왔습구마. <-음> 긔래서 음 닭으느 그, 우리 나올 직에 에따(это)[513] 그, 뽀시예트(Посьет)[514] 어느 메르 그게 에또 까끄 예고(это как его)[515]. 죄인들이 이레 죄를 짓고 가 가 갇히잲~임두? <-으흠> 그런 사람들으 내 보냈습드마. <-음> 우리르 이거 이주르 시기는 거. 쇠수레들으 몰고 거기르 <-음> 음 뽀시예트(Посьет)꺼지 가게. 긔래 그 사람들마 부뜰어 먹었지 모르지 어찌했는지. <-아> 긔레고 쇠느 바쳤습구마, 국가. <-으흠> 긔래 바친 거 삼십칠연도에 여기 와서 까삭스탄(Казахстан) 와서 어 그거 마 에매씨나[516] 탔는지 돈 탔습갰구마. <-으흠> 돈 타구 우리르 무스그 죴는가이끄드나 이거 그게 바친 그글르 해서 아무래 곡식도나 그거 해 죴는지 <-으흠> 가루르 갈그 <-음> 갈그 나베르나(наверно)[517] 한 이십 마대씩 <-음> 이레 타서. 그거 먹구 살았습구마. <-음> 고마 고마와서. <-음>

- 아매네 집에도 쇠가 있었슴두?

= 예. 그 바치구 왔지. <-아> 그거느 바쳤습구마. <-으흠> 긔래고 닭으느 그저 노야 닭으가 개느 노야르 왔습구마. <-으흠 음>

- 닭으나 개는 <= 예> 노야?

---

512. 닭으 제 뿌리구: 닭을 놓아 두고, 버리고
513. 이것
514. 지명
515. 그것이 뭐더라?
516. 에매씨나: 얼마씩이나
517. 아마도

= 으 거 그다 집에 이 있는, 대로 그저 왔지므. <-으흠 음> 노야르 왔지. <-노야르> 예. 놨다는 게 뭐시긴가이끄드나 그 집에어 닭이 있는 대루 그저 그다 두고 왔다는 말이어 <-으흐흠 그게 노야르 왔다?> 노야르 왔지므. <-음>

- (혼자말로) 첨 듣는 한국어 으민데 이거는? (다시 자료제공인에게) 닭으나 개는 거기 있는 데 그대로. 노야로 왔다.

= 노야르 왔습구마.

- 노야로 왔습구마. 음.

= 예. 쇠느 바치구 <-음> 국가다.

- 음. 쇠는 바치구. 쇠, 쇠도 한 마리?

= 한 마리.

- 음, 그런데 그, 뽀시에트르 빠시예트르 올 때 그때 그 죄인들이 왔다고요?

= 우리 촌으르 죄인들으 보냈습두마. <-아> 그래 우리 집에서 <-아> 집에서 아 한 가젱~ 쇠수리르 하낙씨 죴습구마. <-음> 쇠수레 조끔막그했구마. 쇠 하낙씩 메운 거. <-음> 그래 거기다서 어찌했는가이끄드나 한 가정~서 쉰 낄로[518] 이상 가지지 말라구 <-십끼로?> 쉰 낄로. <-쉰 낄로> 예. 쉰 낄로 뭐시긴가이끄드나 음 여기서 그래잲~임두? 한 낄로 두 낄로 <-으흠> 그렌거 똘끄(только)[519] 쉰 낄로씨만 가지라구. <-으흠> 게다나 이 무스그 가지갰습다? <-으흐흠> 이부자리 옇구 <-으흠> 이씨 오며 멀 거 옇습구마. <-음> 그래 옇구서레 아 우리 에따(это)[520] 조끄마 오래비 그때 몇 달 아이 됐습그. <-아하> 그 조꺼[521] 그래 아무래 쇠수레 왔갰지. 우리느 걸어들어왔습구마.

518. 쉰 낄로: 50 kg
519. 다만, 단지
520. 이것
521. 조꺼: 조끔

걸어서 어디루 들어왔는가이끄드나 걔 어디루 들어왔는지? 뽀시예트르 왔는지? 우리르 어디다 실었는지 암두유? 싹 열긴 게 배도 아이고 <-음> 아 그거 멍테라 합드마. <-음> 큰 게 큰 게 거기다 숱한 사람 다 실어서 <-음> 그래 왔습구마. 어째 우리르 그렇게 밤에 실어 왔는가이끄드나 그때 일본들이 한참 머끄와[522] 하산(Хасан)[523] 전쟁~이 나잲~었습두? <-음음> 그래서 우리 집에서 그 바다에 멉:구마. 그런데 저녁엠 나가머예 이 마대꺼저 어낮 낮 같이 비쳤습구마. 배 그거 에따(это)[524] 불들이 비치는게 <-음> 그래서 어른들으 말하는 게 밤에 이렇게 불이 없이 들어온다구. <-음> 불이 없이 배 그래 들어와서 뽀시예트르 들어왔지. 그, 배 앉아서. <-음> 배 앉아 그래 와서 그 담에 우리르 큰 큰 배에다 실었는지 모르갰습구마. 걔 저그르 해삼위란 데르 왔스그. <-음음> 그래 해삼위에 와 차에 앉았지. <-음 으흠 음>

- 그러며는 원래 살던 곳에서 인제 이, 자그마한 오래비는 쇠수레에 실 <= 예> 실어서 왔고.

= 그, 몇 달이 아이 댕기믄서 <-어>

- 아매는 걸어서 왔고.

= 걸어서 왔습구마. <-어> 종~일 해르 우리 걸어왔습구마. <-종일을> 종~일 해르 <-음, 종일 해를> 예. <-음 음> 종~일

- 그때 벌써 이부자리나 이런거 다 가주고

= 이부자리나 그건 그 수레 실었지 머. 게다 마이사 못 실었갰습지.

- 한 한 가정에 쉰 낄로?

= 한 가정~ 쉬 끼로 오십이 더 가지지 말라 했습구마. <-음>

- 그러면 뭐뭐를 가져 왔을까요? 이부자리 하고 가매.

522. 머끄와: 뭐, 음음
523. 지명
524. 이것

= 가매 없엤습구마. <-애, 가매 없이?> 가매 없이. <-어> 이 그겟이야 무시긴지 모르갰스므 이런 꺼스뚜룰레(кастрюля)[525] <-꺼수뚜룰레> 예. 차에 오멘서 우리 음 어 차 와서 어떡 직에 와서 오래 선 데 있었습구마. <-음> 긔렌 녀느 내레가서 그 모도 철도역에 내레가서이 찻길이 있쟪~이슴두? <-음> 그 철도역에 내레가서 그 낭기나 무스 어디서 얻어서 긔래 무스그 급히 끓에서느 올레 오지. <-음> 긔래고 (기침) 우리 올 직에 한 바곤(вагон)[526] 으 식때[527] 그래서 거기서 무스그 주는가 더운 물두 주고 <-음> 그 담에 에에 장물두 끓에 주구. <-음 흠> 그리고 할레르 한 때씩 그거 탔습구므. <-음> 예. 긔래 어시들으 내레가서 이래 어드메 므스 떡이나 쌀 데 있으머 근[528] 떡이나 싸고. <-음, 떡이나?> 예. 떡이나 긔래 싸서 올레서 식구 먹었습지. <-음음 음> 차에서느 못 내렜습구마. <-으흠 음>

- 그러며는 인제 하산에서 배를 타고 해삼에 가서 <=차에 앉아> 차에, 어 해삼 가서 이제 차에 바곤에 앉아서 <=예, 바곤에 와서> 어 바곤에 앉아 <=짐차> 어, 짐차 <=짐차에 앉아> 이렇게 이레 칸을 나눠서

= 칸을 네 칸씩 맒아서

- 어 네 칸씩. 네 칸씩?

= 네 칸~이지. 이레 맒고 이레 맒다 나이 네 시간~이지. <-음> 한 바곤에.

- 아래, 아래 위로 나눈 게 아니고?

= 아래 위로두 나누구 이렇게두 나누구. 그 한 바곤에 네 시간쓱 앉으라 해. <-음 음 음>

---

525. 냄비
526. 차량, 즉 기차의 한 칸
527. 식때: '식구'라는 뜻인 듯하다.
528. 근: 그런

- 그래서 아매는 <= 우층에 왔습구마> 아 우층에 <= 예> 에, 여섯 식기

= 예. 그 담에 한아버지 에따(это)[529] 만아바이네 식기 밑층~에 있고. <- 으흠>

- 어 어시들은 어른들 <= 응> 옌치 있는 사람들은 밑에 있고 <= 예> 으흠. 그라면 이부자리하고 가매 아니고 그라면 농사 농새진 거 쌀이나 뭐 같은 거 가지고

= 아이 가제십더.

- 쉰 낄로 뭐뭐가 들어갔을까요? 쉰 낄로 속에는?

= 쉰 낄로 그 무시기 에매 들어갔갰습두? <- 어> 긔래 무스그 긔랜는가이끄드나 이시 머 꺼. <- 음> 이시 머 꺼. 이래 떡이나 했습드마. <- 음> 긔래 가지왔습.

- 그게 인제 집을 떠나서 실게 간다 그 말이 나고는 곰방 떠났습두? 쪼끔 시간이 있었습두?

= 시간~이 없습구마. 급히 이주르 했습구마. <- 음> 급히. <- 으흠> 긔래다 나이 무스. 그렇지 무스그 마이 못 가주고 오지. <- 음> 어떼 가조 오갰습두? <- 음> 그래 우리느 조금 큰 거느 조이래르[530] 걸었지므 <- 음>

- 그런데 그케 부뜰어 갈려고 죄인들이 죄수들이 왔습두?

= 죄수들으 긔래 와서 그 우리인데 술기[531]르 우리 사는 데서예 쇠술기르 몰고 우리르 싣고 그 배 녁으로 왔소. <- 아하> 긔래 아무래 되비[532] 돌아갔갰지므. <- 음>

- (기침) 돌아가서 닭도 잡아 먹고 <= 그러잲~고 지지> 개도 잡아 먹고

---

529. 이것
530. 조이래르: 종일 해를
531. 술기: 수레. 쇠술기는 소가 끄는 수레, 부술기는 기차
532. 되비: 다시

= 집마다 들어가면 <- 다 있지> 다 있지 이: <- 머 먹을 거도 있지> 가마 있지 멀 게 있지. <- 음> 아 그게 구월달이 되 노이 <- 음> 채소구 뭐시기구 옥수끼구 밭에 감제구 가뜩하지 <- 그대로> 그대로 되두구. <- 음 으흠 음>

- (기침) 그러면 이제 그 (기침) 바곤에 이렇게 네 식 네 가정이 앉아서 <= 예> 음. 처음에는 이렇게 중간중간에 쉬면서

= 중간중간 아이 쉬엤습구마. 이래 가다 가다도 어드메 쉬읍드마. <- 음> 긔래고서느 아 (조사원들끼리: 물 좀 가져. 따뜻한 물, 끓여놓은 거) 내려가서 에또(это)[533] 물도 가져오고. 무슨 머 것도 싸올레고 <- (기침), 음> 우리느 그양 아버지 댕기매 그렇지 옵쒸(вообще)[534] 우리느 내레 아이 나습가. <- 으흠> 그 맡아 가주 들어오는 사램이 있지. <- 음> 예. 긔래다나이 못 내리게 했습구마.

- 돈은 가져갔습두 돈?

= 돈으 촌에서 므스 엔매르 가져왔갰습두? <- 음> 걔 그쎄 돈이 있었글래 오매 쌌지? <- 음> 떡두 싸고 <- 음> 어이.

-2 바곤 안에 벤소는 있었습두?

= 어? <-2 벤소> 바곤 안에 므스기 있갰소? 이래 가다가다 드 셰우고 사람들 싹 그 바곤 밑으로 들어가지. 짐차란 데 긔레오. 까끄(как)[535] 짐으 싣는 거처르. 이 짐승~이나 싣구 댕기는 거 봤소? 바곤에다.

-2 소변이나

= 없지므. 긔래서 가다가다두 셰우며 싹 그 찬 밑으로 들어가지. <- 아> 어디루 가갰소?

- 차 밑으로

---

533. 이것
534. 일반적으로
535. -처럼

= 찬 밑에 들어가 소벤 보지.

- 나, 찬 밑에

-2 메칠으 걸렸슴? <= 예?> 메칠이 걸렸슴두?

= 몣칠은 겐데. 똑똑이느 모르갰소. 쉰 엿세르 왔다든지 차에. 또츠논데(точно)[536] 모르갰소. 어전 내 잊었소. 차에 오래 들어왔소 우리. 어쩨 오래 들어왔는가이 이래 오다두 우리마 들어오는 게 애이라 저 원동~루 싹 이주르 시키잲~소? <-음> 그래꺼드 바곤으 보이스(Поезд)[537] 마이 들어왔지 뭐.

-2 그럼 그 바곤 안에서 밥은 해 먹었슴두?

= 밥 어디다 해 먹갰소? 밥 못 해 먹었소.

-2 누른밥 같은 거?

= 떡 그그 내려가서 싸 온 거 딱에다서. 그 담에 우리 바곤 한나에 그기 식대 하나 있었스. <-음> 거서 장물 끓이 주지므. 그래 식기 셋으 가서 장물 타오. 그래 먹구 그 그래 먹구 들어왔소. <-음>

-2 춥지는 않았슴두?

= 죽은 사람두 있다 합데. 그래고 차 차마저 침대두 있구. 우리 차에느 벨리 유오[538] 없었소. <-음>

-2 바곤 안에 는 그 칩지 않슴드?

= 아 구월달이 나나이 그래 아이 칩습드. 그러나 밤 되너 치왔글래[539] 이불 덥구 잤지? <-음> 어, 이불 덮구 잤소.

- 그 바곤에 빼치까(печка)[540] 피운 데도 있었다든데? <= 없스> 없었습.

---

536. 확실히, 정확히
537. 기차
538. 유오: 有故
539. 치왔글래: 추웠기에
540. 난로

= 마 어 다른 데느 있었는두 우리인데느 빼체까 없었습구마. <-음 음> 똘꼬(только) 금 가서느 그 가서. 어 스똘로가(Столовая)[541] 가져왔드 장물으. 그래 어드메 이레 서서 그, 우리르 인도르 해가 주고 들어온 사램이 있었소. <-음> 로시아 사람. 소리쳐 "기베또크"(кипяток)[542] 더운 물 있다구. <-음> "기뻬또크" 그래머 모두 그 달아가서 물 받아가주 오지. <-음 으흠>

- 그러먼 장물도 먹고 밥도 먹었슴두? 밥을?

= 밥, 못 먹었습구마.

- 아까 그 불을 피워서

= 불을 피와서 그저 허리[543] 므스 끓있갰지. <-음> 밥은 못 먹었습구마. <-음> (3초 휴지) 그, 우리 큰집이서 올 직에 쇠:지[544] 하나 잡아가주고 왔습그 <-음> 쇠:지 하나 잡아서 싹 닦아 가주가 그래 그거 아매 오메 끓에 먹었갰지므. <-음> 한 바곤에 오는 게. <-2 쇠아지 송아지?> 소아지. <-음, 쇠:지>

- 그래서 인제 도착한 게 노보시비리스크?

= 노보시비리스크(Новосибирск)[545]꺼지 들어왔습구마. 그래 들와서 그 담에 알아 보이 그기서 음 지적하지. 어느 바곤으 어디메서 들온 바곤은 어드르 가라. <-음> 그래 그 와서 우리 아무래 한 수트까(сутки)[546] 묵었습구마. <-음> 그 서 있었습구마. <-음> 그래 아무래 우리르 까삭스탄 보냈갰습지. <-으흠> 그 담에 까삭스탄 들어왔습구마. 웨이. 들오이 우리 원동~느 아이 그렇지. 내 철으 모르는 것두 곰마 내리이 내리 문지 이막시 올라 먼지

541. 식당
542. 끓인 물
543. 허리: 쉽게
544. 송아지
545. 지명
546. 하루, 24시간

<-머> 이렇게 발이 빠져. 요: 기차지. 가요. <-음> 이렇게 빠진 데 어저느 여기 와 내린다 하이 그 숱한 사람 어디로 가져 가갰어? <-음> 긔래서 아음 그 에따(это) 클루브(клуб)[547] 구락프라 일리(или)[548] 음시으 <-음음> 그런 지담:한 집이 있십데. <-음> 긔래 거 다 그저 막 쓸여 옇지므. <-음> 약타 술기구 쇠수리구 가서느 그 바곤에[549] 사람들으 실어다 긔래 거기다 옇는데 아 긔래 거기서 우리 아이 잤어. 우리 아부지야 개 노시아말 좀 아지. <-음> 긔래 저레 내려서 이 댕기먼서 그 노시아 촌~이 노시아 사람들으 사지. <-음> 긔래 노시아 사람들으 사는데 영감 노친네 사는 게 이에 <-음> 반~이[550] 딸르 이레 거기서 아무래 식으나 끓여 먹는 반~이 모양~이래. 요렇게 쪼끔한 반~이 있습데. 긔래 그 반 가서 내 어 잊어 아이 졌어. 한 달에 일곱 양씩. <-음> 일곱 루블레이(рублей)[551]씨 주구서레, 그거 나니마이(нанимать)[552]해서. <-음> 긔래서 그 칸으 어어 빠빠(папа)[553] 싹 장판으 들어내고 구들으 놨어. <-으흠> 긔래 거 오브[554] 슥키[555] 그기서 우리 사 살었어 우리느. 게다나이 우리느 그 쿠르바아이 있구. <-으흠> 그 담에 그저 일하라 그 댕기머. 긔레이 이, 조선 사람이 그때 우리 들올 직에 한 이솔로네(эшелон)[556] 그 한 뽀예스(поезд)[557] 일굽 꼬호즈(колхоз)[558] 들어왔어. 일굽 꼬호즈.

547. 회관
548. 아니면, 혹은
549. 바곤에: 여기서는 '바곤의'
550. 반~: 방(房)
551. 러시아 화폐
552. 고용하다, 고용되다
553. 아버지
554. 오브: '모든'의 뜻인 듯
555. 슥키: 식구
556. 특정한 기차
557. 기차
558. 집단 농장

<-으흠> 오백호에. <-음> 그래 오백호이 들어와서 그 담에 그, 주미냐르크(Тюмень-Арык)[559]서 아무 두 낄로 메트르 내리가 내리가 밭이[560] 있지므, 벌판에. 거기다 이, 흙으로 피르[561] 쳐서 피르 쳐서 사람들이 그, 집으 짓기 시작했어. <-음> 그래 우리느 집으 다 진 녜느 그기 있다서 내려갔어. <-아> 아 그래다나이 그게 아무래 한 해 걸리갰지. 집으 뽀까(Пока)[562] 져서 그래. 그래고서레 꼬흐스 베르 심우기 시작했 <-음>

- 베는, 그, 베씨는 원동에서 가져왔슴두? 여기 검두?

= 어드메 여기 끼갰지, 원동~ 어디메 가져 오갰슴두?

- 아하, 베 베질 안했으니까.

= 베질 아이 했지. 어딤다 가져 오갰슴두? <-음> 내 그렇게 생각합구마. <-으으음> 아무래 여기서 베씨느 죴갰지. <-음> 그래 베르 숨었습구마. <-음>

- 그럼 원동에 있을 때는 아매는 아매 집은 그, 베질은 안 했는데, 여기 와서

= 예. 여 와 베질 했습구마. <-음> 그래 베질 하는 게 우리 그 꼬흐즈 회장~. 어 에따 뽀시예트 사람인데 최 삐에뜨라우 그 사람이 회장질 하고. 음 그 담 그래다 나이 오백 호이 사람 많습지. 그래 그 담 집으 어저느 다 저 지 큰 집으 하나 져서 이거 막구스레 한 짝에 두 반씨 한 세간씨 살게 그런 집으 지었습구마. <-음> 두 반~ 맨들어서 한 세간~ 살고 이게 집은 부첵[563] 큰거 하나 짓구 <-음> 그 담에 이짝에 두 반으느 다른 세간~이 살게. <-음> 이렇게 집으 지었습고. <-으음> 그때느 굉장~했습고. 그래자 농

---

559. 지명
560. 밭이: /바티/로 발음한다.
561. 피르: 벽
562. 동안, ~때까지
563. 부첵: 붙혀서

새 잘 됐지. <-음> 조끔 절브네[564] 그 담에 전쟁~이 났지므. 스싹다 들어갔지. 에똠 <-음> 일하라 그 음 조선 사람들으 그때 군쩨또[565] 전쟁판 아이 나갔습구마. <-음> 일하라 보냅습그. 샥뜨(шахта)[566] 나가서. <-음> 샥 샥뜨 가서 일하고 무스 이런거 마사진 거 맨드는 이런 데르 뜨루드꼴로나(трудовая колония)[567] 뿐 했습구마. <-뜨루드꼴로나> 뜨루드꼴로나 뭐신가이끄드나 (한숨 쉬며) 죄인~는 아이지 <-음> 그러나 이 시기라[568] 보냈지므. 가서 그저 멕여 주구 가서 그 사람드 일했지므. 그렇게 <-죄인은 아닌데> 조인~[569]느 아인데 그래 가서 <-음> 일했습구마. <-음> 그때느므 아들도 예예듭살 예일곱살 가져 갔습구마. <-음> 그런 데르가. <-음>

\- 그, 아매는 갔을 때는 그 까작스탄에 아까 그기 뭐라 했지? <=주미냐르크> 어, 주민야르크 <=예> 거기는 러시아 사람들이 많이 있었 슴두?

= 첨에 그거느 노시아 사람이었구마. 까삭크도 있으낀 있었구마. <-으흠> 예 섞여 삽두마. <-음> 노시아 사람도 살구 까자끄도 살구. <-음> 그게 어째 그런 가이 그기느 이에 스딴찌아 (станция)[570]지? <-아하> 에게오 그어 뽀예스(поезд)[571] 그와 요레 섰구마. <-어> 긔래 스딴찌아다 나이 그서 일하는 게 거반 노시아 사람이지. <-음> 걔 그기또 뭐시기 있었는가이 <-음> 뽀뜨호스(подхоз)[572]라우 그 어째 뽀뜨호스라 하는가이그드나

564. 정확한 뜻을 확인할 수 없다.
565. 군쩨또: '군대' 관련한 말을 한 듯하다.
566. 광산
567. 노동 정주지
568. 이 시기라: 일 시키러
569. 조인~: 죄인
570. 기차역
571. 기차

채소질 하는데 <-음> 그런 게 있습드마. 거 그두 노시아 사람 많습구마. 걔다나이 거기 까삭크 하구 노시아 사람으 섞여 삽드므. <-으흠 음>

- 그러면 그 해 겨울은 인제

= 거기서 나구 <-어, 거기서 나고> 왜, 주미냐르크서 그래 <-어, 주미냐르크에서> 예. 주미냐르크서 그래 방천 지와 나와 살고. 그 담에 사람들이 어 아무래 그 어저느 봄으글래 나와서 피잔 치랬지. <-음> 그래 어떻게 했는 줄 암두? 피르 쳐서느으 <-음> 피르 쳐서느 그 피르 이래 막아 놓구 그래구 나가 산 사람들으 많습구마. <-음> 음.

- (조사원들끼리 조사방법 논의, 다시 자료제공인에게) 그래서 그, 피장으로 집을 길게

= 길게 크게 져서느 <-져서는> 예, 한 집으 이렇게, 막았지 <-음> 한 집으 이래 절반으 <-음> 그라우 오른 펜에 두 반~이구 왼 펜에 두 반~ <-음> 그래 그 두 세간~이 살게 <-음> 두 가정~이 살게. <-음> 예. <-두 시간이> 세간

- 두 세간이 살게 (조사원들끼리 '세간' 발음에 대해 논의)

= 두 세간~이나 두 가정~이나 <-음> 내 쁘러페소르(профессор)[573] 앞에서 이렇게 무식하게 말으 해.

-2 음난

- 아니 우리가 느느 예 (모두 웃음) 음, 재미있습니다 예. 음.

-2 겨울에는 뭐 먹었습두?

= 겨을에?

-2 처음에 그 주미냐르크 와서? <=와서> 그렇게 하고.

= 주미냐르크 와서, 우쨌든지 모르갰소, 일 했든, 예. 쪼끔 가주고

---

572. 보조 농업, 농장
573. 교수

들어온 돈~ 마이 있었던지. 그때느 뭐시기 매시끄[574] 눅었어[575]. 어허 긔래 그 겨울에느 일 못했지. 집에 있었소. 그런데 아무래 돈~이 있었글래 우리 아부지 가서 에또 돼지 새끼르 하나 싸 왔지. 돼지 돼지 새끼르 하나 싸 왔지. 긔래 우리 그 집이서 아 그, 노시아 집 방천집이서 오래 살았소. 뽀까(пока)[576] 이게 끄음 집으 짓는 게 다 되 때까지, 긔래 우리느 집이 다 돼서 내리갔어. <-2 음> 다른 사람들으이 그, 클루브(клуб)[577]서 어떻게 숱한 시간~ 한 집에 사오? <-음> 긔래 사지 못해서 내 그래잲~임? 피르 치구서레 그 피르 이레 막아 놓구 우 막아 놓구 그 가 사는 산 사람이 많소. <-음> 고상~ 했습구마, 고레 사람들이. <-음>

- 그때 음 우쉬또베(Уштобе)[578]나 이른 데 온 고레 사람들은 <= 예> 그, 땅을 파고 살았다는데 <= 땅~꿀으 파고?> 땅~꿀 파고.

= 어 우리느 그렇게느 안 했습그,

- 음, 고생은 덜 하신거지.

= 덜하 (기가 차다는 듯이, 웃음) 덜하

-2 우스또베 온 사람들보다느

= 우리느 고상~ 아이 했습구마. <-음> 우리 아부지 스라주(сразу)[579] 끄 방천 집 얻길래. <-음> 우리느 그그 집에 살았습구므. <-음>

- 방천 집 얻었다고?

= 방천 집으예 한 반~으 쪼그마한 반~으 이거 어 그거 장판 들어내구 구들으 놨지므. <-음> 그래 그 방천 집에서 한 달에 내 잊어도 아이지 일굽 양씩 물멘서르. <-음> 긔램 그 집에 살었

574. 정확한 뜻을 확인할 수 없다.
575. 눅다: 가격이 싸다
576. (-으)ㄹ 때까지
577. 회관
578. 지명
579. 곧바로

습구마. 걔으 부모들으 일하르 그기르 댕겠지므. 그게 그 꼬호즈(колхоз)[580]가 우리 그 주민야르크 그게 <-음> 두 낄로 메트릅구마. 그기르 댕미[581] 일했지. 걸어 댕겠갰지 <-으음> 그때느 차두 없구 아무 것두 없 <-으음음>

- 그때 그, 아바지 빠빠 하신 일이, 짐승?

= 아믄 일도 아이 했습구마. <-음> 그 다 가서 그, 지 집으 짓는 데 가서 <-아 집 짓는 데 가서> 예. <-집 짓는 일> 집 짓는 일 했습구마. <-꼬로제> 꼬호즈 가서 <-꼬호제 가서> 예. 그 피두 치구. <-음>

- 피는 어떻게 침두?

= 피르이 이롷게 칩두마. 이, 흙이 있잲~임두? <-으흠> 그 흑에다서 이거 짚으 <-음> 짚으 한 데 막 섞어서 그래 그거 밟지[582], 물으 치메. 그래 그 담에 요고 틀으 요롷게 맨들아 그게 <-음> 피, 요롷게 에야이 되잲~임두? 요맥시한 거. 그 한 틀에 네 개씩 앉으라 으래. <-음> 그래 칩드. <-음>

- 그래서 말리와서

= 그래 말리와서 <-음> 그래 머 음 어디메다 굽슴두? 그레 그 생필르 피르 쳤지. <-으흠> 음. <-음>

- 그서 집으 만들고.

= 집으 만들었습구마. <-음> 그래도 국가 마이 돕았습지. 그그그. 핀스끼(финский)[583] 집이라구 지붕 위: 옌 유타[584] 이거 시피르(шифер)[585] 막았지. 개 흙을루 재빌루 집으 져두. <-음> 재료

---

580. 집단 농장
581. 댕미: 댕기미, 다니면서
582. 밟지: /밥찌/로 발음한다.
583. 핀란드의
584. 옌 유타: '지붕을 인 연후에'라는 뜻으로 이해된다.
585. 슬레이트

사[586] 아무래 국가서 죴갰습지? <- 으흐흠> 긔래 졌습구마.

- 지붕에 뭘로 막었어? 지붕?

= 여 어 무시긴 두 모릅구마. 에 고레말로. 저 걸레 저 시피르 있잲~임두? 저 집에 싯허연 게. <- 어> 저런 거예 <- 음> 시피르 덥었습구마. <- 어, 시피르> 예.

- (조사원들끼리 '시피르'에 대해 논의. 다시 자료제공인에게) 그런 집이, 구락부 그런 집이 멫 집이 있었?

= 오백 호이 살았습구마. 긔레이꺼더 한 집에 두 세간~이꺼더 애매 적갰습두? <- 어허 어> 옵쉠(В общем) 다섯 줄이 있으이 집으 졌습구마. <- 음> 어 골목 어간에다 내 놓구 <- 아> 긔래고 핵고두 큰 거 졌지. <- 음> 클루브(клуб)[587]두 큰 거 졌지. <- 음> 그랬습그. <- 음> 그게 전쟁~이 나기 전에, <- 으음> 에.

- 그러고 인제 봄에 되면은 베질을 하고

= 싹[588] 다 베질 하고. 그때느 좋았습구마. 그래 일하느 사람으느 <- 음> 어 열다서 소뜨까(сотка)[589]씨 이거, 재빌러 져 먹으러구 땅~ 주지. <- 아> 긔래다 나이 허리 쳐 죴습구므[590]. <- 음>

- 열다섯 솝까? <= 예> 아. 땅~을 다 하나씩 나눠 주고.

= 예. 한 가정~이 이래 열다서 솝까씨 그저 무흁로 죴지. <- 음> 긔래 거다 베르 한데 쳐였스. <- 음>

- 그게 베르 베질을 할라면 이게 물이 어디루 물이 들와야 하는데 물길은 이케 내지 않았습두?

= 씨르다리야(Сырдарья)[591] 강~야 거츠르디 이 곁을르 지나가는 게.

---

586. 재료사: 재료야
587. 회관
588. 싹: 모두
589. 단위
590. 허리 쳐 죴습구므: 쉽게 쳐서 주었습니다
591. 강 이름

<-아> 예. 씨르다리야 <-씨르다리야강, 아> 예 <-음> 까삭스탄 씨리다리아? 아, 우스베기스탄 아무다리아(Амударья)[592] <-으흠> 예. <-음> 그래.

- 물은 쉽게 끌어오고?

= 그래다나이꺼드나 내 긔래잲~임두? 게울에 그 까나우루 일굽 메트르 깊이루 그 물으 들에오길래 <-겨울에> 게을에 <-아> 심어이 다(Зимой да)[593] 게을에 그거 팠습구마.

- 음 아 그 사람 손으로 <=그> 그

= 사람 손으 깊이 일곱 메트라 <-아> 놉이 엠멘 높는 줄 암두?

- 음, 에메나?

= 자그만한 강~이 있구마. <-아하> 그렇게 그거 <-그래이> 전 어 오블라시티(Область)[594] 주 <-아> 주: 에 멫 꼬흐즈(колхоз)[595] 든지 거반 여자들이가 에따(это)[596] 늙은~이들이. <-음> 긔레 그거 팠습구마. <-음> 긔래 거 물 들에다 농새질하느라 <-음>

- 그러니까 겨을에 그 추운데 언 땅~ 파서 <=파서> 어, 이렇게 물을. 얼마나 깁두? 길이는?

= 기잲~이고. <-음> 그, 내 어저느 잊어 버렸습그. 멫 낄로 메트르지. <-어>

- 아무다리아강에서 아 시리다리아강에서 <=시리다리아강~> 시리다리아강에서 <=에> 그걸 멫 낄로 미터나 그 이

= 까날르(канал)[597] 파서

- 어, 까날 파서 이케.

---

592. 강 이름
593. 겨울에
594. 주
595. 집단 농장
596. 이것
597. 수로, 물길

= 물으 들이와서

- 어, 꼴호스로

= 예. 그래서 농새질 했습구마.

- 겨을에는 인제 <= 겨을에느> 물이 얼었으니까 물이 안 흐르니까 우선 이거 까날만 파고

= 긔래 그거 파고

- 그 담에 봄 되며 인제 물이 들어오고

= 물이 들어오고 일했갰지므. 그거 어찌나 오래 팠습구마. <-음> 사램이 마이 파두. <-음> 그, 사램으 힘을로 이거 노실르까(носилка)[598] 걸체 있잲~임두? 그거 밑에서느 흙으 담아서이 우로 올래다 제 뿌리고 <-음 음> <-2 여자들이?> 여자들이 아이고. 그때 전장~ 시기 애이오? 전장~느 고레사람 아이 가져 갔어[599]. <-음> 어 그러나 그, 뜨루드꼴로나(трудовая колония)[600]라고서레 일하러 싹 보냈어. 샤뜨(шахта)[601]나 어드매 이런 데 사람드으 없잲~이요? 다 전장~ 판으로 나가구. <-음> 긔래 그런 데르 보냈스.

- 음. 그러면 그 까날 판 거는 저게 까작스탄에 <= 까작스탄에> 곰방 도착해서가 아니고 쪼끔 지나서 <= 지나서> 어 <= 갔습구마. 예>

= 그 담에느 차차 차차 에 우리 꼬흐즈 마시나(машина)[602]두 그루조보이(грузовой)[603] 하내 있었어. 마시나다 <-음> 음. 그전에느 없었지므. 이 뜨락토르(трактор)[604]두 없지. 거반 사람 힘을루 했

598. 손수레, 들것 모양의 것
599. 아이 가져 갔어: 데려가지 않았어
600. 노동 정주지
601. 광산
602. 차
603. 트럭
604. 트랙터

지 <-음>

- 이래 그때는 인제 전쟁 때는 남자들이 다 노력하러 나가고 <=예> 여자들만 모여 남아서 까날을 팠단 <=늙은~이구 그> 까날을 팠단 말이지요. <=예> 어 <=아:들이구> 음.

-2 그렇게 하시다가 어머니 돌아가시고.

= 어머니 어 어머이 우리 어머이도 나가 까날르 팠어. <-음>

- 아매는 그때 어려서 안 파고?

= 그래고서리 우리 어마이 지나갔지 그랬다고서 돌아갔지 해 놓~이 내 동생네 오래비 그그 있잲~임두? <-음> 그래제 아버지 홀로 있지 해 놓~이. 그, 날 아무래 아깝아 그랬든지 <-음> 모르제 우리 조합 회쟁~ 너느 아:들 끓에 멕이구 아:들 씨쳐 입히구 집에 있으라 <-음> 그레 일 아이 했어.

-2 그 방천 집에서 살 때 춥지는 안했습두?

= 아이 치왔어. 조꼬만 집이 얄대만게 구들으 났지므. <-음> 구들으 놓구 불 땠지. <-음> <-2 아 불 때고> 어 불 때다나이 우리 식구 고 칸~이 거저 요매나했갰어. 요런 데 있었는데. <-음> 그래 그 한짝에다 가매르 걸구. <-음>

-2 그 러시아 쥔이 뭐라고

= 아이, 드 늙으 영감 노친이 사는 게. 사람들이 유한 사람드이 <-음> 어.

- 그때 아매 빠빠는 구들 놓는 법 알았습두?

= 그랬게 구들 낳습지.

- 기술이 있어야 놓지?

= 그래 그때마 샤스 야 스카주(сейчас я скажу)[605] 드올 직에 우리 빠빠가 어느 인 생~인가에 일천구백 사스 삼연 생~입구마. <-으

605. 지금 바로 말씀드리겠습니다.

흠> 게이끄드 게 드리자즈 세디모이(тридцать седьмой)[606] 몣 살갰슴드? 엄 어머니는 사 <-2 서른 일곱, 서른 여덜> 그렇소?

-2 천구백 삼년생이먼

– 할머니가 이십오년생이

= 어머이느 일천구백 사연생~이고 아버지느 삼연생~. <–으흠> 그랬습그. (4초 휴지) 우리 어머니, 아, 마혼 둘에 돌아가. <–젊어서> 젊었습그. <–병으로?> 병~으 심장~ 앓아 <-2 심장> 심장~ 앓아. <–신장 병으로> 예, 그럴 제에 막중 오래비[607] 다섯 살이라 <–음> 그 오래비 나르 애민가 했어. <–음음음>

– 막중 오래비?

= 예. 왼 작은 오래비.

– 음, 막둥? 막중?

= 막둥드 일리(или)[608] 막둥 다(да)[609]. <–음> 그래 옳게 말하오?

– 아이 오케 말하는 게 아이고 아매 하는 말익 말대로 하면 뭐로?

= 막중~이라 하지 <–막중~ 막중~오래비> 예. 마감 오래비 <–음>

-2 그 마감 오래비는 지금 어디 어디 삼두?

= 러시아 사오.

-2 러시어 어디?

= 어디 사는가이끄드나, 오히, 까멘스크(Каменск)[610]. 긔 그 어딘가 이끄드나 로스돕스키 오블라시티(Ростовская область)[611]. 오라잲~소 왔다 간지. <–음> 열한 해만에 <–아> 오래비 왔다 갔소. <–음> 어저느 가 사삽연생꺼드나 예신여섯이. <–으흠> 처

606. 서른일곱 번째, 삼십칠
607. 막중 오래비: 막내 남동생
608. 아니면, 혹은
609. 그렇지요?
610. 지명
611. 로스도브 주

음 왔어. 첨 왔다 갔어. <-음> 와두 거 마 한 열을 있다 간 게므스. <-음>

- 러시아는 여기보다 생활이 쪼끔 낫습두?

= 낫갭~고. <-음> 애 끼르기즈에 뺀시나(пенсия)[612] 제일이 작습구마. <-으흠으> 제일이 작고. 글쎄 어 저 로시아 뭐시기나 이거 뭐 더 비싸지. 내 에뜨(это)[613] 가 보이꺼드이. <-음> 그러나 월급 마이 타갭~임두? <-으흠> 우리 아들이 시장 둘째 아들이, 둘다 메느리두 선생~이고 아들두 선생~입구마. <-음> 여기서 그 달 벌어 그 달 못 살았습구마. <-음> 그렇게 살았어. 아: 둘이 식기 너인게. <-으흠> 긔래서 러시아르 들어간 지 어전 사연~이. 시장~ 그것 보오. 벌써 집이 있지. 마시나(машина)[614] 쌌지. 해마다 우리인데르 왔다갔다 하지. <-음> 긔레이꺼드 잘 버지? <-으흠> 으 그렇구마.

- 그러머는 그기에 주민야르크는 얼마 동안 살았습두?

= 주민야르크 오래 살었습구마. <-어> 주민야르크 샤스 야 스카주세(сейчас я скажу)[615]. 주민야르크서 쉰네 해꺼지 살었습구마. 우리 <-신> 우리 어시들은 거기 있었지므. <-으흠> 우리 가정~이 어 마은 아홉 해, 내 시집 가서 어전 내 가정~이 따지. <-음> 긔래 부모들으 그기 있구. <-음> 쉰네 해 러시아루 들어갔습구마. <-음, 오십사년> 오십사연도 긔래서 러시아 들어가서 어느 때 나왔는가이꺼드나 음 셈데샤뜨(семьдесят)[616] 칠십 사연도 나왔는지 <-음> 어찌 나왔는가 하이 큰 아들이 여서 글읽다나이 <-으흠 음> 가 글으 필하구서르 에 까끄 에또 스삐짜리스

---

612. 연금 (퇴직금)
613. 이것
614. 자동차
615. 지금 바로 말씀드리겠습니다
616. 칠십

뜨(э...как это, специалистом)[617]러 이자리[618]르 스뜨라(Сразу)[619] 죴지므. 긔때느 긔랬습구마. 그러 고마 필하므 그 길루 이자리 저래 주지. <-음> 집으 주지. <-음> 긔래서 그래지. 딸이구 어 에또(это)[620] 둘째 아들이구 싹 여기 나와 글읽었스. <-음> 걔 우리 그 두서[621] 므스 일하갰어 긔래 여기르 나왔지. <-으 으음 음>

- 그, 꼬흐즈에는 인제 첫해는, 첨에는 방천 집에 살다가 인제 그룹 프(клуб)[622] 집이 만들어 져서 <= 예, 그거 다 어전 됐으이끄드 나> 꼬흐즈에 들어 가고, 거기도 구들집?

= 구들집이.

- 아, 고려식으로

= 고레식으루 두 반~이 다 구들입구마. <-음, 두 방이 다 구들이고> 예, 조선 사람들 싹 구들 놨습구마. <-으흠> 그시 혹 장판 널르 논 집이 있기 있지. 그러나 거반 구들 집이. <-음>

- 장판은 널로 만든 집?

= 널로 놨습구마.

- 아 근 장판집이고.

= 예. <-음>

- 거반 인제 구들집

= 거반 구들집입구마.

- 음, 구들집을 놓고. 그서 전쟁 날 때가 아 마흔 두 해. <= 마흔 한내> 마흔 한내 <= 예> 전쟁이 나고 <= 예> 음. 그럼 설흔

---

617. 어...뭐라고 하지, 전문가로
618. 이자리: 일자리
619. 금방
620. 이것
621. 두서: 둘이서
622. 회관

일곱 해에 거기 가서 설흔 여덟 해부터 인제 베질을 하고. <= 베질으 했습구마.> 음. 그때 에 저기 빠빠는 뭘 했습두?

= 빠빠 무슨 일 했는가이끄드너 에따 조선말로 어떻게 하는지 내 모르갰소. 꼬호즈느 꼬호즈 들어 갔지이? <- 으흠> 그래서이. 노시아 말르 뭐신가 하이 레비지온느 까미시아(ревизионная комиссия)[623] 라구 있었구마. <- 음> 그건 조선말르 뭐신가 하이 꼬호즈 안에서 무스그 모든 일으 으으 검살 하라 댕기느 <- 으흠> 그런 단체 있습구마. <- 음> 거서 회장질 했스.

- 음. 거기 회장일을? <= 예> 그럼 일은 일은 안하고?

= 막일 아이 했습그. <- 아, 안하고?> 우리 아부지 막일 안 했습그. <- 음> 그래서 이 전쟁~ 나두 뜨루드꼴론나(трудовая колония)[624] 아이 가져 갔지. <- 으흠> 그냥 집에 있었습구마. <- 아> 아이 갔습구마. <- 음>

- 그러면 그, 꼴호즈 하는 동안에는 인제 그 죽 베질하고 <= 예> 인제 그 빠빠는 인제 그 그 일은 <= 예> 그런 일 막 일 안하고 그런 일하고 <= 예> 음. 아매는 인제 그래서 집에서

= 집에서 그래다나이 (한숨) 사십육연도 우리 어마이 돌아갔스. <- 어하 어> 게다 나이 내 집에 있었지. <- 어>

- 사십육년도에 <= 에> 어마이 어머니 상새 났어요?

= 예. 상새 났습구마. 사월 스므아흐랜날. <- 으흠>

- (혼자말로) 음 아. 사십육년도면 그 그 뒤에 일이구나. 칠년도.

= 곰마 전쟁~이 끝나이

- 어 전쟁 끝나고

= 어, 그래 노이 언매나 고상스러워. <- 음> 머: 께 없지. 쪼금 있는 거느 그 다 보내지, 그 담에 꼬호즈 농새 아이 되지. <- 음>

---

623. 감사 위원회

624. 노동 정주지

그렇게 살았습구마. <- 음>

- 그러며는 전쟁 날 동안에 다른 사람들은 다 그, 노력으로 가서 일 하고

= 긔래 꼬호즈 남자 없었습구마. <- 음> 쪼끔 그 일 만한 거느 싹 다 그 그게 뭐시라 하느가이끄드너 노력 전선 <- 음> 일하러 싹 보냈습구마. <- 으흠> 예 그래 뚜르꼬원가[625] <- 음>

- 그런데 빠빠는 안 가고 여기서 <= 아이 갔습그> 꼴호즈에 남아 있고

= 예, 긔래다 나이 우리 죽으래도 끓잸~이구 먹었습구마. <- 음>

-2 죽으제?

= 죽. 므스 아. 그 에따 무시라 하마 쌀르 밥 아이 하고 죽으 쓰잸~ 이요? <- 음> 그런 죽이러 먹었소. 밥 모 해 먹소. <- 음> 없지 므. <- 음>

- 농새 일도 잘 안되고.

= 농새도 잘 아이 되지. 일할 사람도 없지. <- 음> 그랬습구마. 게 다나이 이 어 굼어[626] 죽은 사람두 있었구마. <- 음> 꼴호즈에. <- 음> 풀으 캐 먹구. <- 음> (한숨)

- 그때 노력 전선 간 사람들은 저 어디로 갔습두?

= 어 나쁘리메르(например)[627] 내 남펜~으예 <- 음> 그때 옐에듭[628] 살인지 <- 음> 우리 결혼 하기 전~이지. <- 음> 그런데 어디로 가져 갔는가이끄드나 에따 뚈라(Тула)[629]라, 뚈라라 고로뚜[630] 라시압구마. <- 음> 그 어디로 가지갔는가이 그 성탄[631]

625. 노력 전선
626. 굼어: 굶어
627. 예를 들어서
628. 옐에듭: 열여덟
629. 지명
630. 지명
631. 성탄: 석탄

파는 샥트(шахта)[632]르. <-음> 긔래 거기 가서 셔 성탄 패게[633] 했습구마. <-음> 걔 쪼끔 그런 청년들이구 그 싹 그때느 가져 갔어. <-으흠 음> 그래가 이래 음 여러 가지 일 하지. <-음> 한 곧으로 간 게 애이라 <-음> 여러 곧으로 갔스. <-음>

- 성탄 파고?

= 예. 성탄굴이 성탄 어 그메 성탄 탄 무시기라 하오? <-음> 거 가서 일했습구마.

- 그때는 아, 에스에스에르(СССР)[634]는 <= 쎄쎄쎄르, 예> 쎄쎄쎄르는 그, 스딸린

= 스딸린~지 이이 그레제 아 스딸린~ 샤스 야 스카주(сейчас я скажу)[635] 삐데샤뜨 세스똠(в пятьдесят шестом)[636] 오십육연도이오? <-음> 죽었소. 스딸린 아무래. <-음> 스딸린 있을 직에 끔 <-음> 어 기늘이 세엤습구마. <-기을?> 기율이 에또 <-기늘이?> (웃음) 법이 세엤습구마. <-으흠> 말 한 마디 자못[637] 해두 앉히지[638]. 기으길래 어 그랬지 그제 자못한 일두 많지. <-음> 그러나 스딸린~ 잘한 일두 있었구마. <-아하> 어찌 그런가이끄 드나 어이 촌~이구 도시구 어 칠학연 아래느 없이 칠학연꺼지 싹 글이르라는 거. <-음> 예, 긔래다나이 누귀든지 글 다 읽어야 되지. <-음>

- 그르니 아매도 여기 와서 인제 다시 <= 다시> 핵고로 <= 예 핵고르 댕겠습그> 댕기고 음. <= 예> 그때는 그 꼬호즈 안에 핵고가 있었슴두?

---

632. 광산
633. 성탄 패다: 석탄 파다
634. 소련
635. 지금 바로 말씀드리겠습니다
636. 오십육 년에
637. 자못: 잘못
638. 앉히다: 여기서는 '(감옥에) 갇히다'라는 뜻이다.

= 꼬호즈 안에 핵고 있잲~구 그래. <- 어허> 핵고두 잘 졌습구마야. <- 으흠>

- 극도 고레 사람이 전부

= 고레사람들이 짓잲~구 그래. <- 음음>

- 그래 처 처음 멫 해는 그 고레말도 있었습두?

= 멫 해느 있었습구마. <- 아> 그래 핵고서도예 글은 노 로시아 글이지만 해도예 한 시간씨 <- 음> 갈체. 그 담에 마 하이티[639] 있었는지 하구 한나도 없어졌스. <- 음. 그 담부터는 다 러시아말만> 딱 전첵 로시아말아 <- 음>

- 그럼 여기는 여기 와서는 꼬호즈에서 멫 학년까지 필했습두?

= 네 그래잲~임? 칠학연밖에 더 못 읽었스. <- 아 칠학년까지> 예. <-2 다른 사람들 하고 같이?> 어? <-2 다른 다른 사람들가 같이?> 어, 그저 칠학연 필했스. 그 담에는 집에서 그저 동생드 데리구. <- 음>

- 칠학연 필하고 인제 그 뒤로 전쟁이

= 전쟁~ 시기에 긔래

- 어 전쟁이 시작되고

-2 칠학년 필한 게 언젬 언제?

= 필한지 오라오.

-2 멫 년도?

= 어저느 오라지.

-2 멫 살 때?

= 멫 살에 필하오? 어쩨는가이꺼 우리 원동~서 들어와서 한해르 글으 못 읽었지. <- 음> 그 담 이듬해 읽었지. 이듬해 글이르는 것두 어찌는가이끄드나 이게 로시아글가 우리 고레글으 말 알아 못

---

639. 하이티: 한 이태

들어서 만~약에 내 삼학연 이르지 앓갰스. <-음> 시번째 반. 두 번째 반 내라 보냈스. <-아> 이렇게 읽었습그. <-아>

-2 (혼자서 햇수를 계산 하다가) 전쟁 중에 필했 필했습구마?

= 아무래 전쟁 전에 필했갰지. 일리(или)[640] <-음> 전쟁~ 때 필했소? 나두 모르갰소 어저너. <-음>

- 그때는 그, 배우는 학생들이 많았습두? 다 고레인들?

= 고레인들이 아이고? <-음> 우리 그, 꼬호즈느 싹 다 고레 사람들 살았습구마. <-음>

- 그때 러시아말 배왔습두?

= 긔래 핵고르 댕기면서르 한 해 <-어, 그때 첨으로> 한 해 이티 댕기메 <-으흠 음> 그전에느 한 마디두 몰랐지므. <-으흠>

- 그전에는 고레사람들끼리만 살고 세 호가 이렇게 살고 했으니까 <= 고레 사람, 그래도 해> 음.

- 그래 그, 바곤에 실게 올 때 뭐 생각나는 거 없습두?

= 어째 무시기

- 고생한 거 말고

= 어쩨 무시기 벨러 아이 알갰구마. <-아> 그저 뮈시기 알기는가 이꺼더 <-음> 오제르 바하스(озеро Балхаш)[641] 있잲~임두? 오제르 바하스. 그게 이 로시아 안에 제:일 큰 오제르(озеро)[642]지므. <-으흠> 제:이르 크오. <-2 바이 바이칼?> 바하스. 어 그 <-바하 바하시요> 오이 프로스띠떼(ой, простите)[643]. 바이깔 <-어 바이깔> 오제르 바이깔. 그 차 그거 구빈돌[644]로 돌아오는 게 그것밖에 아이 알아. 핫, 쁘레므(Прямо)[645] 물녁인데 찻길 있어? <-어

---

640. 아니면, 혹은
641. 발하스 호수
642. 호수
643. 어, 죄송합니다.
644. 구빈돌: 굽은길

바이깔> 오제르 바이깔. 그 차 그거 구빈돌로 돌아오는 게 그것밖에 아이 알아. 핫, 쁘레므 물녁인데 찻길 있어? <-아> 긔래 그 바이깔 역을루 이렇게 우리 우 지나왔어. <-음> 다른 거는 므스 우리 내라 아이 보냈지. 그양 브므 이 바곤 안에 앉아 있어. <-음>

-2 바곤 안에 침대 그 있었습두? 침대?

= 그래 널르 했지. 널러 이래 막아 놓구.

-2 윗층에 침대 아랫층에 침대

= 밑츤대와 그래. <-음>

– 밤이면 깜깜하고

= 밤에느 깜깜하잲~구

– 창문은 있었고?

= 창문~ 어 그런 거. 짐차 봤습두? 쇠짝문~ 요매 요롷게 있는 게. <-아> 그렇지므. 긔래고 원문~이 또 그 원문~이 좀 크읍구마. <-음> 그나 그건 닫암 막지. <-닫아 놓고, 음> 그 어간에다 이렇게 널 긔래 났습구마. <-음> 내레오지 말라구. <-음>

– 우에 지붕은 있고?

= 지붕 있잲~구? 긔, 바곤 대나 우 막혔지. <-아, 우 막혔고> 예 <-음>

– 그러먼 그, 그때 세 달 네 달 된 그 오래비 <=예> 쪼그만 오래비는 그 저게 마마가 젖을 멕였습두?

= 그레잲~구. 눕어 왔습구마 차에. <-어 눕어서> 예. 일어나제. <-음> 어쩌나 몇 달이 아이 됐습구마. <-그어, 음> 음.

– 고 위에는?

= 그 우에느 컸지. <-거게 오래비는 크고?> 예. <-아>

---

645. 곧 바로

- 그 오래비 셋이였는데?

= 오래비 샤스 야 스카주(сейчас я скажу)[646] 서이 있구마. <-으흠> 그, 내 아랠르. <-으흠> 그 담에 까작스탄 들어와서 한내 났습구마. <-어> 사십연도. <-아, 들어와서 하나 나고?> 예. <-2 러시아에 있는> 아리시아에 있는 오래비. <-음> 사십연도. <-음> 긔래 어머이 사십유 어 <-육년도> 또 육연에 돌아갔지. <-어> 그래 그 같이 들온 오래비, 죽었어. <-음. 언제?> 음. 슷: 사삽일연돈지. <-음> 그래 죽었어. 그러제 삼십팔연도 구연도 고레 사람 와서 마이 죽었습구마. 일기 배께서[647] <-음> 어린들구 늙은~이들구. <-음>

-2 지금 살아 있는 오래비가

= 오래비 시장~ 살아 있는 게 둘이오. 음. 셋째가 맨 마감 오래비.

- 음, 셋째가 맨 마즈 마지막 오래비.

= 그래 산 걸로 해서느 산 오래비 둘째락 하지.

-2 (조사원들끼리 오래비 생몰에 대해 논의. 다시 자료제공인에게) 나머지 한 오래비 어디?

= 한 오래비 깐트란데(Кантранд)[648] 있어, 아라욘(район)[649]. 어 여기서 몇 낄로 메뜨른지 모르갰스. <-끼르기즈?> 끼르기즈야. <-아> 깐뜨사. <-음> 어저느 그 오래비 칠십이야. <-아, 칠십이고> 음.

- 아매가 야든 둘이고.

= 야든 한내구

- 야든 하내고.

= 예. 내 이거 어 이 로시아르 아이 했구마. 고렐르 해서 야든 한냅

646. 지금 바로 말씀드리겠습니다
647. 일기 배께서: 기후 바뀌어서
648. 지명
649. 지역

구마. <- 음> 이십오연생~. <- 음>

- 그체 이십오년생~. 그래서 아매는 결혼은 몇 살 때 했습두?

= 스물 서이.

- 스물 서이. 음. 그때 에 그 주인은 어떻게 서로 어떻게 만났습두?

= 한 꼬호즈 산 게 <- 으음> 그래다 나이 아제. <- 음>

- 하는 일은?

= 하는 일으 무슨 일 했는가이 짐승들 이사. <- 음>

- 짐승들 이사.

= 예. <- 아> 이사질해스. <- 으사?> 으사 <- 병 나면 고치고> 예 예.

- 그때는 결혼을 다 꼬호즈 안에서 했습두?

= 꼬호즈 안에서

- 아. 이렇게 고려 사람끼리?

= 긔래 고레 사람끼리 <- 아> 그래 (한숨) 그때 이애미[650] 있었습구마. 이어마이. 어머이 없다 나이 아부지 칠 연 동안 우릴 두구 혼자 있었지. <- 으흠> 그 담에 다른 여자가 결혼한 게 <- 음> 우리 긔래다나이 너이지. 그렇지? <-2 형제가?> 오래비 서이에 내 한나에 너이지. 그 담에 그 이어마이 재비 아:르 서이 데리구 들어왔습구마. <- 서이> 서이 <- 아> 어 에또(это)[651] 아들 둘에 딸 한나. 긔어 전쟁~ 곰마 끝이[652] 나지, 구차하지, 어찌 화목하갰습두? <- 음> 화목지 못하지. 그래자 들어와서 또 아: 낳지. <- 음 으음> 긔래 아: 나다나이 맞가잲~이[653] 마 이티르 같이 있었느지 우리가 같이 <- 음> 긔래고 나갔습구마. <- 음> 보까(пока)[654] 우리 사는 어간에 이어마이 서이[655] 들어왔다가 나갔

---

650. 이애미, 이어마이: 계모
651. 이것
652. 끝이: /끄티/로 발음하였다.
653. 맞가잲~이: 두루두루 안 맞아서

스. <-아, 서이나> 예. 서이나. 긔래도 한낫두 못 살구. <-음> 아버지 끝까지 그래다 큰아들인데 가. <-음>

- 그래 결혼은 이릏게 어시들이 어저 이 아바지가 소개해 줘서 했습두? 아니먼 아매하고 그 두 사람이 서로 좋아서

= 서르 그래 어저느 아제 메무[656]으 <-음, 멤므 알고> 그러나 예 그러나 그때느 부모 들어와 서로 허락받아야 되지. <-으흠음> 그래다나이 그 음 시아바이 와서 우 우리 아버진데 와 허락 받았지. <-아하> 긔래. <-아>

- 시아버지가 친정 아바지한테 <= 예> 허락을 맡고 <= 허락받그> 음, 보통 그렇게 하는 검두?

= 어 그전에느 긔랬습구마. <-아> 시장~ 저:꺼지 어전 다 돼 <-음> 그래 사잲~임두? <-음>

- 그서 그거를 어떻게 어. 그때 남편이 서방제? <= 서방제> 어. 어떻게 결혼은 결혼할 때는 어떻게 함두? 식을 했습두? 결혼식이랄까? 뭐.

= 결혼할 직에 우떻게 우리느 우린데느 그랬구마. <-음> 만~약에 서방제 그 새애기[657] 맘에 있잲~임두? <-음> 긔래 말하지, 내 니게[658] 장가든다. <-음> 긔래 어 부모르 에또 애비르 보내갰다구. <-아> 긔래꺼드 그 아부지 왔지므. <-음> 우리 아부지인데르. <-으흠. 그러먼?> 그러머 아부지 어찌갰습두? 허락하지? <-어, 허락> 허락하구서레 어느 날 잔체르 <-음> 어 그거 말하지. <-으음 음>

- 인제 잔치하는 날을 정하고.

---

654. -(으)르 때까지
655. 서이: 셋
656. 메무: 면목
657. 새애기: 신부
658. 니게: 너에게

= 예, 정하지므. <- 음>

- 그서 잔치는 잘했습두?

= 무스 잘 하갰습두. 에그 쯧쯧쯧 <-(웃음)> 구차하지, 애미 없지, 그때 이애미 있었습구마. <- 음> 긔래 어, 그날 밤에 내 집에서 못 잤습구마. <- 음> 큰아부지 집으르 나가서. <- 음> 큰아부지 집에 가 자구 새박에 또 일어나 들어오이 <- 음> 제 설음이 북바쳐서 <- 음> 허, <- 음> 그렇게 사.

- 어째 그 집에서 못 자고 큰아바이 집에스 잤습두?

= (한숨) 아무래 어머이 생각 나 그랬갰지.

- 아, 음 어머이 생각이 나서. 음. 긔래서 어 잔치할 때는 그래도 이 그 저 아는 친척들 와서

= 친척들이 가깝은 사람들이 와서 <- 음> 긔래 잔쳅 <- 음>

- 그때는 그래도 잔치상을 이렇게 채리고

= 채립구마.

- 음식도 잘 만들고 <= 예> 그렇게 했을텐데.

= 잘 모하지만. <- 어> 그랬습구마. <- 음> 그 무스이 이복구 잘 입었갰습두? <- 으흠, 그렇지> 그 담에 내이 이 그전에느 이게 이런 궤도 아이고 농~이라 합구마. <- 음> 저 뜨 쇠짜로 장식 잘 한 게. 우리 마마게 궤 한 틀이 있었구마. 재빌로 어 시갈 올제 가져온게. <- 어> 긔래 그 담에 그, 궤르 떡 내 열어 봤지. 열어 보이 이으 헌겾[659]으 예 서른 세 메뜨라 있었드마. <- 어?> 어저 서른 세 메뜨라 이허 <- 아하> 헌겊이. <- 아> 예. 어머이 내 거 아무래 <- 음, 이렇게 말아서> 예. 천 하나 싸 옜갰지. <- 어허> 그렌 게 서른 세 메뜨라. <- 으흠> 서른 세 메뜨리 있는 거 그 담에 보이꺼드나 그게 한 감은 뭐시기 있는가 하이

659. 헌겾: 헝겊

나르 아마 빨도리(Пальто)[660] 해 입으라구 그랬갰지므, 우에꺼. <-음> 긔래 그거 어떻게 내 다 입소? <-으흠> 둘째 오래비인데 해 입히구. <-으흠> 긔래구 나느 그저 음, 그, 긔레다나이 이 머리수건두 좋은 게 없지. 이부자리느 했어. <-음> 있어. 지금으느 비단을로 이불두 몇 채씩 해 줬구마. <-으흠 음> 한 차르 제 게우 했지므. 긔래 하고서리 그 헌겇이 있는 걸르 이거 저구리두 해 입구 적삼두 해 입었지 이큐[661] <-음> 비드쟈크(пиджак)[662]느 모 해 입, 에따 꼬시유므(костюм)[663] 해 입구. 긔래 이 시장~ 내 남펜~이 되는 사램이여 우리 그 반지제기[664] 가서 꼬시유므 시겠지. 재비 꼬시유므로, 입을 거. <-음으흠> 긔래 꼬시유므 시기꺼더 거기 헝겇이 애매 짙었는가이 칠십산지. <-으흠> 개 그게 한 꼬호지 같이 사다 나이 <-음> 그 여자 자세이 아지 그래 뭐시라는가이 긔랬지. 에따(это) 오 이르미 볼로다(Володя)[665]쟁게 볼로댜 새애기 치매 감이 없어. <-으흠> 치 비드쟈크느 이 자가 즈(заказ)[666] 했다우 <-음> 그런 게 치마 감. 긔래 그 서방제 나르 치매 감 죴습구마.

- 거 칠십 센치 짙은 거
= 칠십 산치 짙은 거 <-아하> 허:
- 그래도 결혼하면 이렇게 에, 서방제 새애기 이렇게 이렇게 맞절도 하고 그렇게 함두? 어떻게
= 아이 합구마 여기서느. 절 아이 합구마.
- 아, 남한에서는 이렇게 한국에서는 이렇게 하는데

---

660. 위에 입는 옷의 일종, 외투
661. 이큐: 이렇게
662. 재깃, 양복(정장)의 상의
663. 양복, 정장
664. 반지제기: 바느질집
665. 남자 이름
666. 주문, 주문하다

= 긔렌나? 여기느 긔게 없습구마 거반. <-음>

- 그러면 어른들 이렇게 앉아 있고

= 잔치 상~에 어른들으 보통 아이 앉습구마. <-아> 벨리. 거반 청년들이 앉지 <-청년들이 앉고> 예. 어저느 잔치르 하는 게. 압두[667] 새애기 전에 서방제 합체하잲~임두? <-음> 그래다나이 다 앉습구마. 부모도 앉구. <-음음> 어어 친구들두 앉구 <-음음> 친척들도 앉구 <-음음> 예. <-으 그때는?> 그때는 그저 재비 부모드 아이 앉구 저짝 부모두 아이 앉구 <-아> 그저 그 동미들가 가깝은 사람들으. <-음>

- 서방제하고 새애기도 앉고 새애기는 앉고

= 서방제가 새애기 같이 앉구. <-같이 앉고> 그 담에 우시꾼~이 앉구.

-2 우시꾼~.

= 예. 그 무시라 하는지 모르갰어. 서방제 대글러[668] 사람이 오지. <-음> 새애기 댈러 온다고 거는 우시꾼~이라 압. <-으흠> 긔래 같이 앉이므. <-2 아:> 긔래고 또 그 담에 갈 직에 또 새애기 쪽에 또 사람이 가지. <-음> 새애기 연호하는 게. <-으흠>

-2 ○○○ 우수꾼~? <-음>

= 우시르 간다 하오. 으음 우리느 <-우시르 간다.> 우시르 예. 우시 새애기 우시 <-음> 서방제 우시꾼~이라. <-음>

- (조사원들끼리 '우시꾼'에 대해 논의. 다시 자료제공인에게) <-2 몇 시쯤부터 시작함두? 결혼식을 결혼 잔치를 잔체를?>

= 잔체 어저느 아라서님니(разный)[669] 그제또(где-то)[670] 두 시에 한 때두 있구. 보통 이저 그전에느 새애기 집 딸라 하구 서방제 집

667. 압두: '앞뒤'라는 뜻인 듯
668. 대글러: 대리러
669. 여러 방식으로, 다르게
670. 거의, 대충

딸라 했어. <-음>

-2 아매는?

= 아매 딸러 했어. <-음> 긔래 새애기 집에 올 직에 이찍어[671] 열시나 되며 <-음> 걔 새애기 집에 와서 노지 임매쯤. <-음> 그 담에 새애기 식구 가서 정슴[672]에 서방제 집에 가. <-음 음>

- 그, 아매는 서방제 집에 멀었슴두? 가까왔슴두?

= 머지 않~았습구마. <-아> 우리느 이 첫 줄에 살구 <-아> 그 집에선 두번째 줄에 가 사. <-아하 으음 음>

- 그때는 이렇게 뭘 준비해서 가는 물건도 없고, 뭘?

= 없지예. 무시게 어 이게 값진 게 없지만 해두예. <-으흠> 어어 그때 제에 식이 그른지 모르지. 시어마이 시어버니 에또 시누이들 시애기게 이거 오 금 가져갔구마. <-음음> 세수건 손수건. 그래 내 거느 무스기 벨로 없다나이, 우리 어마이 무스그 내 거 돘는가이 베 둡쉽드마. 이으 베르 짜잲~이유? <-음> 그럼 그전에 어마이 베르 짜서 베도 있쉽디. <-음> 그렌 내 무스그 놓갰어? <-음> 시어막이르 그 적삼 감 놓고. <-음> 어 그 담에 세수건은 재빌러 이레 헌겊을르 꽂으 틀구 그 담 구슈바르 틀어 세수건들 하구. 그거 소수건두 그전에 재빌러 틀었습구마 이 크라이(край)[673]. <-음> 흰 헌겊 가주스레 <-음> 실르. <-음> 긔래 시에미게느 (한숨) 에, 흰 비단~이 <-음> 비단~이 두 메뜨라(метр)[674]시 그거 놓구. <-으흠음 음> 긔래 허고나이 내게 아무 것두 없지므. <-아하 흐흠 음>

- 그런 거를 뭐라고 함두?

= 예단~

---

671. 이찍어: 일찍이
672. 정슴: 점심
673. 끝머리
674. 미터

- 어 예단, 음. 그런데 거기 세수건?
= 세수건. 새애기게느 이 적삼이? <- 음> 세수건에 손수건˜. <- 으흠> 남자들게 보통 그렇게 놓습구마.

조사 자료 (6)

- 그 예단을 갖다, 갖다 놓을 때 거 세수건?
= 세 세수건˜이 뭐신가이까 세시[675]라 쓰잲˜임두? <- 어> 그래 지금은 이게으 으음 싹 다 맨든 게 이게 파브리치나요(фабричный)[676]? <- 음> 그전에느 없어 그렌지 흰 헌겇으 가주구 <- 음> 그래두 그 그 예 두 큳[677]에다서 실루 꽂어 놓지. <- 으흠> 그래고 그 담에 예느 그 마 끝으느 실르 구슈와르(кружева)[678] 틀어서[679] <- 으흠> 재빌러 틀어서 <- 음> 그래 달아. <- 음> 그기다서 예 에세애세[680] 시애비게느 그 적삼에 세수건에 손수건 그것두 튼 거 <- 음 음음> 그래 놓스. 남자들으
- 그 바늘로 꽂어 놓고?
= 예. 바늘로 꽂어 트지.
- 어, 곶어 트고
= 예. 그 헌겇으
- 그, 아매가 재빌러 떴습두?
= 재빌르 틀어서 예. 세수건두 마이 하지 못해 여슷으다 했습그.
- 여섯?
= 여슷 개르 맨들었습그. <- 아하> 세수건으. <- 으흠> 그래고 손

675. 세시: 세수
676. 공장에서 만든
677. 큳: 끝
678. 소매
679. 틀어서: 만들어서
680. 정확한 뜻을 확인할 수 없다.

수건으느 수무 개 했던지. <-음 스무 개> 예, 그래 했스.
- 손수건에도 이렇게 꽂으 틀고?
= 꽂으 아이 틀구 물색실르 여긔 이레 틀었스. <-2 음>
- 아, 물색실로 이렇게
= 예, 여그 틀었스. <-음>
- 세수건은 좀 크기가 큼두?
= 세수건~ 크잲~임고? 두 메트라(метр)[681] 길입구마.
- 두 메트라 <= 예> 어후웅.
= 이래고 이래 곱히며 그거 한 메트라 안~임두? <-으흠> 어 그 두 메트라 길이르 세수건 하지. <-음> 좁기느 요맨하오. <-음> <-2 목욕 타올 수준이네요.> <-음> 음.
- 어찌 그리 큼두? 지금 세수건 요만한데. (웃음)
= 긔렌데 그전에느 어찌 그렇게 합드마. <-아하>
- 그렇게 하고. 그때 꽂으 틀 때 어떤 어떤 그림을 그림두? 꽂, 어떤 꽂으?
= 그림이 여러 가지 있구마. <-음> 매 꽂으 놓은 것두 있구 <-음> 새르 놓는 것두 있구. <-음> 그렇게. <-으흠>
-2 아매는 그 그런 기술 배웠습두?
= 기술어 오이 오이 새애기들으 모다서 이래 트오. <-으흠> <-2 아> 어 긔래 저넉저넉 트지. <-음> 이 구슈바르두 트읍구 예. 시장~느 이게 빠크러바나 하로시(хороший)[682]다. 있잲~이요? <-음> 그전에 싹 손을르 틀었어. <-음> 나두 이거 이불 이래 장치 고레 사람 마이 장치지[683]? <-음> 긔래 장치구 그 우에다 치느 구슈바르 크:게 이래서 세 개르 틀었스. <-어> 그때느 전쟁 시기레 실

681. 미터
682. 좋은
683. 장치다: 게서 위로 쌓아올리다

이 없지 <-음> 그렌 것도 이래 싸서 틀었스. <-음. 구슈바르?> 에. 구슈바르 틀구. 이 크로바치(кровать)[684] 이게 이레 치녀느 시장~느 그저 이 스라주(сразу)[685] 이레 놓잲~이요? <-음> 그 전에 우리 어쨌는가이 여기다사 하브르[686] 밑에다 <-2 하브르?> 야. 하브르락 아오. <-음> 이거 치오. <-2 어 하하> <-음> 그래 하차브르 치는 데 그그트드 또제(тоже)[687] 싹그 꽂어 놓지. <-음> 그래 왠 막끝에다느 구슈바르 틀어서 달구. <-음>

- 구슈바르는 고레말임두 러시아말임두?

= 고레말이지. (조사자 웃음) 으으.

- 구시바르?

= 예. 어 거 머 옳은 말이지 모르겠습구마 우리느 구슈바르락 압구마. <-음> 실 가주구예 여러 가지 이거 <-음> 무스그 맨드어 트는 게. <-그렇지, 음> 바늘 가주구. <-음> 그래 새애기아아 보통 샘일에[688] 그거 예단 드리지. 시애비나 시애미게. <-음음> <-2 음> 그렇 직에느 절하. <-글 때는 절하고> 예. 예단 놓구 절하구. <-음>

- 그러면 아 스 시애비 시애미는 또 이렇게 주는 거 없숨두? 메늘에게.

= 없습구마. 온갖 조야 되지. (조사자 웃음) <-어> 걔 귀차한[689]게 어찌갰습에 내 내 에또 내 남펜~이 그 집이 가정~이 몇 멩인가이 아홉 멩입구마. <-아> 그렌데 그 내 남펜~이 왠 맏아들이구 <-음> 그 집에 아들이 너이구 딸이 서이. <-음> 그런 식

684. 침대
685. 곧, 바로
686. 하브르: 자리 위에 까는 것
687. 역시, -도
688. 샘일: 삼일
689. 귀차하다: 구차하다

깁구마. <- 으흠> 그래다 나이 구차하지 <- 으흠> 뭐시기 있갰스? <- 음> 어 그거 으 (한숨) 고래 조그만 칸에서. <- 음> 에따 어저느 그래다나이 내 가서 어저 한 해르 살았는데 아들으 놨지 첨에 <- 음> 아들으 나이 어전느 식기 열입구마. <- 음> 식구 열이예 걔도 이거 메느리 때르 하라구 때르 학 게 므시기 있소 맞가쨓~이게 <- 음> 장물 끓에서 이거 야들 개르 다 떠놓지. <- 음> 늘상 내 거느 없지므. (조사자 웃음) 없어. <- 음> 그렌데 우리 왠 조꼬만 시누의 <- 음> 시누 이래 벌른[690] 이래. 헹님 장물 그릇은 어째 없소? <- 음> <-2 어> 그렇게 귀차하게 살았습구마. <- 으흠>

\- 예단은 언제?

= 샘일에 놓소. 사흘 만에 그러나 시안으[691] 이튿날 놓습니. 시안으 이튿날 놓스 그래 <-2 잔 잔치하고> 잔치르 하고 어 <-2 삼일?> 샘일이 그래 샘일야 아침에 나와 새애기 나와 아침 끓여야 되지. <- 음> 그레 시애비나 아침 상~ 들레야 되지. <- 음> 그렌데 음 그때느 내 집에서 다하다나이 그기서 내 아지. 갠데 나르음 엔 나와서 부역에 불으 일구라 그러. 우리 시애비. <- 음> 그래 그저 불이 그렝카 가가라. <- 음> 가가라. 시애미 시거가[692]. <- 음>

\- 부역에?

= 예.

\- 부억에? 부역에?

= 부역에그 부수께라 합구마. 보통말은

-2 부스껭~이 <= 으>

690. 벌른: 내려와 보면서
691. 시안으: 시방은, 지금은
692. 시거가: '쉬러가'라는 뜻인 듯

- 부스께, 음
= 그래 어떤 사람 부 부역이라두 하구. <-음>
- 그때는 불을 일굴 때 뭐 뭘로 일굼두?
= 낭구 옇고서레 그 그저 이제 성우에 스피치그(спички)[693]즈.
- 으흠 성에?
= 예. 성우에 스피치그즈.
- 스피치그 그걸로 불만 일구고 불 일구고 음
= 불와 일구어 놓고. 예.
-2 잔체가 끝나면 새서방~ 집에서 잠두?
= 그러쟪~구느 <-2 음> 그 담에 못 가지. <-음> 그래고서리 이거 샘인 날에 온 거 예단 놓구 시애미 시애비게 절하구 우리 본가집으 가야 되오. <-음> 채레가주구. 그거느 어이 우리 사람들으 어쩨느가이꺼드나 사둔네 집이 인사하라 간다는 게그. <-으흠> 그에 우리 시집서느 아이 갔스. <-아>
- 그는 보통 가며는 언제쯤?
= 그저 샘일에 갑구마. <-어> 개 여기서느 시장 이튿날 가쟪~임두? <-음> 이튿날 갑구마. <-음, 이튿날>
-2 예단 드리고 절하고. <=예> 본가로.
= 본가로 가오, 긔래 무스그 채레가주구 <-음> 사둔가 사둔네 맞오하라. <-으흠>
-2 아 그 시어미 시아비도 같이 감두?
= 그래 다 같이 가지 <-사돈 인사하러, 음> 친척으 저그 그 짓[694] 친척에드 가깝은 친척이 <-음>
- 그렇게 가는 걸 보고 뭐라고 함두?
= 어, 사둔네 인사하라 간다그 <-어> 그래 말합드. <-사돈에 인

693. 성우: 성냥
694. 짓: 집

사하러 간다.> 예.

- 그러면 인제 시집가며는 거게 인제 남편이 있고 그 담에 시누, 누가누 식구들이 어떤어떤 식구들이 있습두?

= 그 집으 식구 내가예 어 남펜~이 있구 시아바이 있구 시애미 있구 시애기 둘이 있고 시누이 서이 있습드. <-음>

- 시애기 둘 있고, 음

= 예. 시애기 둘이, 시애기 긔게 남펜~이 동생들이. <-어허> 예.

-2 남편의 형님은 뭐라고 함두? 만약에 형님이 있으면

= 승~예[695]. 승~예라 합데. 이산 다? <-으흠, 이상> 승~예라. <-음>

- ('승~예'에 대한 어휘조사 부분, 전사 생략)

- 그래서 시집으 가서 그, 많은 시집 식구들 하고 식기들 하고 이렇게 일년간 살았습두?

= 일 연 살았습구마. <-음> 긔래고서르 그 담에 남펜~이 어 일하러 가게 되이꺼더 <-어> 우리 식기 딸라 갔지. <-음> 그래 딸라서. <-음>

- 그때 간 데가, 어디?

= 그때 간 데 어딘가이꺼더 주민야르크(Тюмень-Арык)[696]저 에또 뽀뜨호스(подхоз)[697]라고 머잲~게 나가 살았습그마. <-아> 긔래 그 담에느 어드로 갔는가이끄드너 에또, 요 요롷게 잊어졌소. <-으흠> <-2 음, 천천히> 음. 어쩌나 그 주민야르크서 머잲~게 나가 살았습그. <-으흠> 어쩬가 이 사람 거반크 페르마(ферма)[698] 따라 사다나이 즘승들으 즘승들으 있는 음 <-음> 그기 따라 사다나이 <-음음음 음> 예.

---

695. 승~예: 형(님)
696. 지명
697. 보조 농업, 농장
698. 농장

-2 그때 집에서, 어, 쇠나 돼지나 병 났을 때 고쳐 주었습두, 남펜이?
= 우리 딸러 살 직에?
- 그때 인제 꼴호즈(колхоз)[699]에 즘생들 즘승들 다 고치고?
= 아, 꼬.
- 그래 남펜이?
= 남펜~이. <-어> 꼬호즈 아이 있었습구마. 뽀뜨호스 가 사는데.
- 뽀뜨호즈에 살 때 <=예> 꼬호즈에 살 때도 그, 짐승 이사
= 우리 꼬호스 아이 살았습구마. <-아> 애 긔래 딸로 나가 살았지. <-아> 긔래다 나이 부모들가 한해르 같이 살고, <-음> 딸러 살았습그. <-음>
- 한해 같이 살 때는, 그, 죄민야르크에서 같이.
= 주민야르크서 꼬호스 같이.
- 꼬호즈 같이 살고.
= 우리 꼬호즈 이름 뮈신가이 크라스나야 즈베스다(Красная звезда)[700] 라고 붉은벨 꼬호즈락 <-음 으흠> 그런 꼬호즈.
-2 남페 남펜이 음 그, 머지, 주민야르크 에서 생활하는 게 아니고 산 게 아니고 뽀뜨호즈
= 그거나
- 일넌, 일넌 뒤에
= 아 쏘롬노(все равно)[701] 그 머지 앵~이요, 주민야르크스. <-음> 딸러 살았지. <-음>
- 그때도 아매는 집에서
= 집에서 아:들이
- 스 사 살림만 하고? <=예> 어.

---

699. 집단 농장
700. 붉은 별 (집단 농장 이름)
701. 어쨌든, 하여튼, 뭐라 해도

= 긔래 그때 발샤 어저느 큰 아들이 있구 딸이 발쎠 그때 두 살인지 <-음> 그래 살구 삼연 살구 아라시아르 들어갔습그. <-음>

- 그것도 러시아가 아니, 아니었슴두?

= 이거 까삭스탄셰. <-아, 그때> 까삭스탄 <-아> 그 담에 아라시라르 들어. <-아>

-2 러시아에 어디?

- 로스 로스톱스키

= 로스톱스키 오블라시티(Ростовская область)[702]라구

- 로스톱스키 오블라시제. <=어> 어.

= 아 에따 음 베셀로스키 라욘느(Веселосский район)[703]라구 거 가 살았스. <-음>

- 거기서도 어 남펜은 그 짐승 이사?

= 이사질하구.

- 어, 이사질하고. 음, 아매는 집에

= 집에서 아:들 데루구

- 집에서 아:들 키우고. <=음> 어 음. 그도 시집 살 때 막: 복잡할 때보다는 어 쪼금 <=자유지> 어 자유지. 뽀또쟁기 가고 <=긔래> 쫌 낫고 <=예>

-2 조선에서 전쟁 났던 거 암두?

= 전쟁~ 난 지? 그에

- 조선에서 난 전쟁.

= 조선에 전쟁~ 난 거 아지마는 또치노(точно)[704] 내 해시[705]는 모르갰소. 전쟁~ 오십삼연도 끝이[706] 났오? 아오.

---

702. 지명
703. 지명
704. 확실히, 정확히
705. 해시: 햇수, 연도
706. 끝이: /끄티/로 발음하였다.

- 뽀뜨호스로 간 게, 전쟁 날 때 갔습두?

= 걔 전쟁~ 날 제 가, 전쟁~할 제 갔으께 아무래. <- 음>

- 뭐 조선에 전쟁 났다고 뭣. 그 러시아라 그기서

= 그 그러잲~고 그래 이거 어 쩰레비전~(телевизор)[707]두 배우지. <- 음> 이게 신문두 있잲~임두, 신문두 나지. <- 음 음> 지금 이그: 청연들이 신문 아이 보오. 그전에느 신문 마이 봤습그마. <- 아아> 신문 마이나. 조선신문~이 나지. <- 아> 조선신문 알마따(Алма-Ата)[708]서 냈지. <- 음> 예 그게 예 음 까끄 띠뽀그라피야 나즈바이차(как типография называется)[709]. 그 신문사 <- 음, 레닌기치> 그게 레닌기치 그게 알마따 있었습구마. <- 음>

-2 러시아에 러시아로 가는 게 먼점두? 조선 전쟁~ 끝난 게 먼점두? <= 까끄(Как?)[710]?> 러시아로 가는 것하고 <= 예> 어, 조선 전쟁~이 끝난 것하고 어느 게 먼점두?

= 아, 우리 러시아로 어느 때 갔는가이 오십사연도 갔스. <-2 오십사년도> 예, 오십사연도 음 겨울에 갔어.

- 그때는 러시아하고 까작스탄이 딴 나람두?

= 한 나라지.

- 어, 그때도 한 나라지?

= 합해, 합했직엤구마.

- 이미 벌써 합했는데

= 예. 이 쎄쎄쎄에르(СССР)[711] 열 악 옐예스 옐예슷 공화군가? <- 으흠흠> 다 쎄쎄세에르 안에 있었습구마. <- 으흠흠> 그래 좋았지. <- 음> 니건 내거 없지.

---

707. 텔레비전
708. 지명
709. 출판사 이름이 뭐더라?
710. 어떻게? (뭐라고요?)
711. 소련

- 그래서 인제 그래도 에스에스에스엘 공화국 중에서 저 까작스탄 공 까삭스탄 공화국에서 러시아 공화국으로 갔다 이 말씀이지요? <-2 지금> 그때

= 그 때, 예. <-로스톱스키 어 오블라시 갈 때> 그 가다나이 이라 시아르 갔지.

- 아, 그때 러시아 <= 아러시아> 러시아연방공화국, 러시아공화국으로 간 거지.

= 그전에는 <-2 아, 그렇지> 에쎄쎄에르라.<-으흠 음>

- 러시아로 가서는 생활이 많이 좋아졌슴두?

= 마이 좋아 아이 졌습구마. <-음> 여기서 그래 뽀까(пока)[712] 끄 삼연 동~안 사느르 간에 게두 거서 일하다나이 그, 재비 페르마 다 쇠[713]두 옜지. 양두 있었지. <-음> 그래 가게 되이 그거 저 막 팔아가주 가다나이 그 가서 그렇게 못 했지므. <-음> 그 가서두 <-음> 그렇게 못 피왔습구마[714]. <-음>

- 거기는 조선 사람은 많았슴두?

= 조선 사람 많습구마. <-어> 이레 음 한 굳에 모예 사잲~지 <-아하> 많습구마. <-음>

- 지금도 그 로스톱스키 그, 오블라시티에 조선 사람 많은 것 같은데.

= 많어. 이 사몸 로스톱(в самом Ростове)[715]두 많지. <-음> 그 담에 그 아라욘(район)[716] 그게 음, 바따이스키 아라욘(Батайский район)[717]두 있지. 많습구마, 조선 사램이. <-으흠 음>

---

712. -(으)ㄹ 때까지, -하기 전에
713. 쇠: 소
714. 피왔습구마: 편하였습니다
715. 로스톱 도시에도
716. 지역
717. 지명

– 아들은 몇 년 생임두?

= 아들이? 사십 사십구연생~. <– 음>

– 딸은?

= 딸은 오십일연. 그 담 아들으 오십사연.

-2 그러면. 로스톱스키 이사할 때 딸이 있었다고

= 딸이 그때 우리 이새르 갈 직에? <– 음> 아라 아라시아?

-2 ○○○○○

= 아, 어렸소. 어, 어린 게 있었어.

– (조사원들끼리) 그렇지, 오십일년이니까, 오십사년에 갔으면 두 살 세 살이고.

= 그 담에 에 오십사연도 아들으느 그, 오로시아 가 난 아들이오. <– 음>

– 결혼은 몇 년에 했습두? 결혼은?

= 어느 날이?

– 어, 몇 년도에 몇 년도?

= 내?

– 어, 어, 아매 결혼.

= 사십구연도

-2 사십구년. 어, 사삽필년생 아니고.

– 음, 으흠, 그이까 그때 인제. (다시 자료제공인에게) 그러면 결혼하고 금방 큰 아들이 났습두? <= 예.> 어, 결혼하고 금방? <= 금방> 지나지도 않고? (모두 크게 웃음) 빨리빨리 좋지. (웃음)

= 빨리빨리 므시기 좋갰습두? (웃음)

– 결혼 잔체는 새서방 집에서 몇 시쯤에 끝남두? 점심 때 시작해서

= 그이, 시간~이 없어. 조끔 이 늦으머 사람들 모두 헤쳐져 가지므. <– 음>

– 그러면 인제 그, 이거 뭐야 새애기 집에서도 한 한 상 이렇게 잔

치를 하고

= 잔치르 하고 아침에 <-어, 아침에> 예, 아침에 합구마. 그래고서리 <-또 옮겨서.> 예, 오래 아이 놉구마, 새애기 집에서. <-아> 마약에 열시에 앉으머 그제또 발써 열두시나 한시머 서방제 집에 가지. <-음> 그래 거 가 저녁 때꺼지.

- 거게서는 좀 오래 하고. <=예> 어. 음식은 다 거게서 만들고.

= 어, 그렇잲~구. 지치하지[718]. <-음> 이짝 집두 딸라 하구 저짝 집두 딸라 하구. <-음 으흠>

- 그러먼 그 먹으러 오는 손님들은 다 다른 사람임두?

= 다른 사람이 아이구 그래.

- 어, 요쪽은 인제 <=그, 그래잲~구> 어, 새애기 친척들이고

= 친척들가 가깝운 사램들이 오구. <-가까운 사람들이> 동무들이 <-저쪽은 인제> 저쪽은 또 그짝이구 오지.

- 근데므. 가까우니까 <=그, 예> 비슷비슷하게 <=비슷비스하구> 꼬라즈에 꼴호즈에 다 가까운데나까 <=예> 서로 다 아는 얼, 면목 다 알고.

= 그래다 나이 <-음> 지금은 아이 그랩구마. <-음> 지금으 스 다스라주(да, сразу)[719] 까페(кафе)[720]나 레스따란(ресторан)[721] 하거드야. <-음> 그래다나이 어, 두 짝이 다 같이 못 오구. <-아하> 다 같이 못 와서 이게 돈~이 에매 드잲~이요? <-음> 절반치르 이룽게 <-2 아하> <-음> 만~약에 서방제 짝에 사램이 더 많잲~이요? <-음> 그러먼 거서 조금 더 내지. <-으흠> 어저느 그렇게 하오. <-음>

-2 그 잔체상에 올리는 음식은 따로 정해져 있습두?

---

718. 지치하지: 집집(마다) 하지
719. 네, 바로
720. 카페
721. 레스토랑

= 뮈시기 딸르 있갰어? 보통 음식이지.

-2 어떠 어떤 것들?

= 어, 보통 여 우리 시장~에 하는 게 여름에느 국수르 하구 <-음> 아, 쎄:. 게을에느 이를 직에나 국시르 아이 하오. <-음> 드비 장물에 찰:떡에 증펜~. 긔래 아라즈늬(разный)[722] 그 돼지고기나 무스이 깔바씨(колбаса)[723]나 씨르(сыр)[724]나 <-음> 이거 라즈늬 다 이래 놓지므. <-음> 특벨한 음식 없어. <-음>

- 그 인제 삼십칠년에 이쪽에 실게 와서는 그, 음식은 다 고려식으로 먹었슴두? 러시아식으로?

= 고레식으루 고레식으루 먹었습구마. 예.

- 음, 고려식으로.

= 예. 소론노(все равно)[725] 갉으 먹지. <-음> 우리 고마 들와 갉으 우리 그기서 어 다 바친 돈으로 어 가르, 아무래 우리두 스묵 크대르 탔습갰구마. <-음> 우리 어시들도. 긔래고서리 무스그 우리르 죴는가이 또 그릇드 또. <-음> 그쎄 비싸게 아이 죴갯지. <-으흠> 그릇으 죴지. 이 헝겊드이 마이 죴습구마. <-음> 그. 그기서 바친느 내 시장 그래 생각하오. 그 바친 돈으 이에사 아무래 죴갰지. <-음> 긔래다 나이 그렇게 불펜하게 아이 살았습그. <-아하>

- 그때는 좋았고. <= 예> 그래도.

= 예, 그래도 그거 먹구 사잲~이슴두?

- 갉으 스무 크대

= 예. 그 아무래 한 일연 먹었갰지.

- 아. 그 그런 정도로 먹을 만큼. <= 예> 음.

---

722. 다양한, 여러 가지
723. 소시지
724. 치즈
725. 어쨌든, 하여튼, 뭐라 해도

-2 잔체 상 음식 먹으로 온 사람은 돈 안 냄두?

= 오쩨, 빈 게 아이 오지. <- 음>

-2 어떤 거 가져 옴두?

= 어떠 거 새애기르 이 므스, 천~이나 좋은 기나. <- 음> 그 담에 므스 보브셈(в общем)[726] 이 시장~느 이거 에 드라고친느(драгоценный)[727] 므스 이런 게나 있잲~이요? 이런 것도 가져오는 것 짓지. 보통 돈 가져 오오. <- 음> 가깝운 사람은 돈 작게 아이 내놓소. <- 음> 어. <- 돈을 많이 내 놓습그> 마이 내 놓습구그. <- 음> 아 딱끄(а так)[728]느 그저 <- 음> 긔래도 백 솜 아래느 아니 오오. 백 솜. <-2 백 솜> 음.

-2 가까운 사람한테는 얼마?

= 그것은 발써 에 백을 아이 해 오구 천을 해 와. <-2 아하> 음. <- 음>

- 천 예이 <= 음>

= 내 이 동짓달 초예드렛날. 어떻게 가들이 내 이 어저 야든한 살 아이오? 어째 그때 셌는가이 한 앨이 이거 조선 나씨[729]가 우리 역시야 로시아 역시르 긔레이꺼드나 동짓달 초예드렛날 갑드. 개, 그전에 이 조선 역시 없었습구마. 이건 조선 나씨 몰랐지므. 아, 내건 조선 날씨지. <- 음> 긔래 가들이 이 어 로시아 역실르 음 동싯달 초예드렛날 채리 <- 음> 긔레 여기 있느 내 시장~ 오래비야 <- 으흠음> 두천 솜 가져왔습디, 생진에, <- 아> 내 생진에

-2 그 생질을 두 번 <= 응?> 생질을 두 번? 한 거 아니예요?

= 아이지므. 고오 <-2 러시아식으로 한 번, 조선> 고레식을르 아이 채리오. <-2 아> 어째 그런가이야 그 한 애르야 이 고레 씨 날

---

726. 일반적으로, 대체로
727. 귀중한, 비싼
728. 주로, 보통
729. 나씨, 날씨, 역시: 역년, 달력

씨르 로시아 날씨르 짚으이꺼드나[730] 어느 때 가는가이 동짓달 초예드렛날 <- 음> 긔래 어저느 우리 아:들으 그저 동짓달 초예드렛남 내 생짓날인가 <- 음> 그렇게 세와. <- 음>

-2 할머이 뻰시(пенсия)[731]는 얼마나 받습두?

= 그, 내 뻰시 조끔 하오. 어찌 조끔한 줄 아오? 내 남펜~이 뻰시르 못 타고 돌아갔소. <-2 아> 긔래서야 그 어저느 마감 해지. 마감 해르 일해야 뻰시르 타지. 긔래 그게 뻰시르 타갰다 긔래든 게. 첫뜨(что-то)[732] 내맘에 내리 아이 갔어. 내 내 뻰씨르 아이 수속하구. 내 영감 뻰시르 수속했소. <- 음> 긔래 영감 뻰시르 수속하이꺼드너 나르 절반 주지므. <- 아> 뽕노시(полностью)[733] 그 사람 뻰시르 맨드러 가주구스레 <- 아아> 내 뻰시 절반 하다 나이 내 첨에 에매르[734] 탔는 줄 아오? 일흔 다섯 솜므 탔소. 일흔 다섯 솜므르. 긔래두 느 그양 그거 뻰시르 타지 못하구 돌아간 거. 이전으 식음[735] 내 에메르 타는가이꺼 칠백 열두 솜므스 타오. 조끔조끔 올라가나나이 <- 음 으음> 그러나 내 뻰시 까지꼬르느(категория)[736] 왠 마감에 올라갑그므. <- 음> 어째 그러는가이 내 영감 거 앞을르 타지 <- 음> 그러다나이 내 뻰시 아이 올라가. <- 으흠> <-2 아흐으>

\- 그래 그 냄펜은 어떻게 아파서 <= 예> 상새 났습두? <= 예> 아.

= 그 마감 해르 긔래서 뻰시르 조끔 더 타갰다고. <- 음> 이, 그때느 어째 칩었습구마, 겨을이. 긔래서 어디로 갔는가이끄드너 에 또 페르마르 저녁이머 또로시(сторож)[737] 서르 갔지. 페르마 지키

---

730. 로시아 날씨르 짚으이꺼드나: 러시아 달력으로 짚어보니까
731. 연금, 퇴직금
732. 어찌, 어떻게 해서
733. 전부
734. 에매르: 얼마를
735. 식음: 시기
736. 카테고리, 등급

라. 그래 쁘러스뜰 온 제(простыл он же)[738] 그 그 맥심[739]으르 가져. <-음?> 그래 그 쁘러스뜨바이(простывать)[740] 하으 어 까ㄲ(как)[741] 고레말르 모 목시 초카르 만났지[742]. <-음> 그래 그 맥실르 그 담에 음 에또 벵원~에 가 그레이꺼드나 이 간장~ 앓았다고. <-음> 그렌 거 몰았지므. <-음> (한숨) 담벳질 대게 했습그. 술으 아이 마시드 <-음>

\- 그이까 아매는 인제 집에서만 쭉 있었기 때문에 일은 안했고. 그

= 일은 내 그전에 좀 므슨 했습구마. <-아> 아, 그랜 거 내가 아이 수속했지므. <-아> 어찌 그양 집에 앉아 있갰습두? 어저느 아:들이 다 컸지. <-음> 에.

\- 그때는 무슨 일 했습두?

= 그전에 다른 일 아이 했습구마. 예. 조선 사람들으 룩쿠(лук)[743]질 하잲~습두? 그길 나갔지. <-구질?> 파질한 데르.

\- 아. 룩ㄲ질, 룩ㄲ질. 어

= 루크 파에 루크

\- 아 룩ㄲ질하는 데

= 그래 그 파에질 하는 데르 나갔습그. <-음> 한 해도 아이 거덨지므[744]. 내 이런 거. <-음> 음.

\- 몇 해 도안 했습두?

= 여러 해르 했습구마. <-음> 그래도 으제 되잲~이서 그 담에 제뿌렜지므[745]. 그 담에 제뿌렜습구마. <-음> 개, 어저느 아:들으

737\. 경비원
738\. 그는 추위 때문에 감기(병)에 걸렸지요.
739\. 맥심: 마감힘
740\. 감기에 걸리다
741\. 뭐라고 하지?
742\. 목시 초카르 만났지: 몹씨 폐렴을 만났지
743\. 파. '파'는 '파에, 파이'로도 쓰인다.
744\. 거덨지므: 거두었지

글 다 읽었지. <-음> 음, 제 노릇으 하지. <-음> 조끔 살 만하지.

- 그래서 그 러시아에 있다가 인재 남편이 상새나고 아들이 여기 끼르기즈에서 공부를 하니까 글읽으니까 인제 이리로

= 여기 나와 상새났습구마.

- 아, 여기 나와서

= 예, 나와서

-2 몇 년, 상새 나게 몇 년.

= 메느리 큰 메느리 없소. 맏메느리 없소, 내게.

-2 몇 년도에 상새나 <-남편이> 남편이

= 팔십오연도.

- 아 팔십오년도. 음.

-2 (조사원들끼리) 오십사년으로부터 기렀다가 칠십사년도에 이쪽으로 오셨네. <-칠십사년도에, 음>

- 끼리기스 끼르기즈스탄 와서는 죽 비쉬케크에 살았습두?

= 비쉬께끄. <-음>

- 여기 여기 와서도 그, 남편은 그, 짐승 이사?

= 일 아이했습구마. <-아, 여기는> 기으, 그것두 뾜쉬끼(По ошибке)[746]. 그, 에따 뻰시르 수속하는 맨드는 여자, 쪼끔 자뭇 봤지. <-음> 여기서 그게 햇시 다 맞지. 걘그 그 여자 싯수르 했어. <-음> 긔래 한 해 차쟪~는다 했어. 긔래 또로시르 들어갔습구마. 햇시 다 찼지므. <-음> 다 찬 거.

- 그래서 마감햇수를 채우겠다고?

= 예, <-음> 그래서 어 어디로 일 하로 가갰습두? 일 아이한 게. <-음> 그래 페르마 들어갔지. 저녁에느 또로스 셔라. <-음>

---

745. 제뿌레다: 놓아 버리다
746. 실수로

-2 페르마트?

= 페르막에 그, 짐승드으 있는데 있잲~이요? 그 가서 밤이며 그거 지켜야 되지, 짐승들으. 그거 노시아 말로 페르마락 하오. 그 소다 저 소나 가뜩하잲~이요? <-음> (한숨)

-2 로스톱스키 오블라시티에서는 노친께서 일하 일을

= 일했어.

- 그때는 러시아에 있다가 이 끼르기즈스탄 오며는 쫌 그, 날씨는 쪼끔 덜 추웠겠습두?

= 덜 칩잲~고. <-아> 야, 로시아 칩습구마. <-어허> 그 설흔 그라두(градус)[747] 찍하며 올라가고. <-어허> 위, 여게 여게

- 설흔 그라드.

= 내 어째 나왔는가이끄든, 다, 우리 아들이. 아, 웨신 두 해에 여기 와 붙었는가? <-음> 끼르기스키 우니베르시테트(Киргизский университет)[748] 큰 아들이 <-음> 그래 보라[749] 나오느라 나왔지. 보: 나오이 좋습구마. 바람이도 없지 춥도잲~이치. 애이 다바여(давай)[750] 어저 거기르 있으래 가자오. 그래 거기 집으 팔구여 끼르기즈야로 왔지.

-2 예슨 두 해?

= 웨신 두 해 아들이 와 글읽었어. 우리느 스 내 으음 딱대이 모르겠어. 일흔 어 내 왔는지.

-2 칠십 산

= 사연에? <-2 음> 그래 왔어. <-음>

-2 삼년인데, 사십구년생인데 <-음> 육십구년이면 <-열셋>

- 그때 아들은 어째서 여기 러시아에 있다가 끼르기즈 끼르기즈스

747. 도
748. 키르기스 대학교
749. 보라: 보려
750. -하자고 하다

탄 유니베르시티

= 어째 나왔는가이꺼 우리 사촌 오래비 개게 있었습구마. <- 아> 그래서 그때 옐일곱 살이. <- 음> 개 아:르 어디로 보내갰습두? <- 음> 그래서 그, 오래비인데로 보냈지, 내. <- 음> 개 여기 와서 그 어 끼르기스키 우니베르시테트에 붙었습드. <- 으흠 음>

-2 딸은 주르날리스트(журналист)?

= 브누츠카 주르날리스트카(внучка журналистка)[751] <- 으흠음 손녀가> <-2 아, 손녀가> 나, 손이오 손이오 둘째 아드 딸이요. <- 으흠>

= 딸이 시장~ 일이 없어 무슨 일 하는지 아오? 아나(она)[752] 어디메서 일하옜는가이 브라예크트느 인스띠뚜뜨아(Проектный институт)[753]. 어 이 내 조선말으 몰라서여 <- 음> 그, 오제까드르[754] 그 뭐 신가이끄드. 마약에 이, 기간~이 인스뚜드 하내이 아이오? 그래 거기 사램이 있지야. 그기 사램이 몇 멩~이든지 다 맡아가주고 인도르 하는 게 그 뭐시기라 하는지 모르갰스. 거서 나찰니꼼(начальником)[755] 일했어. <-2 엉?> 나찰니꼼 일했어, 내 딸이. <-2 나차니꼼?> 어, 나찰니꼼 뭐시란가 그, 그 다 지도르 하는 데서 <- 음> 그래 일하다서 이게 이래 다 마사지이[756] 그 인시뚜드 마사졌스. <- 음> 그, 마사지이 어드루 가갰어? 잇자리 없어 시장. <- 음> 그래 일자리 없어 어디루 갔는가이끄드 쩨르크비(церковь)[757] 들어갔습구마. <- 으흠 음> 리시거 떡 벌이 하자구 <- 음> 그래 시앙[758] 쩨르크비 들어가 일하구마. <- 음>

---

751. 손녀는 기자다.
752. 그녀
753. 연구소
754. 오제까드르: 인사과
755. 상사로
756. 마사지다: 망가지다, 해체되다
757. 교회

- 쩨르크에서는 무슨 일 함두?

= 쩨르크비서 무슨 일 하는가이끄드나. 음, 전도사님이랍드마. <-아하> 그거, 빠스트로. 목사님, 보똠(потом)[759] 전도사님인나. <-음음> 거기서 일합구마. <-음음>

- 딸이

= 딸이 <-음> 싸우먼 그냥 귀엽기. 뻰시(пенсия)[760] 나와 기관에서 일합구마. <-음> 뻰시르 나와서. <-으흠>

-2 결혼은 했습두? 딸이 딸이

= 딸이 어전으 어 삐샤뜨 뻬르븨(пятьдесят первый)[761] 몇 살이오? <-음> 오십일연도 어저느 쉬 살으 넘었는데. (웃음) <-2 아하하>

-2 손녀는 손녀는?

= 손네. 어, 그 사람게 손네 둘이, 저, 딸이 둘이오. 딸이 둘인 게 둘 다 어저느 시가르 가서, 큰 딸에게느 아: 둘이오. <-2 어하하> 딸이 어시 여섯 살이오. 큰 딸이 의사고 두째 딸은 선샘이오. <-음> 이 한국 글으 배와 조. <-아> 그 딸이 <-아, 거게가 저게> 예, 채나따샤(Че Наташа)[762]. <-채나따샤, 아>

- 손녀딸, 한국에 갔다는

-2 채나따샤는 작은 딸? 선생질하는

= 그 내 딸이[763] 두째 <-2 두> 딸이오. 네 손녀오. <-2 둘째 딸이고> 어.

-2 둘째 딸에 딸이 둘 있고.

= 큰 딸에게 <-2 의사 의사> 내 딸에게 딸이 둘이지. 개 내게 손네

---

758. 시앙: 시방, 지금
759. 나중에, 그 다음에
760. 연금, 퇴직금
761. 오십일 년 생
762. 여자 성과 이름
763. 딸이: 여기서 '이'는 '의'의 뜻이다.

둘이지. <-2 음>

-2 손녀가 하나는 의사

= 으사. 큰 딸으느 의사고. <-2 의사고. 작은 딸은> 작은 딸은 선생, 한국, 한국어르 갈쳤지오. <-2 아하, 작은 딸은 한국어> 어예 버거우(БГУ)[764]서 가르쳤게오. 인시투트.

-2 지금 한국에 있습두?

= 아이, 여기 어 그, <-2 한국어 가르치고> 버거우서 한국어르 가르치오. <- 음> 그래 어 간: 쁘러실라(просила)[765] 나를 그랬지므. 아매 가서 어 쪼끔 아는 대루 대답하라구 내그르. 내 아무 것두 모르는데 내가 무시라 하겠는가? <-2 웃음> 그래 왔어.

-2 우리가 많이 배우고 있습니다. 큰 딸, 큰 손녀, 큰 손녀는 어디 삼두? 의사.

= 이거느 이사, 여기서 싹 사오.<-2 아, 여기서 살고> 음, 여기서. 그거느 외손여지, 둘 다. <-2 음음음> 그래 시장~ 내가 같이 그 수날리스까(журналистка)는 <-2 음음음> 내 작은아들이[766] 딸이오. <-2 음> 우리가 같이 사오. <-2 작은> 아들으 딸이오. 두째 아들으 딸이오. <-2 오십사년생> 음. 두째 아들이 딸이오. <-2 딸 하> 어째 아들이 <-2 딸 하남두?> 아들이 또 있어. <-2 아들이> 아들은 그, 부모들 같이 있어. 그래 이 딸이 어찌 우리 지우 이 손네 우리가 같이 있는 줄 아오? 여기서 글으 붙었지. <-2 어> 아라바이 붙었어. 그래 아라바이 붙어서 야 무슨 글 읽었는가이 야뽄스끼(японский)[767]르. <-2 음> 거 어러시아 없지므 카장~[768] <-2 음> 그래 그거 필하구져 여기서 일하오. <-2 음>

---

764. 약자: 비쉬케크인문대학교
765. 부탁했어요
766. 아들이: 여기서 '이'는 관형격의 '의'의 뜻
767. 일본어
768. 카장~: 가자니까

그랜 손녜 스물 네 살이오 어저느. <-2 음>

-2 그 기자 주르날리스트 스물 네 살

= 어, 스믈 네 살이오.

-2 결혼해야 되겠네.

= 아이 했소. (조사자 웃음) 아이 간다오. (조사자 웃음) 시집 아이 간다오. <-2 음음음> 가: 애미 누군질 아오? 로시아 여자. <-2 아> 음, 그래다나 아나 까끄 남자 보이까야(она как “намжа” бойкая)[769]. <– 어허허> 으음.

-2 음, 그, 고려인도 요즘은 그, 로시아 사람하고 결혼을

= 하잲~구 그래, 많소. 시금 기르기즈 가 사는 것두 많구. 그레고 여기서 앰매르 그 한국 하는 줄 아오? 서울으나 한국 그, 여라 구데가 사오. <-2 음> 조선 여자들두 같이 끼르기즈 여자들두 같이 노서아 여자들 같이 그래 사는 게 많소.

= (국제결혼에 대한 사생활 소개 부분, 전사 생략)

-2 작은 아들은 뭐 함두?

= 작은 아들, 선샘이오. <-2 선생> 야, 그, 개 뭐시고? 이스또리야(история)[770], 역사? <-2 음> 그거 선생~이고. 메누리느 이, 음, 루스끼 야지끄(русский язык)[771] 가르체오.

-2 큰 아드님?

= 큰 아드르느 그전에 어디서 일했는가이 끼리기즈 고스반크(Киргизский госбанк)[772] 끼르기즈 나찌오날리(Киргизскийнациональный)[773]이 은하[774]서 일했스 <-2 반크, 반게> 으, 반크, 반크 그 은하지야?

---

769. 그녀는 남자처럼 활발하다(성급하다)
770. 역사
771. 러시아말
772. 키르키즈국립은행
773. 키르키즈 국립(국민)

그래 거기서 나왔어, 월급 작다구. <-2 음> 솔롬느(все равно)[775] 그렌데 줄시[776]오 반크 줄시르 일하오.

-2 지금은 뭐?

= 지금 일하는 게 그 방크 줄시마느 차스트늬 피르마(частная фирма)[777] 넘어 갔어. <-2 예?> 음, 국가 아이고 <-2 어어> 왜 그 재빌로 그런 게 비스 <-2 아하> 그렌데 넘어 갔어.

-2 큰 메느리는?

= 큰 메느리? <-2 어> 메느리 갈라진지 오라오. <-2 아 둘이?> 음, 둘이 갈라진지 오라시아[778] 아들이 혼자 사오, 내가 내가 같이. <-2 아> 내가 같이 사오.

-2 그, 큰아들 손자 손녀들 있어요?

= 손자, 아들이 시장~ 있는 게 그저 왔다갔다 하오. 우리 지우[779] 와도 살구. 애미 있는데 가도 살구. 애미두 여기 있어. <-2 몇 살 몇 살?> 스믈 살이오. 뜨레띠 꾸르스(третий курс)[780].

-2 손녀는 없고?

= 손네느 없어. <-2 음>

-2 예, 오늘 여기까지 하고 다음 이야기는 내일

= 내일 므스그 내게서 들을 게 있어, 말을?

-2 여기 생활한 이야기 쪼끔 더 자세히

= 말을 잘 하지 못하는 게.

---

774. 은하: 은행
775. 어쨌든, 하여튼, 뭐라 해도
776. 줄시: 방면,쪽
777. 개인 회사
778. 오라시아: 오래되어서
779. 지우: 집에
780. 삼학년

Abstract

Grammar of Central Asian Korean

Kwon Jae-il

This study systematically describes the grammar of Central Asian Korean to identify its characteristics based on its field study. This study examines the aspects of Korean grammar by contrasting its grammar with that of Contemporary Korean.

2010 marked 73 years since the Korean people in Central Asia were forced to relocate from the Far East Asia. They originally lived in Hamgyeong province (the northeastern part of the Korea peninsula) and relocated to the Far East Asia starting in 1860. They were later forcibly deported to Kazakhstan, Uzbekistan, and Kyrgyzstan, by the Soviet Union in 1937.

For a while after the emigration, they used the dialect of Hamgyeong province, but the number of Korean speakers gradually decreased as Russian was widely adopted. Currently, no more than 1% of the people have a good command of Central Asian Korean out of the approximately 400,000 ethnic Koreans. Central Asian Korean now confronts the crisis of extinction.

It is important to preserve Central Asian Korean as a legacy of Korean culture before it becomes extinct. It is imperative to find knowledgeable consultants, gather Central Asian Korean data without any loss, and describe them accurately before the language becomes extinct. This study has focused on the critical necessity to preserve what remains of Central Asian Korean.

In order to achieve the stated goals, the following details will be investigated that focus on the postpositions and the endings of Central Asian Korean and Contemporary Korean.

(1) When it comes to postpositions, I identify the list and the functions of them with a focus on case postpositions. I do the same thing for auxiliary postpositions, connective postpositions, and sentence final postpositions. In addition to those, the case omitting phenomenon will be described by using a statistical method. In particular, the ratio of case omissions in Central Asian Korean amounts to 32.88%. This value is higher than the ratio of case omissions in contemporary colloquial Korean, which is 27.99%. The ratios of accusative case omitting are highest among those of other postpositions, 50.93% in Central Asian Korean and 45.49% in Contemporary Korean. The ratios of nominative case omissions are 48.17% and 20.18%, and the ratios of adverbial case omissions are 7.61% and 22.92%.

(2) As far as the endings are concerned, I identify the list of sentence final endings, connective endings, nominalizing endings, adnominal endings, adjectival endings, and prefinal endings. I also examine the grammatical functions realized by them. I statistically analyze the distributional ratios depending on sentence final endings in regards to the systems of the mood and hearer-honorific expressed by sentence final

endings.

(3) Based on the above descriptions, a contrastive study of the grammar of Central Asian Korean and that of Contemporary Korean will be presented.

찾아보기

ㄱ
감탄어미 50
격조사 3, 30
결과 관계 101, 117
계량적 방법 4
고려말 1, 4, 13
고려사람 1, 4, 13
관형격조사 25
관형사형어미 3, 110
구술 자료 11
구어 15, 19, 21, 32, 40, 61
국립국어원 6
길주·명천 방언 14

ㄴ
나열 관계 88
내포문 102
녹음기 9
높임 3
높임 조사 24

ㄷ
대등 접속어미 88

ㅁ
마이크 9
말뭉치 2
명령문 48
명령법 48
명령어미 48, 83
명사형어미 3, 109
명사화 109
목적격조사 24, 36, 42
목적 관계 99
목적어 126
문법범주 48
문법화 125
문어 15, 19, 21
문장조각 49, 67, 80
문장종결법 3, 47
문장종결조사 3, 299
말뭉치 2
명령문 48

명령법 48
명령어미 48, 83
명사형어미 3, 109
명사화 109
목적격조사 24, 36, 42
목적 관계 99
목적어 126
문법범주 48
문법화 125
문어 15, 19, 21
문장조각 49, 67, 80
문장종결법 3, 47
문장종결조사 3, 29

ㅂ
범용어미 49, 53, 61, 77
보조사 3, 27, 30, 43
보조사 생략 39
보조용언 96, 98, 102, 123
복합문 3, 87
부사격조사 25, 36
부사절 116
부사형어미 3, 101, 116
부정문 3, 74, 122

ㅅ
사운드 포지 4
생략 126
서술문 48, 50, 53, 125
서술법 48
서술어 126
서술어미 19, 48, 50, 76
선어말어미 3, 51, 55, 119
선택 관계 93
선행절 87
시제 3, 119

ㅇ
어순 3, 126
육진 방언 14
의문문 48, 53, 71, 125
의문법 48
의문어미 19, 48, 71
의존명사 110, 112
의향법 3, 47
의향어미 47
이동동사 99
인과 관계 94, 105
인용동사 121
인용문 3, 121
인용절 51, 71, 72, 83, 84, 95, 121
인용표지 121

ㅈ
자료제공인 4, 11, 16, 17, 18, 83
자립명사 110
절단 56, 59
접속문 87, 102
접속어미 3, 29, 49, 65, 87
접속조사 3
접속조사 생략 40
조건 관계 98

조사 3, 23
조사 생략 3, 30
조사자 11, 83
조사 축약 41
조선말 14
종결어미 3, 20, 47
종속 접속문 116
종속 접속어미 88, 117
주격조사 23, 42
주어 126
주체높임 119

ㅊ

첨의 관계 100
청유문 48, 85
청유법 48
청유어미 48, 85
청자높임 3, 29, 47, 71
체언 연결체 25
축약 112, 125

ㅎ

하게체 50
하오체 73, 84, 85
함경도 방언 2, 14
합쇼체 54, 74, 85
해라체 51, 71, 83, 85
후행절 87

발간사

'한국학'에 대한 관심과 요구가 국내외에서 높아지고 있다. 한국학을 전공으로 하는 학과도 생겨나고 한국학 연구자들의 국제학술대회도 종종 접하게 된다. 한국사회가 짧은 시기에 보여 준 역동적인 변화에 대한 학문적 관심이 나라 안팎으로 증대된 결과일 것이다. 한국의 역사와 문화, 사회적 경험이 점점 더 많은 연구자들의 관심대상으로 되고 있다는 사실은 매우 반가운 일이다.

한국학이란 고정된 분과학문 체계 내의 한 부분영역이 아니라 다양한 분과학문들이 함께 참여하는 학제적 연구의 성격을 지닌다. 한국학은 과거의 전통에 깊은 관심을 갖지만 현재의 문제들에도 주목하며 미래의 전망을 모색하는 작업도 포함한다. 인문학적 논의와 사회과학적 관심은 물론이고 자연과학적 문제의식과 예술적 시각이 함께 어우러지는 곳이다. 당연히 한국학은 국내의 연구자들이 자신의 특수성만을 부각시키는 폐쇄적인 장이 아니라 전 세계의 학자들이 자유롭게 참여하는 지적 토론의 공간이다. 한국을 대상으로 한 다양한 연구를 지원하며 진지한 논의와 지적 실험을 뒷받침하는 것이야말로 한국학의 가장 중요한 역할이라 할 것이다.

이런 의미에서 한국학은 한국의 문화와 역사적 경험을 전 인류의

문화유산과 역사적 경험의 한 부분으로 바라보는 전 지구적 시각을 요구받고 있다. 한국학은 한국사회의 경험을 연구하되, 그것을 21세기 세계사적 과제들과 더불어 사고함으로써 새로운 문명적 대안을 모색하는 전 지구적 논의에 적극적으로 동참하는 작업이 되어야 한다. 이런 종합적이고 개방적인 연구의 집적을 통해서만 한국의 특수성만을 절대화하는 오류에서 벗어나면서 동시에 서구의 눈으로 한국을 대상화, 타자화하는 오리엔탈리즘적 지역학의 한계도 극복할 수 있는 길이 열릴 것이다.

한국의 학문 발전에 큰 책임을 지고 있는 서울대학교는 한국학의 바람직한 발전을 위해 적극적인 역할을 하고자 한다. 이를 위해 별도의 연구기금을 마련하여 '한국학 장기기초연구 지원사업'을 추진하고 이 사업의 결과물들을 모아 연구총서, 자료총서, 모노그래프를 출간하기로 했다. 서울대학교 교수진의 연구역량과 진지한 문제의식들이 결집됨으로써 한국학의 연구수준이 더욱 높아지고 내용이 보다 풍부해질 것을 믿고 있다. 이 연구사업이 해를 거듭할수록 한국사회에 대한 이해가 깊어짐은 물론이고 한국의 경험을 통해 세계 학계의 시각과 논의도 더욱 풍성해질 것을 기대해 마지않는다.

2003년 8월

서울대학교 규장각한국학연구원 한국학연구사업위원회

저자소개

권재일

서울대학교 인문대학 언어학과 및 대학원 언어학과 졸업(문학박사)
현재 서울대학교 인문대학 언어학과 교수

저서: 『국어의 복합문 구성 연구』(1985), 『한국어 통사론』(1992), 『한국어 문법의 연구』(1994), 『한국어 문법사』(1998), 『언어학과 인문학』(1999, 공저), 『국어지식탐구』(1999, 공저), 『한반도와 중국 동북 3성의 역사 문화』(1999, 공저), 『한반도와 만주의 역사 문화』(2003, 공저), 『구어 한국어의 의향법 실현방법』(2004), 『20세기 초기 국어의 문법』(2005), 『허웅 선생의 우리말 연구』(2005, 공저), 『말이 올라야 나라가 오른다』(2005, 공저), 『우리말 연구의 이론과 실제』(2005, 공저), 『남북 언어의 문법 표준화』(2006), 『인문학의 학제적 연구·교육 현황과 활성화 방안』(2006, 공저), 『우리말의 텍스트 분석과 현상 연구』(2008, 공저), 『사라져 가는 알타이언어를 찾아서』(2008, 공저), *A Study of the Tacheng Dialect of the Dagur Language*(2008, 공저), 『중국의 다구르어와 어웡키어의 문법-어휘 연구』(2010, 공저), 『문법 교육론』(2010, 공저)

역서: 『일반언어학 이론』(R. 야콥슨, 1989)

논문: 「현대국어의 동사구 내포문」, 「한국어 문법범주의 변화 양상과 언어유형론적 특성」, 「한국어 격틀 구조의 역사적 변화」, 「국어 정책과 국어 교육」, "Auxiliary verb constructions in Korean and Khalkha Mongolian"을 비롯한 한국어 문법론, 문법사에 관한 130여 편

서울대학교 규장각한국학연구원 한국학 모노그래프

01 예빈도에 보인 고구려: 당 이현묘 예빈도의 조우관을 쓴 사절에 대하여
노태돈

02 현대 한국유교와 전통 | 금장태

03 살인의 진화심리학: 조선 후기의 가족 살해와 배우자 살해 | 최재천 · 한영우 · 김호 · 황희선 · 홍승효 · 장대익

04 무협소설의 문화적 의미 | 전형준

05 정조시대의 무예 | 나영일

06 벼락도끼와 돌도끼: 고고자료에 대한 전통적 인식 연구 | 이선복

07 한국 옛 경관 속의 생태지혜 | 이도원

08 식민권력과 통계: 조선총독부의 통계체계와 센서스 | 박명규 · 서호철

09 한국의 천연염료: 전통염료와 천연염색기술 | 김재필 · 이정진

10 북한의 의학교육 | 박재형 · 김옥주 · 황상익

11 국문 글쓰기의 재탄생 | 권영민

12 사할린 귀환자 | 이순형

13 조선시대의 간척지 개발: 국토 확장과정과 이용의 문제 | 박영한 · 오상학

14 3칸×3칸: 한국 건축의 유형학적 접근 | 전봉희 · 이강민

15 위성영상을 이용한 북한지역의 해안습지연구: 평안남도를 사례로 | 유근배

16 한국 구비문학에 수용된 재담 연구 | 서대석

17 한국 자본자유화와 금융자유화의 근년변화: OECD 가입 및 IMF 사태 이후의 실상, 평가 및 대응 | 이천표

18 구어 한국어의 의향법 실현방법 | 권재일

19 조선시대 복식에 나타난 적색계 색명의 의미 | 남윤자 · 김순영 · 박성실

20 우리나라 인체기생충 및 의용절지동물의 동물상과 개요 | 채종일

21 경제개방이 우리나라 노동시장에 미친 효과 | 김대일

22 한국 고소설에 나타난 오이디푸스 콤플렉스 : 〈심청전〉 · 〈콩쥐팥쥐전〉 | 류인균

23 남북한 경제의 이질성 : 경제통합에 관한 함의 | 이지순

24 한국에서 마르크스주의 경제학의 도입과 전개과정 | 김수행

25 한국 장수인의 개체적 특성과 사회환경적 요인 : 호남지방 장수벨트를 중심으로
박상철 · 이미숙 · 이정재 · 한경혜

26 전통마을 경관요소들의 생태적 의미 | 이도원

27 한국의 중산층 | 홍두승

28 한국 여성의 건강증진행위 | 윤순녕 · 김숙영 · 이지윤

29 心과 性 : 茶山의 『孟子』 해석 | 금장태

30 20세기 초기 국어의 문법 | 권재일

31 한국의 고령노동 : 경제활동과 고용구조의 장기적 변화 | 이철희

32 웃음으로 눈물 닦기 : 한국 언어문화의 한 특질 | 김대행

33 한국의 좌파 경제학자들 | 김수행 · 김공회

34 온돌과 한국인의 수면 생활 : 침상 기후를 중심으로 | 최정화 · 김문숙

35 한국 고대의 온돌 : 북옥저, 고구려, 발해 | 송기호

36 한국 시민단체의 내부의사결정과정에 관한 연구 | 김준기

37 한국문화를 쓴다 : 강용흘의 『초당』과 이미륵의 『압록강은 흐른다』 비교연구 | 최윤영

38 정약용 사상 속의 과학기술 : 유가 전통, 실용성, 과학기술 | 김영식

39 仁과 禮 : 다산의 『논어』 해석 | 금장태

40 서양인의 한국 종교 연구 | 김종서

41 韓國詩話에 보이는 杜詩 | 이영주

42 한국의 소득불평등과 빈곤: 소득분배 악화와 사회보장정책의 과제 | 구인회

43 한국인 치매환자의 행동 및 심리 증상의 횡문화적 특성 | 조맹제 · 김진영

44 한국 사회복지 네트워크의 구성과 효과성: 지역종합사회복지관의 네트워크 구성과 조직 효과성을 중심으로 | 김준기

45 근대한국의 국제관념에 나타난 도덕과 권력 | 장인성

46 한국의 의료체제: 제도와 지배구조 | 송호근

47 몽골제국과 고려: 쿠빌라이 정권의 탄생과 고려의 정치적 위상 | 김호동

48 한국무협소설의 작가와 작품 | 전형준

49 한국 근대소설에 나타난 오이디푸스 콤플렉스의 이해: 이광수, 김동인, 염상섭, 이상을 중심으로 | 류인균

50 한국의 하구역: 하구둑 건설 이후의 지형변화 | 유근배 · 김성환 · 신영호

51 한국의 신용평가제도 | 이인호

52 전통 마을숲의 생태계 서비스 | 이도원 · 고인수 · 박찬열

53 두 개의 예외적인 복제체제 비교 연구: 한국 복지국가 모형의 탐색 | 김태성

54 박정희 체제의 성립과 전개 및 몰락: 국제적국내적 계급관계의 관점 | 김수행 · 박승호

55 한국 서해안의 해안사구: 지형학적 관점을 중심으로 | 유근배 · 류호상

56 『기우제등록』과 기후의례: 기우제, 기청제, 기설제 | 최종성

57 한국어 술어의 사건 구조와 논항 구조 | 남승호

58 舊韓末의 韓獨 外交文書 '德案' 硏究 | 권오현

59 현대 한국어의 공시 형태론: 경주지역어를 실례로 | 최명옥

60 서양문화를 쓴다: 강용흘의 〈동양 서양에 가다〉와 이미륵의 〈압록강에서 이자르강까지〉 최윤영

61 시장발전과 경제개발 | 이승훈

62 고려국가와 집단의식 | 노명호

서울대학교 규장각한국학연구원 한국학 연구총서

01 지방문학사: 연구의 방향과 과제 | 조동일

02 한국 근대과학 형성과정 자료 | 문만용 · 김영식

03 목석의 울음: 손창섭 문학의 정신분석 | 조두영

04 통일한국의 농업: 통일 이후 남 · 북한 농산물의 통합생산 방안 | 김완배 · 김한호 · 이정재 · 이태호 · 정하우

05 현대 한국사회의 철학적 문제: 사회운영원리 | 백종현

06 한국유교의 과제 | 금장태

07 韓國 古代 · 中世初期 土地制度史: 古朝鮮~新羅 · 渤海 | 이경식

08 『무과총요』 연구 | 나영일

09 북한 주요 산업지역의 토지이용 변화와 개방지역에 관한 연구 | 황만익 · 이기석

10 재벌체제와 다국적기업: 경제개발의 두 가지 유형 | 이승훈

11 붉은악마와 월드컵 | 이순형

12 『조선왕조실록』 보존을 위한 기초 조사연구(1) | 송기중 · 신병주 · 박지선 · 이인성

13 한국 근대의 사회복지 | 안상훈 · 조성은 · 길현종

14 한국어 체언의 음변화 연구 | 이상억

15 조선 중기 무예서 연구 | 나영일 · 노영구 · 양정호 · 최복규

16 1950년대 사회주의 건설기의 북한 보건의료 | 황상익

17 후발 산업화와 국가의 동학: 탈관료화와 강성국가의 공동화 | 하용출

18 조선 후기의 기술도: 서양 과학의 도입과 미술의 변화 | 정형민 · 김영식

19 韓國 中世 土地制度史 : 朝鮮前期 | 이경식

20 남북 언어의 문법 표준화 | 권재일

21 50권본『화엄경』 연구 | 이승재

22 한 · 중 소화의 비교 | 서대석

23 고려전기의 전시과 | 이경식

24 개항기 전후 경상도의 육상교통 | 허우긍 · 도도로키 히로시

25 한국어의 주제와 통사 분석 : 주제 개념의 새로운 전개 | 임홍빈

26 한국적 패션 디자인의 제다움 찾기 : 전통미와 현대적 활용을 중심으로 | 김민자

27 한국 근대문학교육사 연구 | 우한용

28 『조선왕조실록』의 여진족 족명과 인명 | 김주원

30 삼국통일전쟁사 | 노태돈

31 한국의 사회운동과 진보정당 | 임현진

32 한국 행락문화의 변천과정 | 황기원

서울대학교 규장각한국학연구원 한국학 자료총서

01 古代國語 語彙標記 漢字의 字別 用例 硏究 | 송기중

02 한국철학자료집: 불교편1－삼국과 통일신라의 불교사상 | 허남진 외 편역

03 한국철학자료집: 불교편2－고려시대의 불교사상 | 심재룡 외 편역

05 서울대학교 중앙도서관 고문헌자료실 소장 『경제문고』 해제집 | 권태억 외

06 한글본 이언 연구 | 민현식

07-1 원문 교주 구운몽 | 원작 김만중, 교주 김병국

07-2 현대역 구운몽 | 원작 김만중, 옮김 김병국

08 해방 이후 한국기업의 진화Ⅰ: 1976~2005년간의 통계의 구축과 기초분석
이근 외

09 해방 이후 한국기업의 진화Ⅱ: 1956~1977년간의 통계의 구축과 기초분석
이근 외

10 서울대학교박물관소장 식민지시기 유리건판 | 이문웅 · 강정원 · 신일

11 풍자 우화 그리고 계몽담론 | 권영민

12 한국근현대문학의 프랑스문학수용 | 이건우 외

13-1 유원총보역주 1 | 원작 김육, 역주 허성도 · 김창환 · 강성위